# 敢于
# 放手的养育

张嘉栗 著

北京联合出版公司
Beijing United Publishing Co.,Ltd.

**图书在版编目（CIP）数据**

敢于放手的养育 / 张嘉栗著. -- 北京 : 北京联合出版公司, 2022.4

ISBN 978-7-5596-5849-4

Ⅰ. ①敢… Ⅱ. ①张… Ⅲ. ①儿童教育—家庭教育 Ⅳ. ①G782

中国版本图书馆CIP数据核字（2022）第018136号

**敢于放手的养育**

作　　者：张嘉栗

出 品 人：赵红仕

责任编辑：牛炜征

北京联合出版公司出版

（北京市西城区德外大街83号楼9层　100088）

嘉业印刷（天津）有限公司印刷　　新华书店经销

字数259千字　880毫米×1230毫米　1/32　印张10.375

2022年4月第1版　2022年4月第1次印刷

ISBN 978-7-5596-5849-4

定价：55.00元

让孩子去发现他们自己的天赋，
父母与孩子们一起成长，彼此成就。

序言

# 从育儿到自省

——孩子，做你自己

我在朋友、先生和孩子们的鼓励下，终于提笔。感谢他们对我的信任和支持。

我在43岁那年同我的先生和孩子们一起移居意大利，那年儿子14岁、女儿9岁。我们在一个完全陌生的国度，面对着语言、教育、文化背景的巨大差异和挑战，开始了一段冒险一般的生活。孩子们需要去新的学校、学习新的语言、结交新的朋友；我们需要帮助孩子们以及我们自己尽快适应新的环境，安顿生活。孩子们同我们一起经历了搬迁的动荡，一起经历了各种突发事件，也一起感受过恐惧与焦虑的过程。当然，感受最多的是异域生活带给我们的不同体验以及文化差异带给我们的深刻感悟和惊喜。

其实无论我们身在何处，生活都会以它该有的模样呈现于我们的面前。

只是这些年来，我们与孩子们一起，从那个“纯中式”的、熟悉的环境中突然转换到了拥有浓郁地中海风情的意大利，生活中多了些不一样的挑战。我们与孩子们一起学着去面对、去学习，一起解决问题。我们曾经狼狈地摔倒，但又努力爬起，为彼此掸落灰尘，然后一起继续前行。孩子们从最初对我们依恋式的观望，到后来学着去承担自我的责任，甚至在困难面前鼓励和扶持我们，不去抱怨，也不责备，真正地参与到生活中来，正向乐观，使生活中的“挫折”被赋予了更积极的意义。

生活中的一个转折，让我深刻体会到培养孩子独立意识的重要性。比如，在新的环境中，以何种心态面对生活中的变化；如何理解差异；如何不怨不艾、积极乐观地面对学习上的挑战；如何处理与他人的关系，完成自己适应新环境所需要的转变；等等——父母从小的育儿理念，对孩子独立意识的培养，会在孩子未来的成长与生活中得到验证和体现。

“信念”是父母教育孩子的核心，它决定了我们的教育方法。如果你认为孩子是一张白纸，你势必想不遗余力地在这张纸上写下你认为最经典、最有价值的篇章，想成为孩子的主宰、决定者和榜样，指引他们前行。但如果你认为孩子“自性圆满”、独一无二，你或许只会善加引导，鼓励孩子去发现和探索自我。你会将信任交到孩子手中，那么你就不只是父母，你还会成为孩子的伙伴和知己。

我属于后者，我相信孩子“本自俱足”，我相信每个孩子都“自性圆满”。在养育孩子的过程中，我会依据心理学人格发展阶段性的特点，在合理育儿理念的指导下，最大限度地给予孩子真正可以自我探索的空间，不用功利、世俗的标准绑架他们，不刻板地要求“你必须这样做”，而是让他们思考“为什么要这样做”。这样的方式，使孩子更加关注内在“自我”意识的发展。这种向内的探寻与引导，给予了孩子发现自我、启动内在动力的可能，也使孩子独特的个性特征得以自由发展。而拥有这样“信念”的家长，也会适度地克制自己不去过度干涉孩子的选择，让孩子可以在更自由的空间中自我成长，由此规避外在功利目标的干扰，避免孩子偏离自我天赋的探索之路，从而使孩子在发现自我、实现自我理想的路上走得更顺畅，心理更健康。

孩子自我意识的正常成长是一种符合自然规律的“自然而然”的过程。它不仅可以使孩子的内在心灵得到健康的滋养（例如，更有爱、更自信、不扭曲、不怨恨），还可以使孩子与父母之间拥有更和谐、更真切的感情。作为父母，能够不主观臆断地去给孩子“塑形”，不以自我的认知作为孩子的认知，而是尊重孩子，给孩子选择权，那么父母也由此尽到了父母最基本的职责，那就是接纳孩子，用心抚养孩子，给予孩子做自己的权利。随之，孩子会在成长的路上，追寻自己的心，成为自己应该成为的模样。生命也在交替与更新的过程中呈现出自然、平和的状态，父母与孩子之间的爱也将自然流淌，永不枯竭。

作为父母的你们和即将成为父母的年轻人们，希望我与孩子们的故事可以为你们提供一种不同的思路，让我们给予孩子的爱可以顺应孩子的成长需要，结出自然、甜美的果实。让我们与孩子真正做到心灵相通，彼此成就。

# 目录 CONTENTS

# Chapter 1

## 给孩子一个自然舒适的童年

# Chapter 2

## 父母与青春期的孩子一起成长

## Chapter 3

# 父母要学会接纳自己的不完美

## Chapter 4

## 陪孩子一起发现生活之美

## Chapter 5

## 父母需要具备的基本素养

# Chapter 1

# 给孩子一个自然舒适的童年

在陪伴孩子成长的过程中，我们经常会感叹孩子的天真、幼稚、可爱与聪慧，而孩子身上所表现出的种种灵性特质，却在有意无意间向我们揭示出人性的天然之美，纯情又自然，圆融又丰满。孩子的天性是对我们的生命和灵魂的一个警示，他们是我们生命中的“精灵”。

他们浑然忘我。孩子们在幼儿时期，只是跟随身体的本能，想吃就吃、想睡就睡、想玩就玩，在孩子的意识形态中仿佛没有“我”的概念。孩子的一个常态是小手一直圈握在一起，大拇指压在无名指的根部（那里是人体肝神之气的开关所在），中医称之为“握固”，具有安魂定神、收摄精气的作用，是孩子天生自带的养生之法。所以孩子可以真气充盈、胆量十足，做到“雷霆起于侧而不惊，泰山崩于前而不动”。

他们想哭就哭。孩子的眼泪特别多，饿了哭，困了也哭，不开心了哭，得不到了也哭，眼泪帮助他们宣泄着自己的情绪，不生闷气，直接表达。他们的一切需求与不满意，都可以通过哭传达出来。而且哭过了就可以笑，不伤心、不留存，哀而不伤，随风吹散，自在到“心无所住”的状态。

他们童言无忌。孩子谦卑好学，追着你问东问西：我从哪里来？我是谁？为什么糖是甜的，眼泪是咸的？为什么大海是蓝色的，天空也是蓝色的……孩子不仅对事物充满了好奇，还会不停追问，不会不懂装懂。

他们爱玩爱乐。无拘无束、自由自在地玩，是孩子最开心的事情，无论是玩泥巴、躲猫猫、玩积木，还是听故事、看动画，孩子都全然投入，充分享受，体会“有趣”的生活内涵。

他们眼中都是好人。在孩子的眼里，世界是美好的，人都是善良的，你伸过来的手一定是温暖的，你递过来的苹果一定是甜的。信任是他们的天性。

长大后，我们会经常怀念起儿时的时光，怀念那时天真烂漫、无拘无束和无忧无虑的状态。当我们面对现实世界的生活压力、爱恨情仇与生离死别时，多多去留意观察一下你身边的孩子们，他们或许可以警示你：不要气馁，生活依然那么美好。

孩子是我们生命中的“精灵”，是一颗颗发光的星星。

# 孩子都有珍贵的“天性”

**教养不是为了改造孩子，它是发现与呵护的过程。**

爱是一切的源泉，是生命的资粮。天下的父母都有一颗爱子之心，因为孩子们不仅承载了父母的基因，他们的天真与无邪实在惹人怜爱。

在儿子小的时候，我们将儿子送去一家双语幼儿园，幼儿园毕业后，儿子在家附近的学校读了小学一年级。但这所学校以英文为主、中文为辅，一个学期下来，儿子的中文长进不太大。我和儿子的老师交流后，回家又和我的先生商量，最后决定还是给儿子寻找一所中文学校，希望儿子在这个年龄段可以把中文基础打牢。最终我们选定了一所在昌平区的学校，这所学校的中文教材与北京景山学校的教材一致，小学阶段为五年制，每天十二个中文生字的进度。这个进度貌似有点快，但孩子们的中文基础打得很牢。

在经过学校的面试和语文、数学的笔试测评后，老师决定让儿子进入二年级。但是问题来了，儿子的数学虽然没问题，语文想跟上二年级的进度却有一定的困难。当时儿子的班主任是一位40多岁的女老师，老师姓臧，个子不高，皮肤偏黑，留着一头短发，讲话声音洪亮，一看就是一位干练而又严格的老师。臧老师正好是教语文的，她当仁不让地承诺，由她来给儿子补课。

不知不觉中，两年的时间飞逝而过。因为臧老师非常认真负责，儿子的中文成绩已经赶了上来，儿子也很快要进入四年级了。这天他下学回来告诉我，下学期臧老师就不做他们的班主任了，她要去带一年级的新学生。看着他脸上的失落，我蹲下身来，对他说："因为臧老师是一位很优秀的语文老师，所以学校让她去带更小的朋友，这样每个小朋友的语文都可以学得很棒。"儿子好像很认可我说的话，点了点头。

经过一个暑假，儿子开学三个月左右后，学校开了一次家长会。开完家长会已经将近晚上6点钟了，孩子们早已经下学，学校里又恢复了难得的安静。我沿着一楼的走廊缓缓地向外走，突然一个洪亮的声音在楼道里带着回音响起："××妈妈！"我诧异地回头一看，臧老师正站在一间教室的门口，面带微笑地看着我，我马上转身急赶两步走到她面前，握着她的手："臧老师您好，我听儿子说您又开始带一年级的孩子们了。""是啊，这是我们班的教室。我总想找你，最近刚开学也忙，一直没能见到你。"听了臧老师的话，我赶忙问："臧老师，什么事？"臧老师立刻激动起来，拽着我的手说："你这个儿子啊，太招人疼了！他现在每天在后面的教学楼二楼上课，而我现在的教室就在这里，他每天下午下学后，一定要拐到我这间教室来，站在门口等着，等我忙完了，和我打了招呼、说了再见才肯离开。"听完臧老师的话，我也有些诧异和感动，我看着臧老师笑着说：

“臧老师，您教了他两年，那时候还每天给他补课，孩子现在看不见您，一定是想念您了。”“是啊，真是个有心的孩子。”

儿子的一些行为时常提醒我：在孩子们幼小的身体里，隐藏着一个独特而又精彩的灵魂。我们经常会以“我是你妈妈”或者“我吃的盐比你吃的面都多”等语气和孩子说话，但实际上在某些方面我们也同他们一样，彼此都走在一条成长的路上。一个人心灵的年龄与他的实际年龄并不成正比，而孩子们某些貌似天真的行为背后，或许正是我们因为成长而渐渐丢失掉的本真。于是在我要做某些决定的时候，我会很认真地听取孩子们的意见，尊重他们的选择，因为在某些方面，孩子其实也是我们的老师。

**每个孩子都有珍贵的天性，我们如果能够细心地去发现、接纳、鼓励以及善加保护，这样的“懂得”就是对他们最好的爱，会对孩子发展其正向的内在品德起到促进作用。**在感受到我们对他们的认可与欣赏后，孩子会把我们设定为他们的知己和朋友。久而久之，我们与孩子之间就可以建立起一座坚固的“桥梁”，可以在真诚的基础上进行沟通，即心灵的沟通，我们也就自然拥有了帮助孩子扬长避短的机会。而我们的这份“爱”与“懂得”将会滋养着这棵小树苗健康地长大，成为他们整个生命里不可或缺的重要的精神食粮。

## 无条件的爱

作为一位妈妈，我也曾被“有用”与“无用”之说所折磨，一不小心就落入世俗的陷阱里。

“十八般武艺，样样精通；琴棋书画，无所不通。”我也对我的孩子们有过这种培养“神童”的梦想，但当我有一天真正地学会了“接纳”，懂得了每个孩子的独特性和唯一性，终于理解“鱼、鸟之别”在孩子身上的妙用时，我恍然大悟，鸟的飞翔、鱼的自在，都是因为它们成了自己，所以才会那么自自然然，与道相契。

我在北京有幸参加了一个讲座，讲座的名称叫作“根基教育”，这是我住在北京时，一位朋友介绍我去听的一个讲座。在这个讲座中，我学会了“无条件的接纳”。我在这里要再次真诚地感谢我这位朋友，因为这节课对我意义非凡！

在这个讲座中，有两件至今依然令我记忆犹新的事情。第一件是，老师让我们回家问孩子两个问题：第一个问题，你觉得爸爸（或妈妈）爱你吗？这个问题孩子们几乎都会回答——爱；第二个问题是，那如果你犯了非常、非常严重的错误，你觉得爸爸（或妈妈）还爱你吗？

第二个问题是个关键，因为这个问题是测试，在孩子的心里，他们是如何看待你与他们之间的关系的，考验你对孩子的爱在孩子们的心里是否有条件。如果孩子的回答是否定的，或者是犹豫不决的，那么我们就一定要重新审视我们所给予孩子的爱，是不是在爱的前面有了太多的“如果”。如果你考了100分，我就……如果你把饭都吃了，我就……如果你弹琴一个小时，我就……如果你乖，我就……我们习惯性地在生活中给孩子们设置很多的条件，他们为了得到我们的赞誉、奖赏或是爱，战战兢兢，费尽了心思，有的孩子甚至不择手段，学会了说谎、作弊、欺诈，更有甚者只是因为考试没考好而自杀，等等。

这样“有条件的爱”背离了我们与孩子的原始关系，也忽视了孩子内在的天性与能力，忘记了去探寻孩子的真正需要。我们只是粗暴地企图把孩子像一块橡皮泥一样装在一个世俗的方盒子之中去塑形，我们信誓旦旦地大声告诉他们：“如果你变成了这个样子，你就是最棒的，我就更爱你。”

**卢梭曾在他的《爱弥儿》一书中写道：孩子早已在懂得应该爱自己的母亲之前就爱着他的母亲。**

为什么？因为**爱是人与生俱来的天性，爱不应该是被教育出来的。**

孩子从出生之前就一直爱着他的妈妈。而孩子于我们，其实也是一样的，在孩子还未出生之前，与你未曾谋面之前，你就已经爱着他了，而那段时期的爱无须孩子努力去赢得，因为那是母亲的天性使然，是与生俱来的。孩子对我们的爱与我们对孩子的爱，原本是一样的，没有任何的条件。

这第二件事是，一个懂得尊重、守规则而且有责任感的家长才会培养出懂得自律又有责任感的孩子。老师举了一个例子：有一个正在上大学的男孩子，夏天因为夜晚天气太热在宿舍睡不着觉，他便独自在校园中散步。这时他发现体育馆的门是开着的，于是就想走进去看看。昏暗的体育馆中空无一人，空空荡荡，他一眼就看到了游泳池，心想这会儿终于没有人了，可以去 10 米的跳台上跳个水，天气这么热，正好可以游泳凉快一下。于是他也没多想，一溜小跑兴奋地爬上了 10 米跳台，正当他想跳下去的时候，却忽然发现跳台上拉着一根细细的绳子，绳子上面还挂着一张字条，写着“严禁跳水”。

当孩子只身在外，经常会遇到这样需要抉择的时刻，但此时考验的却是作为家长的我们。考验我们在教育孩子的过程中，是否言传身教过如何“遵守规则”，是否懂得“保护承担”（规则是保护，不是约束）。**如果我们凡事并不只是简单粗暴地勒令孩子照着你的话去做，而是告诉孩子为什么要这样做，使孩子从小就懂得规则是对他们的保护而不是限制，那么你的说教与提醒，孩子就可以真正地理解和接受，否则孩子只知其一，而不知其二。**责任感是孩子从我们身上学到的，如果你是一个尊重他人的人，孩子看在眼里，学在心上；如果你是一个遵守社会公德的人，孩子视你为榜样；如果你在开车前首先系上安全带，那么孩子也会照着你的样子去做。

而那个上大学的男孩，在看到这个“严禁跳水”的字条后，感觉有些失望，思想挣扎了一下，但他最终还是放弃了跳水，走下了 10 米跳台。

**我们长久的坚守、合理的“教”与“养”，只是为了在未来的某个瞬间让孩子可以做出正确的选择。**

我真是要为这个孩子的父母喝彩，因为他们培养出了一个懂得遵守规则的孩子。当这个男孩走下跳台，来到游泳池边想要用手蘸蘸水时，才忽然发现泳池中根本就没有水……

当我们放下我们的“如果”，放下我们的条件，心无旁骛地接纳孩子本来的样子，无条件地爱他们、拥抱他们的时候，他们才能开始接纳他们自己，继而才会开始接纳他人，并平和地与他们周围的环境和平共处，生出爱人之心，懂得宽容之意。

这一份“无条件的爱”就是这些幼小生命一生的资粮，陪伴他们长大，滋养他们的根，护他们平安。

这个讲座使我受益匪浅，不仅让我学到了“无条件的爱”，以及如何更好地与孩子们相处，对我与我先生的关系也起到了升华的作用。

儿子 8 岁左右的一日，他下学回家，在吃完了专门为他准备好的水果收拾片刻后，他说想到院子里找小朋友玩。当时他坐在沙发上，我就顺势蹲下来，想帮他把已经松了的鞋带再次系紧，我宠溺地笑着对他说：“儿子，以后你要找一个像妈妈这么爱你的女朋友啊！”虽然仿佛是一句不经意的玩笑之语，但我却因为自己说的这句话愣住了。

是啊，我是如此地爱我的儿子，心甘情愿，没有任何条件地爱着他，不管他多么顽皮，还是犯了怎样的错误，我都会一如既往、情真意切地爱着他。而我的身边也有一个“他人的儿子”，他的母亲也一定在过往的无数个日夜中期盼着，希望他的儿子在未来可以找到一个像她一样爱他的妻子，可以无微不至地疼他、爱他，无论他犯了怎样的错误都可以包容他，而且可以不改初心地永远爱他。

这一刻的幡然醒悟，使我对“爱”有了更深广的感知。“无条件的爱”不只是父母与孩子之间的“专利”，那是我们每个人心中最期盼的阳光和雨露，无论你是什么年龄、性别，无论你是谁，无论你是贫穷还是富有……如果你能够得到这样的爱，感受到这样的爱，你就是这世界上最幸福、最富有的人。

**“无条件的爱”就如阳光普照大地对万物的滋养一般，无欲无求，没有分别，自自然然，永无止息。它不会因为你富有而多给你，也不会因为你丑陋而少给你；它不会因为你考了第一名就偏爱你，也不会因为你的生理缺陷而嫌弃你……这样的爱于人类而言，是我们生命中的太阳，滋养着我们的灵魂，使我们远离孤独、忧郁和绝望，给予我们敢于探索自我、实现自我的勇气。**

无条件地去爱我们身边的人吧，接纳他们的不完美。而我们这如阳光一般无私的爱定能令他们越来越健康、越来越幸福，因为那才是人类生命真正的能量源泉。

# 了解孩子的成长规律

多年前，邻居家的孩子们和他们的父母一起来家里做客，大人在一旁聊天的时候，几个小孩子在旁边的地毯上玩玩具。其中的一个小男孩明显地表现出不耐烦、坐不住、抱怨，大声喊叫着与别的小朋友交流。正在这时，这个小男孩的爸爸对我们说："幼儿园老师总是抱怨我儿子不听话，我觉得小孩子就应该这样，不应该有太多的约束，要自由成长，尤其是男孩子。"

十几年过去了，这个小男孩在上学期间一直存在注意力不集中的问题，对孩子的学习影响很大。但这个问题没能引起父母的注意，孩子也没能得到父母的帮助和训练。

学习和了解成熟的教育理念对于父母来说不可或缺。好的教育理念不仅可以给父母以指导，同时可以帮助父母辨识对错，发现问题。养育孩子的这 20 年，总结下来，以下的几点对我的帮助甚大，在此与你们分享。

首先，“漏斗式的教育理念”。这个理念最早由美国的盖瑞·艾卓提出，这是按照孩子在不同年龄段的思维和行为特点，以漏斗从小口到大口的顺序，逐步建立起来的一种规范孩子行为以及可以享受的自由度的多与少的模型。

这个理念把孩子的年龄分为三个阶段：0 ~ 5 岁幼儿期，6 ~ 11 岁儿童期，最后是 12 ~ 18 岁青春期。按照从小到大的年龄阶段，孩子们所得到的自由空间与年龄成正比。

幼儿期是孩子的规则养成期，父母是教练和榜样，教给孩子必要的而且清楚明白的规矩；到了儿童期，孩子的自我行为规范得到了延展，孩子开始上小学，与朋友有了更多的交往，承担起了自己的责任，他们的自由空间也在逐渐变大；到了青春期，孩子们的自由空间更加开阔，他们已经懂得遵守规则、尊重他人是生活在这个世界上的准则。

在幼儿期，孩子在家里和幼儿园，通过模仿他人懂得了规则、界限感，以及与他人交往的方式；而在儿童期和青春期，自由尺度和行动范围逐渐得到放宽和延展。这一循序渐进的培养过程，一层一层、依循孩子成长阶段的特点稳固地建立起来。坚实的地基是孩子成长期的关键，只有地基稳固，上面才可以建起高楼，孩子的未来、健康与幸福都与此息息相关。

进入青春期后，他们开始学着独立自由地支配自己的时间和选择，在对与错、善与恶之间周旋和抉择，并且从中获得经验和教训。这样的磨炼使他们变得更自信，并将之前的学习和规则进一步内化，懂得了遵守规则的意义所在，以及人与人之间交往的原则与界限。他们也会在父母以及同学和老师之间实践这些规范，甚至“试错”，以达到不断改善并建立更良好关系的目的，为他们下一步更广阔的社会性交往和生活做好准备。

其次，在儿子出生之前，我有幸读到了玛丽亚·蒙台梭利（Maria Montessori）博士撰写的《3岁决定孩子的一生》这本书。

蒙台梭利博士是一位意大利的医生和教育家，也是蒙台梭利教育法的创始人。她早年在罗马的一家心理专科医院担任助理，特别专注于儿童医学，重点针对那些需要特殊照顾、精神上有障碍的儿童。1907年，蒙台梭利女士在罗马成立了她的第一个儿童之家，专门接纳那些弱势群体家庭的孩子。在这里，通过细心的观察和研究，她总结出了日后的蒙台梭利教育法（“蒙式教育”）。这种以孩子为中心，尊重孩子，并且按照不同阶段的敏感期进行培养和训练孩子的方式，使“蒙氏教育”在100多个国家推广开来，从而风靡全球。

这种以孩子为中心的教育，是按照孩子成长的规律和特点制定孩子行为规范的模型。不是以成人的眼光和标准去对待孩子，而是把孩子当成一个独立的个体来“正常”对待，深刻地去理解每个孩子的需求、渴望、健康、心理等，懂得孩子也和我们一样喜欢自由和被尊重。如果说孩子也有享受自由的权利，或许你会皱起眉头，与我持不同的意见。但享受自由是人的天性，在孩子的成长期，给予孩子适当而充分的自由有诸多益处。其一，我们可以在孩子的自主行动中发现他们的喜好、能力以及个性等，以便有机会充分地了解孩子；其二，在与孩子们的互动学习、工作中，培养孩子的规则意识，可以使他们懂得自由在一定的界限之内才安全，而这个界限的大小与深浅的把握，也是我们之前提到的“漏斗式”教育理念的核心；其三，自由是孩子“发现自我”必备的条件，是自我意识形成期对外界环境的基本需求。不受外界的干扰、不扭曲的自由和空间，给予了孩子在界限中自主发挥的可能，能够使孩子天赋的种子得以顺利地成长。

马克思认为人是一切社会关系的总和。每个人都有自己的社会角色，你是女儿、是母亲、是一名老师，也是他人的朋友等，人会和他人以及群体之间产生各种关系，所以人的心理发展的本质是学会适应环境和演好自己的角色，继而达到自身成长的目的。

而适应环境的一个先决条件就是要懂得遵守外界环境，即社会中的规则，规则就是界限。幼年期的孩子在教室中，要学会小声讲话，尽量不去打扰到他人，因为这会让孩子意识到：这里不只有我，还有他人；孩子们要懂得基本的与他人交流的礼貌，不可以打人、骂人，或抢他人的玩具——明白何为尊重；孩子要学会玩过的玩具必须物归原处，方便其他小朋友拿取——关照他人；孩子要懂得排队、收拾碗碟，站起身后把小凳子放整齐——关注周围环境；等等。老师就像一位教练，通过将孩子们聚在一个教室中进行游戏和工作，指导他们更形象、更具体地学习和遵守这些“规则”，你无须去解释什么叫作“规则”，你只需要教他们应该怎么做。孩子的模仿力非常强，学得非常快。孩子们在遵守这些规则的同时，会发现教室中很安静，没有人大喊大叫，而且这样做他们可以得到他们想玩的玩具，可以得到赞许和鼓励，可以与其他小伙伴建立起更友好的关系。他们会更开心、更有成就感，他们也会感到更安全、更自由。人际交往时的彼此尊重与秩序性带给了孩子轻松、愉悦的感受，这种切身的福利，使孩子更趋向于遵守规则，这样的规则对他们来说不是约束而是保护。而独立的自我意识与“安全感”也在这样的环境中，悄悄地、一点一点地积累起来。

世界著名的发展心理学家让·皮亚杰在儿童心理发展阶段的研究中阐明，在幼儿期和儿童期，孩子处于“前运算阶段和具体运算阶段”，在这个时期的初期阶段，孩子的观察力和模仿力极强，身边人的“身教”在此时期会更胜一筹，在这个时期给孩子“讲道理”恐怕就起不到太好的效果。孩子在10岁左右，开始具备逻辑思考能力之后，才会真正开始懂得“规则”这种抽象的理论概念。当我们了解孩子这种阶段的敏感期的规律之后，就可以按照孩子生长阶段的不同特点、思维领悟的程度高低来教导孩子。那么，无论是规则还是知识对孩子来说都变得简单易懂，孩子也更容易在学习中获得充分的自我认同感和成就感，而我们也会体会到事半功倍的效果。

父母对孩子成长特点的了解，不仅可以帮助父母真正做到“因材（孩子的理解力）来施教”，而且还可以减少父母过早地强制孩子学习超出他们年龄范围的课题和技能，否则不仅会阻碍孩子自我向内的探索，而且容易增加孩子的沮丧和挫败感，以及一些不良情绪的发生，如紧张、焦虑、愤怒、挫败、痛苦、忧郁等，而情绪与孩子未来的健康息息相关。

相反，如果在孩子幼年应该培养孩子遵守规则的时期，放任他们自流，放大自由空间，错过孩子学习规则的时期，等到孩子逐渐长大，再在他们触犯了界限的时候，被动地说教，甚至打骂，孩子会认为遵守规则只是为了让父母或者学校老师开心，只是为了不挨骂、不被打才去遵守的，从而导致孩子心里产生对规则的抵触和不认同，也更容易使孩子在父母、老师不在的情况下随意践踏规则，导致危险发生。如果到了孩子的青春期，父母因为孩子的叛逆表现采取更加严格的管教措施，这会增加孩子的不满和仇恨心理，以及不服管教和愈加逆反的行为。这样的孩子更容易在学校和社会中碰壁，被他人嫌弃，进而增加孩子的挫败感，导致孩子的心理问题，甚至在成年后产生嫉妒、仇恨、反社会的倾向，出现幸福感的缺失。

以上的两点，“漏斗式教育理念”和“蒙式教育理念”都是教育家历经多年通过细心观察和研究众多孩童成长的经历，总结出来的宝贵经验和理念，值得初为人父母者学习和了解。

最后，也是甚为重要的一点，就是法无定法。育儿的方法有很多，但对于父母来说，最重要的就是确定正确的“信念”，然后根据自己孩子的实际情况，灵活掌握、灵活运用，不可生硬照搬。这一点就是要尊重每个孩子的独特性和不可复制性。正如“天下没有完全一样的两片树叶”一般，父母需要细心观察、了解孩子的特性，因材施教，避免“随大溜”，避免“从众”，真正做到“是鸟让它在天空飞翔，是鱼放它在水中畅游”。

了解孩子成长的规律，接纳孩子的独特性，老师或是父母在旁边主动地陪伴，在安静、平和的氛围中让孩子去慢慢地感知自我、学会与他人建立联结，享受在界限中的自由——这是孩子们参与社会活动、认知自己、认知这个世界的第一步。而这第一步的建立，将会对孩子在未来与这个世界之间建立起怎样的关系起到关键作用。

依据儿童的成长规律，教育家们在关爱孩子天性的前提下，摸索出来的教育理念，能够保护和帮助孩子健康成长，使我们每一位父母可以有据可依，深入了解孩子阶段性的需求。而每一位父母可以依据自己孩子的特点，灵活地将之运用在自己孩子的身上，掌握好尺度，让孩子在我们的懂得与理解中成长。

## 成为孩子的“伯乐”

现在很多蔬菜水果都长得出奇好看，很多美食的味道都极其鲜美丰富……我们知道那些并不是自然的生长和天然的味道，但我们依然趋之若鹜，因为外在的感官带给我们的“完美”感觉，满足了我们的虚荣心。在我们教育孩子成为一名品学兼优的学生时，容易忽视孩子的天然属性，按照世俗所谓“完美”的模板去雕刻我们的孩子。

如果我们想种下一棵小树苗，除了要注意选择合适的树种、土壤、种植的时间之外，还有几个重要的步骤：首先，你要给小树挖一个大一些的坑，至少比它的根要大 4 ～ 5 倍，因为松软无压力的土壤更适合小树苗将根扎下土壤，更容易吸收水分和营养，容易成活；其次，坑的中间留一小堆土，用来固定根部，也起到保护根部不会长时间泡在水里的作用；再次，在土中放入适当的有机肥，不要放入化学肥料，因为树苗需要自然生长，希望树苗快速生长而采取的一系列手段，带给树苗的往往是灾难；最后，在种好后给小树苗浇水，并在周围树立几个支撑物与小树苗捆绑好，以固定小树干，使其不会被狂风暴雨等外力伤害。之后，我们只需要经常浇水施肥，关注它、欣赏它，慢慢静待它去枝繁叶茂。

当孩子要上幼儿园的时候，就像是要将小树苗从花盆中移植栽种在土地中一样，要与外界正式接触了。这时我们首先要考虑如何给孩子一个松软适度的土壤，使他们的“树根”可以由着自己的天性在土壤中自由生长；其次坚定地站在孩子身边，给他们信心，适时浇水，悉心呵护他们的“树根”；再次，父母和家庭是孩子的天然营养的来源，这时候多花一些时间陪伴和关注孩子，无须“化学肥料”，更要避免揠苗助长；最后，我们要挺起“树干”保护孩子，为其挡风遮雨，在他们的“树根”自行吸收营养的过程中，让孩子在适度的约束下能够体验自我成长的快乐，让自我学习、自我管理的本性得到发挥，让孩子独特的天性得到最大限度的延展，为孩子将来能够“成为自己”做好铺垫。

孩子们上幼儿园的时期是父母培养他们独立意识的最佳阶段。幼儿园开始有作业了，多少不一。最初，我会问他们今天在幼儿园或者在学校中有什么有趣的事情，我会认真地聆听，并询问有没有作业，晚上问他们是否完成了，但我不会去翻他们的书包，或者偷偷查看，我更不会坐在他们的旁边盯着他们写作业。如果他们在写作业时遇到了问题，他们会找我来问，我会耐心地帮他们解答，而且我不会再给孩子布置额外的作业。就如同孩子饿了，让他们来找你要吃的，激发孩子感受自我、向外寻求的能力，你不要不停地往他们嘴里塞食物，导致他们只知道接受，而丧失了自我寻找的乐趣和本能。而且从幼儿园到上小学之后，他们已经习惯自己的书包自己收拾好，每天晚上查看课程表，知道明天的课程，主动准备好第二天需要的东西。上学、写作业、收拾书包都是他们自己的事情，他们需要自己安排，学着对自己负责。

有些父母不放心，要事事检查。怕孩子的作业写错了得不了100分；怕孩子忘东忘西，被老师批评……殊不知，这样会破坏父母与孩子之间的“界限”，责权不分，从小养成孩子的依赖性，还助长了他们的虚荣心。而家长事无巨细的安排、帮助，在具有“强迫型人格”特性的家长中表现得较为严重，他们力求事事完美，不出瑕疵。长此以往，反而会造成父母与孩子之间的信任危机。因为如果上了初中的孩子还需要父母帮助检查书包和作业，父母心里也会自然地认为，没有他们的检查与督促，孩子会犯错误，导致父母身心疲惫，不信任孩子。

我的两个孩子从小到大，我从来不会检查他们的作业，也不会陪着他们去完成作业，作业都是他们自己独立完成。写错了就错了，那是因为他们还没有完全领会，老师也会知道孩子还没有听懂。有了正常的反馈，老师才能够帮助孩子纠正错误。而一切被家长校对过的作业，已经不是作业了，那是一片被粉饰过的太平。我们需要及早放手，让孩子感受到我们的信任，让孩子以真实的自己去面对这个世界。此消彼长，我们尽早降低对孩子的控制，孩子的自主能力才会得到成长。

有一些学校会在考试后排名次，以为这样可以使孩子们更有动力去学习、去竞争。在这种时候，孩子们非常需要父母的理解和支持，父母对孩子的保护、认可以及无条件的接纳与爱，在这个时候需要充分地被体现出来。如果你对孩子的考试成绩过分在意，考好了奖励，考砸了就惩罚，那就等于把考试成绩感情化了。孩子会认为他们考得好，你就爱他们，他们考得不好，你就不爱他们。而且在孩子小的时候，父母如果对考试成绩过分关注，也会诱导孩子将注意力转向外在感官的感受，关注他人的赞誉与肯定，用外在的评价来定义自身的价值，从而忽视自我向内的探寻，忽视自我的天赋所应该带给自己的充足的自信。我这里有一个中肯的建议，在孩子考试没考好的时候，奖励他们一下，抱抱他们，告诉他们，无论考试成绩如何，我们都爱他们，我们对他们的爱不会因为外部条件的改变而改变。我们永远爱他们，不仅因为他们是我们的孩子，还因为我们了解他们，我们相信他们。孩子此时需要的是同情而不是责罚，不要担心我们的同情和理解会使孩子懈怠。理性而且懂得共情的父母会从内在激发孩子的自律。

**在孩子成长的过程中，学习是一个非常重要的成长需求，但学习知识并不是此生的终极目的。**学习知识的过程是孩子成长的载体，孩子通过学习，可以了解这个世界、认识自己，学会与他人沟通，建立与这个世界的联结，从而爱上生活、爱上学习，并勇于去探索生命的真谛，活出自己精彩的人生。

儿子在 9 岁左右上小学的时候，有一次在聊天的时候他说：他的几个小同学，经常在一起抱怨他们的妈妈，不喜欢妈妈逼着他们学这个、做那个，上很多课外课，做他们不喜欢做的事情。儿子说：“我告诉他们，我妈妈从来不会这样对待我……”我知道儿子并不是在夸我，因为那是他的真实感受。

对我来说，我是一个保护孩子的“战士”。为什么叫“战士”，因为我会坚定地站在孩子一方，这样的保护不是那种“护犊子”式的自私和偏袒，而是与社会上世俗的价值观以及那些会伤害到孩子天性的行为抗争，与教育制度中塑造“完美孩子”的理念抗争，因为在今天的社会当中，这真的可以称得上是一场战争。要做到这一点并非易事，因为它首先需要我们做父母的抱持正确的理念，做到无条件地接纳孩子，认识到他们的独一无二性，真正做到“爱他们没商量”；其次，我们需要深刻明了教育制度中的优劣点，保护好孩子的灵性不被侵蚀。如个别教育者对孩子的侮辱性言语甚至打骂，如排名次，如要求家长参与检查孩子作业，如用分数和学习好坏来评判一个孩子的品德高下，等等。

我曾经遇到一个这样的例子。我的一位朋友的儿子，小的时候有点好动，但这个孩子在画画方面特别有天赋，可是在学校里，他的这种天赋不但没有被老师发现和赞赏，老师反而当着全班同学的面说他是“一块臭肉坏了一锅的汤”。作为一位教师，一位专业的教育者，无法发现孩子的独特之处，而是用一把尺子来衡量所有的孩子，实在是令人感到遗憾。

在这个以分数定成败的时代，老师的“恨铁不成钢”和家长的“孤注一掷”都可以被理解。可是谁能理解我们的孩子呢？那些隐藏在小小身体内五光十色的天性，是该按照时代的需求和刻板的教育制度被塑形，还是自由地发展，让心灵与孩子的特长一起自由成长？这件事很大程度上取决于我们的认知和选择。

人本主义心理学家指出：**人的潜能有自我趋向完美、谋求自身充分发展的基本动机，给予适当的机会和环境，个体将致力于自我发展，使其身心各方面的潜能得以发挥，最终达到“自我实现”的目的。凡是同“自我实现”趋向一致的体验，都是令个体满足的、愉悦的；凡是与实现趋向相悖的体验，都会给个体带来不快，甚至痛苦，导致焦虑和冲突的心理反应。**而焦虑与冲突正是导致心理疾病的罪魁祸首。

衡量一个孩子学习能力的标准，不是掌握在老师手里或者成绩单上，而是掌握在父母的心中。父母对孩子的了解、接纳和肯定是孩子赖以依靠的基石，父母才是孩子的“伯乐”。如果一个孩子在他喜欢的科目上成绩优异，在他的弱项上面差一些，那我会认为这是一个聪明的孩子，也是一个努力学习的孩子。我们首先需要鼓励他的成绩，承认他的天赋和所付出的努力，而且适当地在他的弱项上面给予帮助和支持。孩子需要得到我们的肯定和赞许，他会因我们的懂得与鼓励，而更加努力去攀登另一个高峰。不要因为一个根本不注重孩子特质的平均成绩排名而忽视孩子在其他强项方面的努力，从而逼迫孩子为了那个排名削弱自己的天性和爱好，去适应那个统一的标准，这反而是一种扼杀。乌龟与兔子在一个班上，如果以谁跑得快来看，兔子会是优胜者，但如果以谁的寿命长来定输赢，那么恐怕乌龟才是佼佼者。在只用一种标准来衡量学习优异与否的制度下，考个倒数第一又如何。

学习是人一生的功课。童年的孩子如果没有了学习的乐趣，只为了名次去学习，那么学习就变成了洪水猛兽，变成了灾难，每个同学也都变成了竞争对手，而不再是朋友和知己，哪里还有什么快乐可言，哪里还有什么友谊万岁！生命之中最快乐、最无忧的日子变得忧心忡忡、郁郁寡欢，这样的教育忽视了孩子们个性的多元性，也自然会折损孩子未来对学习的兴趣。

作为家长，我们有责任保护好孩子的天性不受世俗以及时代潮流的危害。让孩子去发现**“他本应是谁，而非他应该是谁”**。父母要有一双去发现孩子潜能的慧眼，激励孩子排除干扰，树立对自己的信心，在孩子幼小的心里种上自信、善良、有爱的种子，培养孩子乐观、积极、开朗的个性，那么那些烦躁、抑郁或者嫉妒的种子便无从生根。一切最自然的东西才是这世间最强大的，无须你去雕琢，它依然璀璨。当孩子自性的光辉得以迸发时，那会是这世间最耀眼的“千里马”的光芒。

当你领悟到你的孩子本来就“自性圆满”的意义后，你就会一直以他们为傲，你看他们的眼神中会永远带有欣赏、赞许和骄傲的光芒，这与他们是否功成名就实在没有半点儿关系。而你也就成为孩子生命中真正的“伯乐”，成为孩子的知己和幸福源泉。

## 孩子的竞争力来自他们的天赋

孩子的兴趣爱好很多，但并不一定都是他们的特长，从孩子的爱好中找出他们的特长与天赋，需要父母的耐心陪伴和慧眼。

女儿是个小艺术家。女儿 5 岁时也被我逼着尝试去学钢琴，但她回家后没有任何热情练习，尝试若干次后我最终作罢。但有一件事她却一直乐此不疲，那就是“制作卡片”。

她“制作卡片”的兴趣由来是我偶然在一个商场中看到有一个专柜，卖的都是印章、彩笔、卡片等有意思的东西，在通过一个可爱的销售姑娘的讲解后，我买了几样东西回家陪女儿一起玩，女儿很是喜欢。之后我们就经常参加这个专柜在商场里举办的一些小型活动——做卡片。在这种活动中，他们会教给孩子们卡片制作工具的使用方法、分辨纸张材料的不同、简单颜色的搭配，以及构思一张卡片从无到有的过程，等等，让孩子们自己动手，亲自制作卡片。有生日卡片、圣诞节卡片、母亲节卡片等，每次活动的主题不同，设计也不同，令人感到趣味无穷。

在制作卡片的过程中，我发现女儿的小手异常灵巧，她对细节部分的制作极有耐心，而且可以完成得尽善尽美，制作的卡片干净美观。在每次参与这样的活动中，女儿都很投入，而且在最后看着自己完成的作品时表现得非常开心。我意识到这是她的一个特长，于是在之后的几年中，我们参加了他们举办的几乎每一场卡片制作活动，在女儿小小的心里种下了一颗艺术的小种子。我们也投资了一些卡片制作的工具，经年累月下来，积攒了不少。

在家里，女儿也会经常要求我陪她一起摆弄这些工具。我们有一个制作卡片专用的小地桌，放在地毯上，每次要玩的时候，就把工具全都摆在小地桌的旁边，我们俩面对面坐在地毯上，开始“工作”。卡片的设计、颜色的搭配、使用什么工具来完成，都由女儿做主。在这个游戏中，她是主角，我按照她的要求全程配合，我会和她一样认真投入。我们先商量好今天要做什么主题的卡片以及她的设计想法，决定好之后，我们就分工合作。我来裁剪纸张，她来准备封面设计需要的材料。在我完成了我的工作后，我会请教她我下一步要做什么。这时候她会告诉我，我需要帮她找到某一种工具，或者准备一些什么样的材料，为下一步做准备。

从封面的设计构思、纸张颜色的选择搭配到需要材料的选用和如何加工，每个步骤都由女儿做主。这时她会学着大人的样子去思考和决断，我有时会问她：你觉得这两种颜色搭配在一起好看吗？我们把这个小花粘在这里好不好？女儿每次都玩得非常投入。看着她兴奋的样子，看着她趴在地上摆弄各式工具的认真劲儿，我心中总是幸福满满，我想女儿也一定很享受与妈妈一起这样随心所欲、尽情“工作”的快乐时光吧。

陪伴孩子也是我们父母全情投入去“发现孩子”的过程。这时我们需要甘心做配角，放空自己，不主观臆断，陪着他们玩、陪着他们笑，需要细心地观察，善意地引导。

每年我都会和女儿一起做一些卡片送给过生日的家人和朋友，或者设计一些圣诞卡片送给老师，这些工具一直跟着我们来到了意大利。现在，每年学校圣诞节前夕举办的为学校募捐的义卖会上，我会和女儿一起来做义工。我们提前准备，裁剪好纸张，做好一些可以用作封面的小花、印章等材料，教学校的孩子们制作卡片，每张卡片2欧元（大约16元人民币），所有所得捐给学校，用以改善孩子们的一些户外活动设施。学校的孩子们也非常喜欢，每次我们的桌前都挤满了不同年龄的孩子，这已经成为每年学校圣诞义卖活动的一个常见场景。

女儿现在已经是高中一年级的学生了，她的动手能力一直很强，艺术课程也一直是她的最爱。她房间的摆设和布局都是由她自己设计的，她对服装、摄影等也都有自己的偏好与风格，她对审美有了自己独特的视角。儿时对卡片制作的兴趣，使她天性中对艺术的热爱得以发挥，双手的灵活性得到施展，而且训练了她的定力和耐心。这些天然特质的培养，会成为她未来选项的助力。就这样，自自然然，顺应内心，不强求、不歪曲，尊重她的选择，静待她自我成长，开花结果。

依循孩子的喜好，再加上我们的全情投入和耐心陪伴，在这个过程中，我们才会发现孩子的喜好与特长，分辨出孩子真正的特质，给予他们真正需要的营养，同时将我们与孩子的感情升华。**不要让孩子顺从我们的意志去选择爱好，也不要以“有用”与“无用”为借口干涉孩子的爱好，更不要用奖励的方法来诱惑孩子去做我们想让他们做的事情，因为那会导致孩**

**子变得困惑，他们会为了让我们开心或是为了得到我们的赞誉而忘记了他们自己真正的喜好。**

蝴蝶，颜色千差万别，多姿多彩，它们自行化茧为蝶，不需要额外着色点缀，自然而然，浑然天成；花卉，无论是玫瑰、兰花、荷花，还是牡丹，形态与颜色自成一统，无须他人调色规范……我们与孩子发生冲突的根本原因，就是我们绞尽脑汁，执意于把“玫瑰”变成“牡丹”。佛教中有句话叫作“随顺众生”，那是因为“人”作为这个世间高级的生灵，具有这个世间万物自有的特质，那就是“自性圆满”。相信我们的孩子，耐心地陪伴他们，细心地去发现，顺应孩子的自然禀赋，不世俗、不刻意地去改变。按照自我天性长大的孩子，很清楚自己是谁，了解自己的喜好，知道自己想要什么，在将来的学习科目以及工作的选择上，都会有明确的目标。最重要的是孩子的身体与心灵是协调统一的，自然而又健康。这其实才是我们每一位父母心底最根本的愿望。

不按照社会的需求和标准去雕琢孩子，是对孩子最大的理解与尊重。能够找到自己的特长，并顺应特长去发展的孩子，已经具备了最强的竞争力和生存能力。

## 用心与孩子相处

“用心”与孩子相处，不仅是成为一名合格父母的关键，也是孩子们成长所必需的“营养”。

谈到“用心”二字，我想到了一部电影《翻译家》，英文名字为 *A Translator*。这是一部2018年的古巴电影，是由一个真实故事改编而成的。这部电影讲述的是苏联切尔诺贝利核电站泄漏之后，主人公马林，由于是一所古巴大学的俄罗斯文学教授，精通俄语，所以被派到一家古巴医院充当翻译，而病人是一群因为核电站泄漏而遭受辐射，在痛苦中挣扎的俄罗斯孩子。

**一个心中怨气十足的人，很难走进孩子真正的内心世界，因为那时他想到的只是自己。**马林从一个文学教授突然转换成每天要面对这群身心痛苦的孩子的翻译人员，他虽同情这些无辜的孩子，但却无法摆脱自己内心的沮丧与抱怨，导致他在起初阶段一直是以旁观者的姿态出现在孩子们的面前，无法走入孩子们的心里。就在他挣扎的时候，他遇到了一个孩子。这个孩子因为病重和痛苦拒绝与人交流，马林在一次试图与孩子的沟通中，无意中以讲述故事的方式，进入了这个孩子的内心世界，与孩子产生了共鸣。从最初的抱怨抵触，到真正地打动这个孩子的心，马林真切地体会到了什么是“用心”二字。当他开始真正“用心”地给孩子们讲故事的时候，他忘记了自己，他学会了换位思考，他领悟到了同情与悲悯，于是他找到了进入孩子们内心世界的钥匙。这一醒悟完全扭转了马林消极、沮丧的情绪，他仿佛一下子被注入了无穷的能量，以一种少见的激情和爱投入到了这份令人痛苦的工作中。

在影片的最后，另一个悲剧发生了——一个女孩死了。而在女孩身边“日夜陪伴”的母亲，却因为酗酒，昏睡在孩子的身边，根本没有察觉到孩子已经死去。这位母亲痛苦地反驳着马林对她的指责，申辩说她自己天天都在这里陪着女儿，而马林却告诉她：“你虽然在这里，但你根本没有‘用心’。”

我相信，这位母亲因为女儿的病痛和离世也一定痛苦万分，而且她的内心或许还有许多不被外人所知的痛苦和挣扎。但她忽视了此时此刻，就女儿这一生命个体而言，在遭受着如此巨大的病痛折磨的时候，是多么需要她这位母亲的关注和爱抚。

在我们自身面对生命中遭遇的极大痛苦和磨难时，我们会因为内心的恐惧和无助而变成一个六神无主的“孩子”，自顾不暇，甘心自行扮演成一个自怨自艾、沉沦买醉的受害者形象。但如果此时，这位妈妈可以将“母亲”这一最重要的角色放在第一位，坚强而又勇敢地全身心投入到对女儿生命的关爱上，那么她不仅可以安抚痛苦中的女儿，也可以像马林一样，在“用心”关爱他人的过程中使自己的心灵也得到救赎。

“用心”，是我从这部影片中读懂的最核心的主题。

“用心”，是一种技能，可以通过学习而掌握。我们先要学会将自己的注意力从外在的感官世界转移到自我内在的感觉上，“用心”地感受自我，感受我们周边的生活。放慢自己的脚步，不急不躁，试着去认真聆听自己内心的声音，感受自己的情绪，安抚自己的情绪，然后再将这样的学习延伸至我们所爱的父母、孩子和朋友身上。“用心”与他人相处，就是要暂时放下自我，专心地从对方的话语、情绪、表情上去体会，换位思考，感受那些发生在他人身上的事情（快乐或是痛苦的事情），此时如果发生在你的身上，你的感受和情绪是什么样的。你会有感同身受的体会，无论你与他共度的那段时光是痛苦的还是喜悦的，你的心都会与他的心同步。

“用心”去体会与只是“我在这里”，有天壤之别。就如同电影《翻译家》中的那位母亲，她在那里陪着孩子，她花了时间在那间病房里，但是她的心却没有放在孩子身上。那个在痛苦中默默死去的女孩是令人心疼的，因为无论是她活着的时候还是死去的时候，她的内心世界都是那么孤单。天灾人祸我们无力改变，但得不到父母“用心”的爱，这便是作为人这种生灵最大的悲哀所在。

一个真正在爱的滋养中长大的孩子，是何等幸运。或许我们不应该称其为幸运，因为“人类爱的结晶”本就应该“用心以待”。

父母本应有自己的正常生活，无可厚非。父母在陪伴孩子的时候，很容易被诸多的事物牵绊，所以他们总是可以有一堆堂而皇之的理由为自己无法“用心”关注孩子开脱，而且也会自认为理所当然，因为他们认为把更多的时间花在更为“重要的事情”上是应该的。所谓“重要的事情”可能是：他们的工作、他们的生意，甚至是看手机、玩游戏等排解自我情绪的娱乐。孩子的行为、话语、情绪经常被忽视，“用心”的关爱变成了一种奢侈品，或者被用错了地方。例如，孩子只是想与你相拥片刻，你却在一边抱着他一边看你的视频，你的心在别处，孩子的心又何处安放呢？孩子想让你陪他玩一会儿，你坐在他旁边通过电话与他人闲聊，心不在焉……我们的不“用心”造成我们的孩子普遍“营养不良”。这样的不用心，也会导致孩子的注意力不集中，或为了引起我们的关注而做出一些过分行为。

有一个真实的历史事件，也是一个极端的例证。在20世纪60年代的罗马尼亚，当时的国家最高领导人尼古拉·齐奥塞斯库认为：国家要想振兴经济就要多生孩子。于是在社会上大力塑造“英雄母亲”的形象，鼓励家庭多生孩子。但当年老百姓的生活条件非常艰苦，养不起过多的孩子，无奈只能将刚生下不久的孩子遗弃。正是由于这一愚昧的政策，罗马尼亚国内弃婴的数量在当时竟然高达20万之多，于是政府不得不建造数百家的孤儿院来收容这些弃婴。

在孤儿院里，孩子们普遍得不到正常的关注和与成人的肢体接触以及言语交流，孤儿院中的工作人员以流水线的方式“喂养”着这些幼童，孩子们处在长期散养的状态，没有办法接受正常有效的认知刺激，也无法与任何成人形成稳定的依恋关系，由此导致这些孤儿的身体发育、大脑发育和情绪管理都不如正常的孩子，甚至这些孩子的脑容量都小于正常的儿童。致力于这项研究的哈佛大学的纳尔逊（Nelson）表示：“如果说大脑是电灯泡，正常的孩子的大脑是100瓦，而孤儿院的这些孩子的大脑只有30瓦。”这起“罗马尼亚孤儿”事件，用残酷的事实向人们证明了：孩子从小被人忽视、得不到正常的关爱，会直接影响孩子的人格发展以及智力发育。人是需要被关爱、被关注，需要交流的高级动物，在以家庭为单位的小环境中，在父母“用心”的关爱下，才能培养出发育正常、身心健康的孩子。

爱的缺乏，尤其在孩子的童年和成长阶段，父母不能给予孩子充分的爱与有质量的陪伴，会对这个个体造成心理和身体的严重伤害，将来这种个体性的伤害，恐怕会扩展到这个个体生活的方方面面以及他人身上。

“用心”与孩子相处与外在的物质世界无关，那是心与心的交融，是为人父母最基本的责任，也是孩子心智得以健康成长的关键。父母在学习“用心”与孩子相处的过程中，必须要学会“放下自我”。“放下自我”是人生一种高级层面的修为，需要我们凡事换位思考，从他人的角度出发，为他人着想。我们可以从换位为孩子着想开始，再延展到为他人的孩子着想，再到为所有人着想……这样的修为，使父母的内在修养得到充分的提升，心灵得到成长。父母其实在与孩子“用心”的相处中，自身亦成为最大的受益者。

人，是这世间最高级的一种生灵，无论你多大年纪，都需要被他人“用心”宠爱。如果能有一位用心爱你的母亲在身边，无论多大年纪，对儿女来说都会是一种极大的幸运；或者你有一位体贴入微的妻子在身边，那也是你莫大的福分；又或者你有一位善解人意、真心实意的至亲好友，那将是你一生莫大的财富。人从生下来到老年，都需要得到他人真切的爱与关怀，那种爱是一股巨大的能量，可以使我们的生命呈现出精美绝伦的色彩，那才是人类精神世界最高级的“珍馐美味”。如果你也期盼得到这样的爱，或许应该努力让自己先成为有这样能力去爱他人的人。

# 教养需要滴水穿石之功

我们时常会遇到这样的场景：在外与朋友不期而遇，我们会提醒身边的孩子说："快叫阿姨、叔叔。"我们认为这是基本的礼貌，孩子们在外人面前应该表现出基本的礼貌，也就是为人最基本的教养。

但教养不仅仅表现在礼貌上，它是你所受到的教育与熏陶在你的意识层面以及原始的动机等方面产生的影响，从而表现出的相应行为、语言和态度等。真正良好的教养是一个人发自内心的慈悲，外在的礼貌容易学习，而内在的教养需要滴水穿石地培养。

培养一个人内在的教养，要从点滴的生活小事做起。

在北京居住的时候，家里请了一个阿姨来帮忙。阿姨与我年龄相仿，姓李，是河北省张北人，小李阿姨是个急性子，走起路来都带着一阵风。但人很耿直，心地善良，有啥说啥，喜欢读书，字也写得很漂亮，她曾是当地的一位代课老师。小李阿姨的工作就是帮我照顾 3 岁的女儿、收拾屋子、做饭、熨衣服。女儿与阿姨很快就熟悉了起来，我不在家的时候，都是阿姨陪伴她，带她到院子里去玩，给她做饭、讲故事、做游戏，细心地照顾着她。我和小李阿姨的关系也很融洽，我喜欢读书，也会经常推荐一些好书给她，我们还会一起探讨书中的内容；如果我和先生在家，我们就下厨和小李阿姨一起做饭，阿姨与我们同在一桌吃饭、聊天，无论荤素一起分享，平等相处。

某年的夏天，小李阿姨带女儿刚从院子里回来，面带微笑地告诉我："今天在院里玩的时候，有另一个阿姨问冰（女儿的小名），家里有几口人，冰说有五口人。那个人就又问她：'你家有五口人啊，都是谁啊？'冰回答她：'有爸爸、妈妈、阿姨、哥哥和我。'"小李阿姨很感慨地说："冰把我当成一家人了。"小李阿姨与我们在一起六年的时间，直到我们要移居他乡，才在不舍中告别。她之后又找到另一户人家，继续留在北京帮人家带孩子。我们每年回北京，她都会坐很远的车赶到家里来和我们见个面，一起聊聊现在的生活。孩子们见到她，还是很亲，心里觉得依然是一家人。

父母对待他人的态度、言语，点点滴滴都在影响着孩子。不经意间的一个眼神、与他人说话的语气、背后议论他人时的态度、与他人相处的方式，等等，孩子都看在眼里，听在耳中，留在心里，影响着孩子看待他人的态度，以及与他人的相处模式。父母如果有分别心，这样的分别也会潜移默化地传递给孩子，使他们在幼小的年龄对人划分等级，学会功利和傲慢。

**"平等心"是一个人能够发展出真正的"慈悲心"与"正义感"的基础。**

教养虽然要从见面打招呼开始做起，但更深层的教养，却深植于孩子内心，对每个灵魂的公平对待与尊重。不在位高权重面前卑躬屈膝，不在劳苦百姓面前趾高气扬，懂得用平常心与他人交往，懂得悲悯，懂得欣赏，懂得平等，懂得爱的深意——这样的教养，需要日积月累的功夫。

我们这些年虽然住在国外，但依然保持着过节的习俗。无论是中国节日还是外国节日，我们都会小小地庆祝一下。

2月份有一个节日叫情人节，每年我先生都会买来鲜花，或是给我一个小惊喜。但这个情人节其实是更广义的爱的节日，每到这一天，我们也会为孩子们准备一份情人节的礼物和卡片，悄悄地摆在他们的书桌上，告诉他们，我们有多么爱他们。在国外过中国的新年，我们会挂灯笼、贴对联、贴窗花、包饺子，准备一桌年夜饭，给孩子们准备“红包”压岁，希望孩子们不忘中国的传统。西方的圣诞节，我们也会入乡随俗，和孩子们一起摆上圣诞树，给家人和朋友挑选圣诞礼物，进行情感交流。

**“生活”需要仪式感，因为“生活”本身就应该被尊重。**我们可以给孩子讲无数的道理，例如，要懂得尊重他人、要举止得体、要通情达理、要不卑不亢、要热爱生活……但口里言说的道理，永远也比不上我们将对待生活和他人的态度展示给他们看。

生命中所谓的完美都是相对的，如何应对真实生活中的不完美，在日常面前、在困苦与烦恼面前，依然可以谈笑有声，应对自如；夫妻之间的矛盾、与孩子之间的争执、对待邻里的态度、生活中的柴米油盐；等等，我们在处理这些时的态度和方法，都是在告诉孩子们什么叫作教养。父母在孩子们面前彼此学会求同存异，温柔以待；在与他人交往时真诚、热情；在与孩子的交流中，欣赏孩子的本性，尊重孩子的选择，不功利，不强求；对待生活，不急不躁，闲庭信步……这一切，孩子们都看在眼里，铭记于心。被善待的孩子，能够从父母对待他们的方式中，学会如何对待他人。成就一个有“教养”的孩子，父母的言传身教起着重要作用。

良好的教养，绝不仅仅体现在与他人交往的行为举止上，更多的是来自内在心灵对爱与慈悲的感知，那是一种超乎礼貌之上的、更深层的对人性和生命的关怀与敬重。

# 陪伴需要与心同行

“陪伴”在《新华字典》中的解释是：跟随在一起，在旁边做伴。这个字面的解释用在亲密关系上，需要增加一样重要的成分，就是“与心同行”。“陪伴”是为人父母最基本的职责，引申的意思应该是“父母与孩子在一起，父母在孩子旁边用心做伴”。

“陪伴”是现代社会中的一个奢侈品。大部分的父母都忙于工作，很多人选择把孩子交给老人照料，或是请一位阿姨帮着照顾，又或者让孩子寄宿在学校。这样算下来父母能够陪伴孩子的时间少之又少。孩子从幼儿期、童年期直至青春期，每个阶段的成长都需要父母直接给予营养和互动。如果父母中有一方缺席，甚至是两个人都缺席，长时间里，孩子无法与父母互动，得不到父母的关爱，会造成孩子成长阶段的心理缺失。

我们在异乡生活的这些年，每日接送孩子、买菜做饭、洗衣熨衣、打扫卫生……凡事亲力亲为，对“陪伴”二字有了更深的感悟。有一次，一个朋友读大学的女儿来家里小住，看着我们每天早起给孩子们做饭，接送他们上下学，晚上又准备美味的饭菜，每天孩子都有我们的陪伴，她很是感慨地告诉我："阿姨，您的孩子们太幸运了，您知道在我小的时候，我爸妈都很忙，每天只有小狗在家陪我。"听到这话，我心里很为她感到遗憾，是啊，父母再说怎么爱孩子，也不如把时间给孩子。可当你认为有时间想要陪他们的时候，却已经错过了陪伴他们成长的最佳时期，他们已经在孤单中长大，带着那一份寂寥走向了未来……

陪伴，不只是不缺席，不只是"陪"，更重要的是在孩子需要的时候，我们可以与他们"做伴"，成为他们的伙伴，那是真正的参与。

我的女儿是一个温温柔柔的小姑娘，性格温顺，做事从不着急，我时常把她比喻成一只小蜗牛。有一次学校放春假，假期不长不短，但也有少许作业要完成，在还差两天就要开学的时候，她告诉我，她还有一个美术作业没做。她说老师让同学们画一只鞋，她没想好要画哪只鞋，所以一直没画。

我看她懒懒散散地坐在沙发上，也没有要动笔的意思，就和她商量："我能和你一起画吗？看看我们俩画的会有什么不同。"她看着我，想了想，眼睛里露出了兴奋之色。她说："好啊，我们一起画。"她腾的一下就从沙发上站了起来，拉着我去鞋柜里找，和我商量画哪一只鞋比较好。

就这样我们选定了一只她喜欢的运动鞋，摆在桌子上，拿出画笔，各自坐定，从自己的角度开始着手画画。

阳光透过窗户照在桌上，在鞋子的周边折射出长短不一的影子，周围一片静谧，我们在各自的画本上安静地以我们各自的角度画着同一只鞋子。我偷偷地望向女儿，看着她稚嫩的脸上那份认真恬静的神态，我也被这片刻的温馨与满足感包围着。我在陪着她，她也在陪着我，时间仿佛定格在这一刻，满心的幸福洋溢出来，我的嘴角不自觉地上扬。

养育孩子的过程是辛苦的，因为你总是要不停地转换不同的角色。有时候你是一名全职妈妈，有时候是一位需要去包容的妻子，有时候是可以变出美食的厨师，有时候又是和孩子一起嬉笑打闹的小伙伴，有时候又要变成将家收拾得整洁有序的保姆。烦琐而又劳累的生活、各种角色不同的要求，导致我们身边的父母呈现出两种比较明显的特征：一种消极抱怨，另一种积极乐观。

这两种态度的父母都会付出努力和时间去陪伴孩子，但他们的心态截然不同，产生的效果也存在天壤之别。消极的父母习惯于将眼睛盯在孩子的缺点上，他们经常抱怨孩子：你怎么这么懒，（这么笨、这么不听话……）我为你做了这么多，你既不珍惜，又不懂感恩。他们甚至将孩子的贪玩、考试成绩不佳、偏科等都归结于此，导致家庭气氛压抑、不和谐。孩子虽然得到了他们的细心照顾，但却总是感觉内疚和惭愧，觉得自己不配，导致孩子内心自卑、懦弱和无力，个性也变得消极。乐观的父母却截然相反，他们也在细心地照顾和陪伴孩子，使用了与消极的父母们同样多的时间和精力，但他们内心充满了喜悦与感恩，与孩子共度的每个瞬间，给孩子做饭、洗衣服、收拾凌乱的玩具，接受孩子的顽皮与挑战，等等，对他们来说都是在辛苦表层之下更深层的接纳与爱。他们更懂得欣赏孩子的优点，孩子也更趋向于乐观和积极，与父母的关系更融洽。乐观的父母与消极的父母培育出的孩子最大的区别是：乐观的父母培养出的孩子自我向内探索的性格特征更正向、更自信，抗压能力更强；而消极的父母培养出的孩子，内心有更深的自卑与恐惧，更容易将关注点外向化，情绪不稳定，不自信。

**真正令人仰慕的是一个人内心的充盈与富足，那是金钱与权力买不到的东西，但那确确实实是每一位父母心中最大的期盼。每个父母都希望孩子可以获得最珍贵的东西——健康与幸福。**

父母与孩子之间的相处，实在是一场艰难的修行，需要极大的爱与慈悲。

“陪伴”需要两个心灵之间真实的碰撞，没有年龄、身份、高低之分，平等地共度那一刻的时光，无论是嬉笑打闹，还是游戏比赛，或者一起看一场电影，我们都要像孩子一样全身心地投入，不仅有情绪的交汇，也有平等的沟通，两颗心灵在交互玩耍的过程中都得到了满足。这样的陪伴，孩子不仅能够体会到真正的平等与尊重，还能够从父母那里感受到对待生活的态度、自信和安全感；而父母自身也会从与孩子共度的时光中获益匪浅。

“陪伴”不仅是与孩子共度时光，我们在无形的时间流淌中在默默地告诉孩子：我愿意与你分享我的时间、我的生命，因为你如我的生命一样珍贵，因为我爱你。这是一种无言的承诺，你的“陪”与“伴”是孩子成长中最天然的营养，胜过一切高级的蛋白质、氨基酸、碳水化合物所给予孩子的补养，胜过一切珠宝、房产等财富所能给予他们内心的富足。

“一分耕耘，一分收获”，此话真实不虚。

## 床上早餐与生病的孩子

“爱”是一个有温度的字眼，我们可以用言语说出来，也可以用行动去表达。让孩子感受到我们的爱，感受到我们对他们的那份特别的爱，有一个很好的办法，就是偶尔让他们享受一次浪漫的“床上早餐”。

恐怕每个孩子都喜欢坐在床上吃一顿很享受的美食，那会让他们产生一种被宠、被爱的感受，令孩子的幸福感爆棚。

在北京的时候，我在一个家具店里发现了可以在床上吃饭用的小桌子，于是我和先生就会偶尔在周末给孩子们策划一次床上的美食体验。孩子们几乎无法拒绝，每一次都开心得不得了。在孩子还小的时候，我们还会在早上把兄妹俩抱到一张床上，一起吃床上早餐。每次两个小家伙都会异常兴奋，嬉笑聊天，脸上洋溢着幸福，仿佛所有的饭菜都变得更香甜了。来到米兰后，出于他们年龄已经不小了的原因，床上早餐比较少了，但如果他们生病了，我还是会为他们提供这一份“特权”，而且我坚信那样他们的病会好得更快。因为那种儿时温馨、幸福的记忆，会一直陪着他们到永远，尤其那种被宠爱的感觉，就是一剂灵丹妙药，可以医治百病。

每年冬季，圣诞节前后，是欧洲流感的高发季，学校的孩子们之间很容易互相传染。那年儿子已经18岁，圣诞节后学校已经开学，有一天早上，儿子没有起床，我去看他，他说嗓子疼，恐怕不能去上学了。我就和我先生兵分两路，我先生与女儿吃过早饭之后送女儿上学，我在家照顾儿子。儿子躺在床上，有些低烧，我问他想吃点什么，他说没什么胃口，少吃一点就行。我看着他说："我去给你榨一杯橙汁，再烤两片面包，吃完饭后，你吃一片阿司匹林泡腾片（感冒药），再睡一会儿，你说好不好？"儿子点头同意。于是，我去厨房给他准备早餐，然后去储物间把床上餐桌拿出来。一切准备停当，我把食物放在餐桌上，摆好餐具和餐巾，端到他的卧室，放在了他的面前。他看着这个熟悉的餐桌，微笑着对我说："谢谢妈妈。"我知道他一定是想起了儿时的记忆，而就在那时，我看着他幸福的表情，自己也被儿子的幸福感感染，嘴角上扬。原来给他人带来的幸福感也会感动我自己！

记得我小时候生病发烧，总是狂吐不止，吐到胃液倒尽，不思饮食，极其痛苦。我最希望的就是妈妈陪在我身边，因为妈妈知道我的痛苦，她总是会用我最舒服的方式照顾我，给我做我最想吃的东西，摸着我的头，把饭端到我的床边，一勺一勺地喂我吃。妈妈的照顾与体贴总是让我感到心安，使我的痛苦减轻。因为妈妈的爱，我觉得小时候生病都是一种幸福。

"体谅"应该是母爱最真切的表现。当我的孩子们生病的时候，我是绝不会去责怪他们的。例如，"我让你多穿一件衣服，你不听啊，现在发烧了，活该"；或者抱怨他们给自己带来了麻烦（请假不能去上班）；又或者抱怨他们耽误了学校的课程，催促他们找同学把作业赶快补上，不能落下课程。事实上，我反而会让他们在家充分休息，听音乐、看电影，完全放松。因为我认为，这是我与孩子进一步增进感情的最好时刻。通常此时，我会全程陪伴在他们身边，测体温、观察、喂水、做一些可口的饭食，或者陪他们看个电影，悉心照顾，直到他们痊愈。

女儿的一个同学小 A，常年都是全勤。她生病的时候，她妈妈也要求她坚持去上学，哪怕有时候发烧，也不能缺课。小 A 慢慢形成了一种认知：上学和功课是最重要的事情，生病并不重要。有一次，女儿的另一位女同学发烧在家，不能来上学，小 A 就给这个生病的女孩发短信，说："你应该马上来学校，不应该请假，我生病的时候，从不会请假，否则会耽误了课程。"家长认为"上学比身体更重要"的价值观，已经传递给了孩子，而孩子也在用这样的价值观去要求他人。

在面对孩子生病的整个过程中，我们的取舍、态度、决定和选择都会让孩子更真切地感受到我们的认知侧重点：我们是更在意他们的健康，还是更在意他们的课程；我们是更爱他们，还是更爱我们的工作；什么是更重要的东西等。在我们的内心，虽然我们很清楚地知道我们爱孩子胜过了一切，但是我们的言语和态度，有时候却给了他们另一个答案。我们要求孩子一节课也不能落下，要全勤，但是我们终归是落下了些什么。不允许自己生病、不允许自己缺勤，不能心疼自己的人，自然也不会心疼他人。凡事都有两面性，在我们做出一个决定的时候，应好好想一想，另一面所带来的结果是否也是你想要的。

生病时一个人会处于很无助和非常痛苦的状态，父母的爱和家庭的温暖是孩子最好的药，而且也会让他们学会在他人痛苦的时候如何体恤和关怀他人。父母无时无刻不是榜样，你可以教给他们温情，也同样可以教给他们冷漠。

爱是传递来的，一个从小可以从父母那里得到正向的爱的孩子，长大后更容易懂得如何去真切地关爱自己的家人，以及如何去关怀他人，拥有同情心与共情力。

爱有千千万万种，但品质都不同，而唯独慰藉心灵的爱具有疗愈效果。

## 父母也需要成长

家是一个温暖、甜蜜，让你一想起来就会思念、就想拥抱的地方。但我们的父母有些时候把它变成了一所令孩子避之不及的“房子”，而不再是家了。

在我们那个年代，父母没有那么多的时间，也没有受过关于育儿方面的教育，那个时候的教育，多半只是养育，而且很多孩子都是在打骂中长大的。等这些孩子长到了中年，他们中的很多人也继承了父辈的传统，沿用打骂的方法来教育他们的下一代。

我曾经有一个邻居，家中五口人，爷爷、奶奶，父亲、母亲，还有一个孙子，他们住在一起。爷爷奶奶疼孙子，好吃的、好喝的都留给孙子，这个孙子也和爷爷奶奶非常亲近。但这个父亲在外工作，一周回家一次，看见儿子的功课不好，或者他说话孩子不回应，他就发火，不仅拍桌子瞪眼睛，还上手打儿子，爷爷奶奶劝也没用。

后来这个父亲告诉我，他小的时候，他的父亲就是这样管教他的，除了打就是骂，要不然就是刻板的说教。现在他也自然而然地沿用他父亲的方法管教他的儿子，虽然他也知道这样不对，但也没有别的好方法。而且自他长大后，他就不愿意长期在家里待着。虽然他已经结婚，但按照中国的传统，孝养父母是他的职责，老婆、孩子和他的父母一起住，而他就一周回家一次，看看老婆、孩子，周末晚上就走。在家待久了，他还会和他的父亲吵架。吵架就是他们家里解决问题的传统方式，哪怕知道这样什么问题也解决不了。

后来有一次再见到他，他很神秘地告诉我："我发现儿子不能再打了，上一次我打儿子的时候，儿子已经不会再像小时候那样哭着求饶了，而是瞪着我，眼里充满了恨……"

还有一则故事，是关于美国儿童教育家麦道卫博士的。他是美国著名的婚姻与子女教育专家，在他的《六A的力量》一书中，他提到了他的家庭。他的父亲是一个酒鬼，飞扬跋扈，而且经常把他的母亲打得站不起来，他从小就痛恨这个父亲。后来他长大了，有一次在他父亲又喝醉酒后，他把他父亲的头按在了浴缸里，如果不是有人阻止他，他很可能会伤害他的父亲。他说他小的时候从来不知道什么是爱，也不懂得如何去爱别人，留下了难以抚平的心理创伤。但也正是因为这样的经历，他立志要好好地爱自己的孩子们，并且积极地向他人学习，关注自己家庭和子女的教育，并将此项工作作为他一生追求的事业。这样的自我成长，不仅是对他自己儿时经历的一种最好的疗愈过程，也是他给予自己孩子们的福祉。

我们经常会有一种错误的假想：我们的孩子是我们的私人财产。既然是私人财产，我们就必须让他们听我们的话，让他们达到我们的要求，让他们按照我们的期望去生活。于是我们在家里可以任意地行使这个家庭里“老大”的权利，随意地训斥他们、责罚他们、鞭打他们，以彰显我们的权威，满足我们的控制欲。可怜的孩子们成了我们的附属品，成了我们的奴隶。但我们却口口声声对他们说着：“这是因为我爱你。”这样的认知不仅仅是孩子们的悲剧，也是为人父母的悲哀。

孩子从来都不是我们的私人财产，无论是在他们儿时还是成年后。他们有自己独立的灵魂，他们属于他们自己。我们对他们的教养是我们的责任，也是我们的义务，这样的联结基于这世间最原始的繁衍规律，也是世间最美的爱的体现。

一个懂得反思、学习和成长的成年人，会从儿时的不良经历中扬长避短。当他有了自己的家和孩子后，他会学着去换位思考，想办法善待自己的孩子，不让孩子再经历自己曾经的心理痛苦和面对不成熟家长带给孩子的摧残。对那些继续传承他们的所谓“家规”，简单又粗暴地用棍棒和鞭子教育孩子的人，我很遗憾地说，他们自己依然是个没有长大的孩子。

当我们从一名懵懂的孩童升级为父母之后，我们要有意识地自我反思，无论是从自身的成长经历、他人的家庭生活中，还是从书籍之上，不断地对自己过往的经历进行去其糟粕、取其精华的提炼和修补，要使自己朝着做一位称职的父亲或母亲的方向努力。其实无论我们的人生晋级到了哪个阶段，从童年期到青春期，再从中年到老年，在每个阶段我们都要学会重新审视自我、提升自我，该放弃的放弃，该补充的一定要补充。例如，当我们从少年晋级为青年时，我们需要放弃儿时对父母的那种依恋，积极地训练自己学会独立，无论是心理上还是经济上；如果我们已晋级为中年人，就要放弃青春的叛逆与鲁莽，要求自己学会担当与责任，学会照顾好自己的家人和体恤父母；当我们即将步入老年，那么就要学会收敛自心，逐渐放手，豁达对人。中国人讲“活到老，学到老”，而对于人生每个不同时期的转变过程，或许是我们最应该主动去学习的阶段，只有不断地学习与醒悟才可以使自己的心理年龄与我们实际的年龄相匹配。

年龄的增长，并不意味着我们的内在心理会自然成熟。我们其实与孩子一样，都需要学习和领悟。我们与孩子同时走在一条成长的路上，只是阶段不同而已。而孩子出现在我们生命中的那段时期，为父母提供了一次绝佳的自我反省、自我修炼与提升的契机，孩子是来帮助我们的“助力”，能够得到这样的帮助是我们的福气。而懂得自身需要成长的父母，才能不枉此行，真正走上领悟爱、学着去爱之路。

## 父母是孩子的“催眠师”

心理学中有一个实验叫作“别去想那头粉色的大象”。心理学家召集了一大批志愿者，告诉他们：“在你们面前的这所房子里有一头粉色的大象。在接下来的一段时间里，我要求你们不要去想这件事，一次都不要。”最终实验的结果是：志愿者们很难做到不去想那头粉色的大象。原因是：“禁止”具有很强的暗示性，反而会激起人们的好奇心。

当我们了解了这样的心理学原理，我们需要反思并且可以善加利用：在我们需要与孩子沟通的时候，尽量不要用否定句，避免适得其反。

**有一位心理学家说：每一位父母其实都是孩子的“催眠师”。**是的，我们每天不停地而且重复地表达着对孩子的看法，我们会说：你怎么这么笨，你永远改不了这个毛病，我怎么会生了你这么个废物……

曾经，我和我先生也时常“语出惊人”，不顾及对方的感受。我们时常将心中的不满、自己的烦躁和郁闷，用不加修饰的语言转移发泄到对方的身上，说出一些伤感情的话。所以我们经常会彼此提醒，要用善意的“肯定句”说话，改掉否定句和疑问句。

这不是一件容易的事，因为长时间形成的思维模式，导致我们有时候会不假思索地说出带有攻击性的话来，将“爱你没商量”变成了“害你没商量”。刻意地审视和转变我们习以为常的语言模式可以帮助我们转变与孩子以及周围人的关系，生活的氛围也会随之转变。每一次当你的心情变得烦乱、发现自己要发脾气的时候，提醒自己：我要用肯定句讲话，否则就不要开口！

“你怎么剩这么多饭，赶快吃完，不然就不许出去玩！”（指责的口吻）

这句话的假设前提是：孩子太贪玩，不好好吃饭，肚子肯定还饿着呢。

肯定句的说法：“你如果已经吃饱了，就可以去玩了。”

在距离孩子下一次吃饭的时间间隔中，尽量不要给他其他食物，如果他饿了，让他等到吃饭的时间才可以吃东西。让孩子学会：吃好每一顿饭是他自己的责任。

“你的房间简直像个猪窝一样，你自己看不见吗？赶快收拾干净！”（怒气冲冲）

这句话的假设前提是：这孩子懒得像猪一样，不爱干净，不逼着他，他就不干活。

肯定句的说法：“（拿一块擦桌布和一个垃圾袋）孩子，那些东西如果你不需要了，就收拾到这个垃圾袋中，这块擦桌子的布给你放在这里。干净整洁的房间会提高你的学习效率，并且会使你的心情更愉快，别忘记一会儿把垃圾袋拿给妈妈。”

之后你就离开，给他时间，他会自己收拾干净，并且把垃圾袋拿给你。孩子偶尔需要你教给他一种解决问题的方法和提供适当的工具，并且善意地督促，而不是责备。

“我天天辛苦挣钱养活你，你就拿这个成绩来报答我？老师上课的时候你在做梦吗？”（大喊大叫）

假设的前提是：这是个不懂得感恩的孩子，而且不好好听老师讲课。父母的话中还潜藏着一个暗示：我的爱有条件，我的付出需要报答。

肯定句的说法：“这次没考好，你也很难过吧？（给孩子一个拥抱，紧紧地抱住他）没关系，把做错的题再好好研究一下，如果还是不明白，明天找老师请教请教，好吗？现在，我们先去吃个冰激凌吧。”

我们这样做的潜台词是：我知道你可以做得更好，我懂你。

我们虽然已是成年人，但我们依然无法将每一件事都做到完美。孩子在心智还未完全健全的阶段，犯错是难免的，他需要我们的理解和鼓励，而非责骂。因为心理学发现，每个孩子都非常重视自己能力的发展和学习成绩的提高，希望自己优秀、希望得到认可和赞誉是每个孩子的心愿。正向地包容孩子的失败，孩子感觉到的是你的信任和尊重，他便具有了继续努力、挑战失败、继续前行的勇气。

“把电脑给我关了！天天就知道玩游戏，眼睛都快瞎了，也不知道有时间多看看书、多做做题……”

假设的前提是：玩游戏就是浪费时间，这个孩子就是不自律，不爱学习。

肯定的说法：“儿子，这个是妈妈给你买的保护眼睛的药，你用电脑比较多，每天吃一粒保护好自己的眼睛。玩一会儿之后就让眼睛休息休息，闭上眼睛听听音乐，换换脑子，或者做做运动。另外，我需要你帮我一个忙，一会儿玩完了这一局来找我一下，好吗？”

善意的规劝和关爱式的语言能让孩子感受到你的尊重与体谅。另外，巧妙地叫孩子来帮个忙，可以帮助他们暂时离开电脑和游戏。你可以让他们去帮你买个东西，或是你准备好了水果，让他们陪你一起吃，等等。一些生活中的小方法，温柔而又巧妙地帮助孩子培养自控力，你的“功课”也在无形中起到了大作用。

中国有句古语：“良言一句三冬暖，恶语伤人六月寒。”我们在辛辛苦苦、经年累月地抚养着我们心中挚爱的孩子，我们不惜一切代价，希望他们学业有成，希望他们前途无量。但却在某一些瞬间恶语相向，拳脚相加，而这恶语和打骂恐怕会让孩子一生难忘，无法释怀。而你短暂的恶劣情绪的宣泄，也与你想要达到的目的背道而驰，甚至使你多年的付出与艰辛的努力付诸东流。我们不应该指望未成年的孩子们无限度地原谅我们的坏脾气，甚至不分年龄阶段地要他们理解我们所谓的“教诲”。很多父母认为“教训、打骂”孩子不是错，是“爱”，因为“棍棒底下出孝子”，因为“我付出了那么多来养育他，他就不应该记恨我，他只应该报答我，他敢反抗，就是不孝，他就是逆子”。这种想法预设的前提是：孩子是个圣人。

之前看到一则报道：一个高中的孩子在家里一直在看手机，父亲怒气冲天地对着孩子大吼，不许他再看手机。儿子不理，气愤的父亲突然冲过去，抢过儿子手里的手机扔向窗外，儿子站起来，甚至没有与父亲对峙，他随即走向阳台，二话不说，纵身从窗口跳下，当即身亡。父亲趴在孩子的尸体前撕心裂肺地痛哭……十几年的养育，父母付出了巨大的心血和爱，但却在那一瞬间，“星星”陨落。

孩子与父母的关系什么时候变得如此脆弱了？孩子什么时候突然变得烦你了，甚至厌恶你了？平时生活中的小冲突经过积蓄的量变过程，在某一刻爆发了。

我们给予孩子的“爱”出了差错，偏离了轨道。那些被忽视的、被鞭子逼迫学习技能的、被宠坏的、被留守的、被冷漠的，那些被以“爱你”之名暴力对待的孩子，他们从小在父母自以为是的、有条件的爱的驱使下，被洗脑、被否定，忘记了或者已经丧失了自己的天性。他们有的逆来顺受，有的奋力反抗，有的自我摧残作为反抗的手段，有的视父母如仇敌……

我们用什么方法对待自己的孩子，或者我们在心里是如何看待他们的，都会对孩子造成巨大的影响。**把孩子当成一个好孩子看待，在心中“假设”的是对孩子的赞许、信任与肯定，用温暖的语言对待他们，尊重他们，再加上你的陪伴和无条件的爱，你就可以养育出一个有人性的孩子，一个内心阳光、善良的孩子，一个身心健康的孩子。有了这样稳定的人格基础，孩子的人生定会精彩。**

## 给孩子制定有效的奖励

在我们家里有一个不成文的规矩，就是我们从来没有考试奖励制度。

我们对孩子们的“奖励”从来不会在考试成绩的优异上面去体现。如果是生活和学习上的必需品，我们会顺理成章地提供给他们；如果是他们特别喜欢的玩具，我们会酌情在合适的时候买给他们，如过生日、新年或者圣诞节。孩子们经常会得到我们的赞赏，比如他们认真学习的态度、他们在生活上对我们的关照、他们对他人的礼貌与关爱等，都会得到我们的赞赏。我们更多的是使用“谢谢”来肯定孩子们给予我们的帮助，比如，帮我打开车门，等我进去后再关上车门；比如，帮我们倒垃圾；比如洗碗；比如，儿子的一句鼓励“加油，妈妈”等。而他们考试成绩的优异与否，我们会表示关切，并分享他们的快乐与伤心，但不会将其作为奖励或惩罚他们的评判标准。

而且奖励学习成绩会给孩子带来一种考试是为了奖励的假象，容易使孩子关注于只用成绩来定义自己的能力，甚至掉入为奖励而学习的误区，从而导致孩子将来如果没有了奖励就没有了学习的动力的情况，以及成绩不好过分沮丧的情绪。**这种现象被心理学家称作“过度理由效应”，它指的是，在人们从事原本喜欢的事情时，如果对此进行奖励，反而会对人们的行为产生负面影响，一旦不再提供奖励，人们就会认为这种行为没有以前那么有意思了，就会失去动力。**假如孩子很喜欢画画，而每次孩子画画之后你都会提供奖励，那么如果你不再提供奖励了，孩子画画的动力就会减小。

在孩子们的学校里，每年的 5 月份，就进入孩子们的考试季。在 5 月下旬的一周时间之内，考试完成，6 月份老师会进行试卷的讲解和本学期课程的收尾工作，到了 6 月底就要放暑假了。孩子们在 5 月份会比较忙碌和紧张，之后就是成绩单的发放，观察孩子们的情绪，帮助他们疏导不良情绪就显得至关重要。

5 月底的一天下午，我去学校接孩子们下学，远远地看见女儿和她的一位同学朝我停车的方向走过来，两人一边走一边在激烈地谈论着什么。远远地，我发现她的同学满脸的怒气，憋得通红，不停地在说些什么，等女儿上了车，我便询问她缘由。原来，学校考试完后，每个班的老师要将班上两三名学生的考卷交给其他班级的老师再次审阅，看看评判得是否准确。而她的这位同学的卷子被选中了。这位同学是一个每科都要拿到 A 的孩子，当然本身也是名副其实的学霸。可是当老师把她的卷子再返回来后，分数减少了 2 分，这使她异常愤怒，因为这样她这科就只能得到 B 而不是 A 了，而她的父母答应她，如果这次考试的几门功课可以拿到 A，就可以给她买一台笔记本电脑，但现在的情况令她异常沮丧。

后来这位同学的妈妈又和我聊起了这件事，她说她先生就这件事给学校写了一封信，向学校投诉，因为这件事令孩子异常气愤，他们也觉得这样很不公平。

我没有再去关注这件事情的后续，但我提醒那位妈妈，可以帮助孩子疏导一下情绪。这个孩子需要调整自己在应对挫折时的不良反应，而父母也应该自我审视，以买电脑作为奖励给孩子带来的压力反应。考试的分数固然重要，但对考试结果的过分敏感甚至愤怒的情绪，会对孩子的个性造成不良的影响，甚至会影响孩子的身心健康。尤其是父母的奖励制度，在此刻加剧了孩子争强好胜的心理，这样的引导，表面上好像促进了孩子的学业，但副作用是将孩子的着眼点引向了外在的目标和成败。

这么多年来，我一直坚持不奖励考试成绩的做法，并不是说结果不重要，而是我认为用奖品将孩子的注意力引向关注成绩的高低，这样误导造成的危害远远大于成绩的好坏。当我们不去过度地要求他们的考试结果时，就等于给予孩子更安心享受学习过程的可能，使他们可以把注意力集中在完成一件事的过程上，尽自己的努力去做就好。而争取好的成绩，体验自我的成就感，是孩子与生俱来的本能。中国古人颇具哲理的一句话“尽人事，听天命”，向我们揭示了一条法则：在人生的路上，凡事尽力而为，“结果”会因种种原因，而令你无法把控。如果父母过分关注孩子的考试成绩，奖励优秀的结果，惩罚失败的结果，那么，就等于是告诉了孩子：只有“赢了”才是最重要的，只有“成功”才是最值得炫耀的。

我们如果片面地鼓励“成功”，使孩子陷入一种舍本逐末的狭隘思想之中，孩子习惯于用最终的结果来定义自己的价值，就会导致孩子认为学习的目的就是取得最终的好成绩，而生活的目的就是所谓的“功成名就”，否则就是“失败者”，就不值一提，使孩子变得患得患失，在成功与失败之中沉浮，导致孩子急功近利、虚荣以及嫉妒，从而错失对生活的美妙感受的体验。

在孩子的成长期，我们需要奖励的是孩子的善言善行、跌倒了再爬起的勇气、为了自己的理想努力拼搏的决心等内在品德的成长，这些关乎孩子的个人品格和人生的格局，才是我们应该激励和奖励孩子的关键点。

父母给予孩子“奖励”的目的，是帮助孩子培养一个健全的人格，和百折不挠、乐观向上的精神世界，这样的“奖励”才可以称之为奖励，因为那是孩子成长中需要的、可以让孩子享用终身的财富。

## 安全感来源于生活中的点滴

米兰的冬天没有北京那么冷，来米兰这几年间，只有 2014 年的冬天下了一场大雪，之后的许多年极少见到下雪。冬天一直手脚冰凉的我，到了米兰却好多了，或许是这几年的暖冬吧，也或许是因为我把这个毛病传给了我的女儿。她如我小时候一样，到了冬天就手脚冰凉。一旦有机会我就会把她的小手放在我的手心里，给她暖手，每到这个时候我就会想起我的父亲。在我很小的时候，到了冬天，下学后要是看到父亲在家，我就跑向他的身后，把手伸到他的腋下取暖，他也会刻意地夹紧胳膊，我便会开心地趴在他的后背上，嘎嘎地笑个不停，高兴地告诉他："爸爸，好暖和！"父亲的慈爱和温暖就这样经年累月，让我惦念，想起来心中温暖，眼里却已满是泪水。父亲离开我们已七年有余，而这些点滴的记忆却一直温暖我至今。

生活本不需要我们刻意去做什么，一切自自然然，如流水一般，而那些温情的片段就在我们不经意间印在了生命的记忆中，每每回忆起来，都如钻石般闪亮而又温暖。

我们小时候物资匮乏，吃的东西都要凭票供应，花生、瓜子还有牛奶糖只有过年时才能见到。母亲为了照顾我们四个孩子，放弃了成为一名优秀医生的机会，把她的聪明才智都用在了家里，用在了柴米油盐上，用在了陪伴我们和教育我们的身上。那时一家人就只有父亲工作，全家人生活拮据，虽然没有大鱼大肉，但母亲总是能给我们变出各色美食，土豆、萝卜、红薯、大白菜，变着样地做，自制的窝窝头、馒头、花卷，还有葱花饼就是美食。在我儿时的记忆中，有父母的陪伴，有一家人围着餐桌吃饭的情景，有母亲坐在床上为我们做棉袄、纳鞋底、织毛衣的画面。母亲在厨房操持，总是最后一个坐下吃饭，每逢此时，父亲就会让我们将每道菜夹一些放在母亲的碗里，提前留下来；母亲会特意多放一点油，将葱花饼烙得脆一点，只因父亲喜欢；我 6 岁上小学后，母亲马上找了一份工作，只为挣点钱让父亲可以抽上好一点的烟……这些点点滴滴的儿时记忆，我至今依然难以忘怀。在那样的年代里，这一切柴米油盐的平凡生活，彼此心心相印的关照，实实在在地让我感觉到温暖和恬淡，历久但却铭心。

或许是年龄的原因，我会时常回想起儿时与父母及哥哥姐姐生活在一起的时光。那些记忆当中虽然没有精美的礼物，也没有珍馐美味，但每每回忆起来都会让我幸福感满满。那或许就是因为父母为我们撑起的那片天，让成长中的我们感到安全、温暖、有依有靠吧。而对于一个孩子来说，一个有爱而又安稳的家就是他需要的一切。

孩子“安全感”的建立就在每天的生活琐事之中。每天早上起床就有饭吃；天凉了妈妈已经准备好了冬衣给我们御寒；生病了有妈妈在旁边细心地照顾；晚上下学回家闻到饭菜香；冬天爸爸提前灌好暖水袋，放在被窝里为我们驱寒；夏天半夜里，爸妈起来给我们抹花露水，用扇子为我们祛暑、驱蚊；父母和和气气，互相体贴……这样的家不用告诉孩子什么叫作“安全感”，因为每个细节都是对“安全感”最好的诠释。父母二人为这个家所做的一切，无论是辛苦的工作，还是放弃自我追求的牺牲，因这点滴的细节而得以升华。因为这才是一个家应有的样子，一个家应有的温度。那份“安全感”也就如流水般自自然然地流入孩子的心田，种下了点点滴滴的小种子，静待孩子长大后去发现。在孩子未来独自面对的那些寒冷的夜晚里，发着亮光照亮他们的夜，温暖他们那颗孤寂的心。

心理学家将“安全感”定义为一个人的基本心理需求，即一个人对安全和稳定生活的渴望。**儿童在成长期，只有满足了“安全感”，才会延伸出对他人的信任，对社会的责任感，以及建立起自信、自尊、确定感、可控感等成熟的而且积极的心理品质。**“安全感”的初期建立取决于婴儿期儿童正常的欲望是否得到了满足，孩子用哭作为信号，希望他们的需求能够被感知、被照顾，以此作为对外界世界形成的最初印象，即安全与否、可信与否。父母正常的回应，及时地给予他们食物和值得信赖的呵护，使他们对陌生的外部世界产生了信任感和安全感。之后在成长期，父母双方的角色承担了孩子对情感以及对规则的感知和传递功能，孩子具备了进一步与社会交互时需要具备的能力。父母双方的关系、家庭的氛围、学校和他人对孩子的影响等，这一切都是孩子安全感建立的基础。如果出现打骂、动荡、羞辱等超出孩子承受范围的事件，孩子就会受到伤害，导致安全感的缺失，或使孩子从压抑自身转向报复外界和他人。孩子的认知在成长的过程中会被逐渐修改或增强，当孩子走入社会，他们会带着他们的认知去看待他人和这个世界，与外界建立某种联系。

如果孩子缺乏“安全感”，通常他们会从外界获取和补充自己的安全感，在他们的潜意识中，他们会认为：我的安全感来自我与他人的关系。这样的认知导致他们将自我的认知建立在他人对待他们的方式上。与外界关系的好坏影响着他们的情绪，导致他们表现出焦虑、孤独、自卑、讨好、抑郁、恐惧等负面心理情绪，有的甚至失去继续成长和发展的动力。这些问题会导致孩子成年后的许多心理及身体疾病，比较突出的一种表现是对自己的家庭与子女的过度掌控，这是将不安全感“投射”到他们身边的人和事物上的表现，以此达到自我的确定感和可控感，但这样所获得的自我“安全感”往往会造成新的家庭矛盾。这些滞后的体现，父母需要提前警觉，因为后期的补偿与治疗都会收效甚微。要培养一个内心充盈、乐观友善、自信满满的孩子，父母就要从孩子的儿时做起。

真正的“安全感”来源于你内心的感受，存在于你自身之中。

首先，家的氛围是最重要的因素。无须多大的房子，也无须奢侈的生活，父母彼此心心相印，彼此相爱，家中就已经有了应有的“温度”。这就是“小树苗”成长最好的环境和土壤，哪怕生活平淡无奇，依然能培养出内心充盈的孩子。这里有一个反面的例证，我的一位朋友向我倾诉：在他大部分的儿时记忆中，他的父母都在吵架，他的妈妈总是在哭。这样的记忆及母亲的影响，导致他成年后思想消极、多疑，时常感到不安全而且易怒，只要生活中遇到问题，他的第一反应就是烦躁、发脾气，然后是推卸责任甚至逃避。他很难第一时间做到积极正面地面对和解决问题，缺乏担当与责任感。他曾尝试改变自己的不良情绪，但每当遇到不顺心的事情，脾气就会无法控制地爆发，最终导致他与伴侣的关系破裂。其实无论孩子在成长期的哪一个阶段，他们都可以清楚地洞悉父母是开心还是伤感，是有爱还是有恨，是用心还是淡漠。所以如果我们不懂得约束自己，任由自己的消极情绪泛滥，无论是愤怒、悲伤，还是嫉妒、仇恨等，我们都骗不了孩子。而且孩子也同时受到我们情绪的影响和传染，从而产生认为外部世界“安全”或“危险”的感觉。家庭中母亲的情绪不稳定，是培养孩子“安全感”的大忌，那会影响孩子的性格和未来的生活，以至于影响他的一生。

其次，千万不要敷衍和无视孩子的感知，他们的敏感程度是我们无法想象的。例如，根据弗洛伊德的理论，儿童在 0 ~ 1 岁的时期，被称为“口欲期”，虽然在此期间幼儿不能通过言语表达心意，但会通过口腹的满足感来衡量对外部世界的信任度。也就是如果他们饿了，是否有人知道，以及他们的需求能否被满足，这些信息会形成他们对外界的认知，这个世界是否安全、我的需求是否可以被满足、他人和外部环境是否值得信任，这些信息就会在他们的大脑中形成“图式”。“图式”是存在于记忆中的认知结构，孩子从出生之后就开始存储的感性认知结构，会影响孩子将来对外界的认知，进而影响孩子人格个性的发展及与外部世界的连接方式和沟通方式。所以在此期间，母亲的悉心照顾是孩子“安全感”的启蒙，及时回应幼儿的需求、适当的爱抚与陪伴、做到母子心心相印，就是建立幼儿的“安全感”的开端，并由此延展到孩子的成长过程中的每个阶段。“安全感”绝非一朝一夕就可以建立，需要父母持续的关注和照料，了解孩子每个时期的成长特点，并给予积极的回应。

最后，在生活中，父母对孩子“独立性”的培养，是帮助孩子树立自我“安全感”的重要一环。一个独立性强的孩子，对外在的环境会产生“有力感”和“可控性”，从而增强他的“安全感”。培养孩子的“独立性”，父母就要有敢于让孩子“试错”的勇气。

我们身边总是能听到一些父母抱怨孩子：不听话，贪玩，不好好读书，没有上进心，丢三落四或是手里的电子产品容易弄坏、丢失等。父母在抱怨孩子身上的这些毛病时，也会同时加强对孩子的管教，甚至是更严格的看管和无休止的叮嘱，盲目地认为孩子的自我管理能力太差，只有在他们的监督下才会好转。有的父母甚至愤怒地发誓：如果东西再弄丢了，我就再也不给你买了！或者说：如果手机再摔坏了，我就坚决不会给你换了。

法国著名神经学家斯坦尼斯拉斯·迪昂（Stanislas Dehaene）从实验中发现，人类的大脑只有在感知到它所预测到的和实际感知到的信息有缺口时，才会去学习。也就是说，大脑是先有一个外在世界的模式，然后将输入的外在世界信息与内在的模式比较，若有不符，大脑才会进入修改模式，以附和这个外在世界。所以，“犯错”才是人类进步的基本驱力。

**在我们不喜欢孩子“犯错”的时候，我们等于阻碍了孩子自我探索和自我独立的道路，因为我们不接受“犯错”，我们习惯性地诅咒“犯错”和惩罚“犯错”。父母这样的情绪和态度，使孩子变得畏首畏尾，凡事看父母的脸色行事，不敢自己做主，不敢尝试，也会失去探索的勇气和创造力。**

· 放手并且允许孩子犯错。

· 把权利交给孩子，让孩子学着管理自己，为自己负责。

· 对孩子的错误表示出理解和同情，告诉他们这是成功的必经之路。

· 鼓励他们自己站起来，再去尝试。

· 告诉他们，你会一直支持他们。

孩子们要锻炼自己的“独立性”，就要敢于尝试，不怕犯错。这时候父母不要站在孩子的对立面去挑剔，而是要站在孩子的旁边去鼓励，让孩子感受到我们的理解和支持，我们要成为一个可以在他们一次次摔倒后的强大支持者。这样的信任对培养孩子自我的“独立性”至关重要，孩子才会对自我独立意识的建立有更深的体会与认同。而“独立性”的建立，推动了孩子“自律”的萌芽，因为他们已经懂得只有“自律”，才可以令他们自己感到更安全、更自在。而在这个时候，他们之前丢的东西和摔坏的手机，甚至考砸了的成绩，就都会从“挫败”变为他们的“经验”，而具有了价值，并由此触发孩子“内动力”的开启，孩子才真正开始自主成长。他们开始学着独立面对摔倒、挫折、成功与失败，并在其中发现自我、发现他人、体验成就感，更理性地看待“失败与成功”，于是，对自我的认同和对自我独特性的认识，也在这一次次的独自历练中大有长进。

培养孩子的“安全感”，需要我们父母付出包容、体恤以及极大的耐心和爱，这是我们一生中能够给予孩子的珍贵礼物。在未来，当他们遇到未知与恐惧时，那个足够强大的内心堡垒可以使他们更坚定地保持勇敢与善良，乐观而且积极地面对生命中的惊涛骇浪，不气馁、不放弃。

# Chapter 2

# 父母与青春期的孩子一起成长

当孩子逐渐长大，他们的独特个性已经开始凸显，无论是在口味、衣着风格方面，还是在音乐选择、自我认知等方面，他们都开始寻求标新立异、独具风格。这时需要我们更深度的包容和有技巧的引导，用欣赏的眼光，挽着他们的胳膊与他们并肩前行，帮助他们在自我探寻的路上向前跨出一大步。

## 孩子的青春期，家长的挑战期

我的儿子一直是个情绪相对稳定的孩子，通常我们之间的沟通都是既亲密又有礼的。但当他第一次开始激烈地与我辩论的时候，我明显地感觉到孩子的情绪变化与平时不同，我想这或许就是他青春期的反应。对于每个父母来说，在孩子的成长期，能够与孩子和平相处本就不是易事，而到了“青春期”，他们就会更加频繁地令我们“怒火中烧”，他们此时似乎非常善于激怒我们，父母自身的工作压力，焦虑与担心等情绪与孩子此时的冷漠、孤僻、易怒之间很容易擦枪走火，孩子与父母之间的矛盾也越来越激烈……

**孩子进入青春期，在心理学上也被称为“第二逆反期”，以及人格的“最后塑造期”，这个时期的孩子要求人格独立、社会地位平等，精神和行为更加自主化。他们以反抗父母、权威的控制来显示自己的自主意识，并想告知天下：我是大人了。**他们喜欢用自己的眼睛和双手，亲自审视和感受那些我们曾经给他们描绘出的事物，而且不仅局限于这些，他们想去独自探索一切令他们感到好奇的事情，甚至想办法来推翻我们的论断，以彰显他们的独立性，因为他们要证明自己长大了。这个时期的孩子，他们相信自己可以按照自己的想法改造世界，创造属于他们的未来；他们急切地需要自我独立感和成就感，以内化自己无所不能的愿望；他们要摆脱我们羽翼的保护，想要超越我们。理解“青春期”孩子的心理变化和需求，对配合孩子顺利度过“青春期”，以及帮助他们进行最后阶段的人格完善，至关重要。

青春期的孩子开始对我们的唠叨表现出极度的反感；他们开始非常关注自己的外表；他们喜欢给自己的房间上锁；他们开始对我们的一些观点持反对意见，并且总是会找出一些论据来反驳我们，我们刻板的说教已经过时；他们喜欢关上房门开着很大声的音响；坐在车上戴着耳机沉醉于自己的世界，不与你交流……孩子们的种种表现，会令我们感觉他们与我们正在渐行渐远，我们会感到失落，会焦虑，甚至会愤怒。这时，我们要学着去调整心态，不要被他们外在的表象激怒，不要难过，更不要呵斥他们。我们心里要明白，他们正在经历一个蜕变的过程，心理学上称之为“心理生物紊乱期”，处在这个时期的孩子本身并不轻松。他们要经历心理与行为上的偏差反应，以及许多身体与心灵在成长与成熟之间过渡的矛盾，诸如快速发育带来的陌生感和不平衡感等。这些虽然都是孩子们青春期的正常表现，但他们的心理却由此正在经历着极大的压力和冲突，需要我们格外的耐心与理解。所以在这个特殊的时期，父母需要学会“变通”，需要适度调整与他们的相处方式：

首先，从心里改变与他们的相处方式。要从原来站在孩子的前面指导与保护的模式，改为站在孩子的侧面商量与聆听的模式。“彰显自我”是孩子这个时期的重要需求，因为他们希望我们把他们当成大人来看待，他们要突出自己的“独立性”和在家庭中的位置，从而展现自我，以达到被认可的目的。此时的父母，要将家中的这个舞台，让出一个空间给他，我们来做观众。

在这一点上，父母需要了解，孩子自身其实还没有真正达到我们所认为的成熟姿态，但也正是因为如此，我们才更要给孩子表现和锻炼的机会。切记不要打压和嘲笑孩子，如果孩子此阶段独立和自主的意识被压制，孩子要么彻底叛逆，与家长和权威作对；要么被驯服，完全听从父母，放弃自我内在的探索；还有一种可能就是表面顺从，背后反叛，内外不一。

其次，改变我们与他们交流的方式。见缝插针式，找机会和他们聊天，不要高压和强迫他们随时都要听我们训诫，要在与他们的交谈中表现出平等与尊重。交流畅通的目的，是让孩子明白，父母始终向他们敞开着一扇大门，无论遇到了怎样的境遇，家都是他们的港湾，父母的爱永远都在。

最后，改变我们与他们身体的接触方式，尤其是在他人和他们的同学面前时，要与他们保持成人般的距离，维护他们的独立感，坚守对他们的尊重。这样的做法，也是为了突出个体外在的独立性，帮助孩子达到外在与内在的协调统一。

另外，**还有一点很重要，就是在这个时期我们要明白，孩子不是刻意要与我们对着干，他们只是想通过打破过去的方式，树立起自我独立而且已经“成人”的形象。而首先在父母的眼中和心里得到认可是他们最迫切**

**的愿望，因为我们是他们最亲密的人，是最应该理解他们的人。于是，他们会有意无意地与我们发生冲突，而他们与我们冲突的核心内容不是因为他们不懂感恩，或者不再爱我们，而是他们在刻意地提醒我们，要将他们像大人一样对待。**在给予孩子足够的耐心和理解、包容与尊重的同时，我们自己也需要转变方式，配合以及帮助他们完成此次的蜕变。

我们要学着转变，学会随着孩子的成长阶段配合他们一起转变。**我们的可转变性、灵活度以及由此带来的思维理性程度的提高，正是父母抚养孩子这近二十年来的最大福利。**我们自幼的成长过程：长大、结婚、生子、工作，这一系列的生活变化，自我形成了一种惯性，我们大部分人都处于被动地向前狂奔状态，从而忽视了许多需要思考与反省的机会，导致自我校准与自我改变的可能性微乎其微。我们容易形成一些固定的思维习惯和生活习惯，使我们固持己见、刚愎自用而又不自知。但当我们“遭遇”孩子的青春期时，我们也到了人生的一个“悬崖边沿”，我们可以继续随着惯性前进，坚持固化的自我，或者接纳孩子所带给我们的冲击、反省、改变，重新恢复自身的可塑性和灵活度。这样的改变对于父母来说，实在是一份人生的大礼。

我的孩子们受到西方教育的影响较大，主张个性独立，主张批判性思维。有一天，女儿在吃饭的时候和我聊天，说起她们上历史课的一个片段。她说：“今天历史老师问我们什么是‘历史’，我们班上的几个同学发言，有的说就是过去的事件，也有的说历史是古人记载下来的某段时间发生的故事。但最后我们老师却说：历史是某些人以他们各自的视角和观点记录下来的历史事件，受到当时的时代和个人局限性的影响，并不一定完全真实。”听了女儿的话，我心中暗想，这个老师是在教孩子们学会审视书本上所写的一切，学会质疑和思考，而不是盲从，这就是批判性思维的特点。这种思维模式使孩子们敢于挑战权威，不仅可以使孩子们认识到，所有的观念、宣传、宗教，甚至科学都有可能有误，都可以被质疑，还可以使孩子们保持一颗好奇之心，积极地去思考，不会人云亦云，随波逐流。敢于质疑经典、质疑流行思想、质疑自己，质疑之后才会有突破。受这样的教育长大的孩子，习惯从多种方位和多角度去审视一个观点，重新论证观点是否正确，而不只是听从一人之言或我们的灌输。到了青春期，在孩子自我意识逐渐确立的同时，他们对事情的看法和观点也就更加凸显出鲜明和独立的特性。

在此期间，为了适应儿子青春期的变化，我会经常利用吃饭的时间同他聊天。交流的内容也很随性，有时是即时的新闻事件；有时我会询问儿子，希望他给我推荐一本书或者一部电影；有时我们会争论某一个宗教理念，又或者是某些玄学或者外星人等话题，五花八门。但对我来说，最重要的是：我要保持与孩子们之间的这一座“桥梁”畅通，可以使我们之间的沟通始终流畅。我们平等地交流，有时也会面红耳赤，但没有人身攻击，只是表达各自的看法。而且随着儿子的长大，他的心智已远远超过了我，有时我是甘拜下风的，绝不是我心慈手软，而是他的确比我思想敏锐得多。当然，这种时候我也绝不会吝啬对他的观点的赞同和夸奖，有的时候儿子也会对我的某些论点点头称是。我们之间这种公平、开放而且平等的交流，大大地缓解了儿子青春期的叛逆反应。正是因为这座“桥梁”的坚固畅通，以及我们多年培养起来的彼此间的尊重，他可以始终将他的观点毫无保留地表达出来，哪怕是对我的某些刻板观点的批评，我也会虚心地、审慎地思考，反省自己的观点在这样的时代背景下与年轻人之间的差距，用一种开放的心态与他更加深入地探讨和交流。

**在这里，我们切记不要“倚老卖老”，不要使用“高压政策”，也不要只是随声附和，或空洞地夸奖。“棋逢对手”才是真正的交锋，发现孩子观点中的独特性和思维的深度，这样的夸奖才是真夸奖。这个时期最重要的是孩子可以与我们真正地交流，有探讨、有碰撞，无关结果谁输谁赢。**不要因为我们的“自负”和“面子”，而导致孩子再也不愿意与我们交流，也不要因为感觉追不上孩子的思维而敷衍。我们可以为了能够与他们深入探讨而去“提前补课”，或者成为虚心向他们请教的父母，既平等又彼此尊重。

**这个时期的孩子，无论是记忆、思维逻辑、自我意识还是情绪等方面都在进入一个突飞猛进的时期。他们不仅重视自我的形象和独立意识，同时更加注重自己的能力体现和学习成绩的优劣。千万不要误解他们不爱学习，其实他们的心中一直都有一个要实现自我的梦想，希望父母可以看见。所以，发现孩子心中的志向，积极地肯定和支持他们，那才是孩子在青春期最需要的。**

我给大家讲两个小故事，告诉大家我是如何陪伴儿子顺利度过青春期的。

第一个故事，儿子在高中三年级（他们高中一共四年）的时候，他自发地想出一个好主意，就是他要组织学校的同学，在学校定期举办一个主题辩论会。

在他想出这个主意的第二天早上，我们正在一起吃早餐，他兴奋地告诉我："妈妈，我昨天灵光乍现，想出了这个好主意。"看着他一脸的激动，我静静地听他讲话，他说他要去学校约老师谈谈这个想法，看看是否可行。我问他："那这个辩论会家长能参加吗？"他说："细节方面，我需要同老师商量。"

下午下学回家的路上，他告诉我：他今天与他的年级主任谈了他的想法，之后年级主任又带他一起去见了校长，校长告诉他，这是他们一直想做而没有做的事情，他们很高兴儿子能提出这个设想，他们希望儿子尽快拿出方案，并开始组织安排这件事，学校会全力支持他。

于是儿子开始与同学一起商量辩论的主题、海报的设计、参加人员的选定等具体细节。他们最终定在了一个周三的中午，利用午餐时间举办第一场辩论会，辩论的主题是：是否可以在教学楼内使用私人电子产品（如手机、iPad 等）。儿子事先与多位学生和老师沟通，鼓励他们成为辩论的正、反双方，并积极准备辩论材料。正、反两方分别由一位高年级老师和两名高中学生组成，另外有裁判，也由老师和学生组成，同时还邀请了数位高年级的学生和老师前来旁观。之后他与学校商量，希望学校出经费为每一位参加辩论会的人员包括观众提供简单的午餐，并给出具体预算，最终与学校达成一致。

举办辩论会的那天早上，儿子说他要早些出发，因为他要亲自去那家给他们提供午餐的咖啡厅，与老板再次确认午餐的食物、时间和人数等。

辩论会如期举办，反响超出了预期。无论是学生还是老师都非常喜欢这种师生之间互相沟通的方式，这个平台给予了大家可以畅所欲言的机会，对一些有争议的问题，大家可以理性地表达出不同的观点和心声。辩论会的成功，使儿子收获了极大的自我成就感和自信心，也让他懂得了与他人合作、获得支持的重要性。他将辩论会现场的照片拿给我看，他说：“将来会考虑请个别的家长一起参加。”

至今，辩论会已经如期举办了数场。

第二件事就是儿子的健身计划。

体育运动也是高中 IB 国际预科证课程（International Baccalaureate Diploma Program）的必选项目之一。儿子最初组织了几个同学在一起打篮球，后来参加的人越来越少，因为意大利的孩子大部分对足球更有兴趣，篮球对他们的吸引力不是太大，儿子最终也只能作罢。之后，儿子从他的一个同学那里了解到，在距离学校 10 公里左右的地方，有一个很不错的健身房，里面有很多可以独自一人完成的锻炼项目，这成了儿子当时的另一个选择。儿子是瘦瘦高高的体形，健身对他来说或许会更好，于是我决定陪他去看看。

需要在这里说明一下，在意大利，如果孩子不满 18 岁，去健身房需要家长的认可并由家长签订合同，另外还需要家庭医生的健康证明，才可以进行定期的运动。

于是我们就按照那个地址，找到了这家健身房。

健身房很现代化，除了各种健身器械之外，还有游泳池，而且你如果需要还可以预约专业的教练。

儿子感觉很满意，于是我们办好一切手续后，儿子就开始了一周两次的健身运动。我和先生为了鼓励他坚持去健身，又担心那个地点坐车不太方便，就商量好坚持每次接送他，目的是希望可以在最初的阶段，帮助他减少阻力，培养起健身的好习惯。他每次健身大约需要一小时，我接他和女儿下学后，就送他去健身房。之后，我就带着女儿在附近的咖啡厅坐等，或者利用这个时间去超市采买食物。最初在附近等他的时间有些无聊，但这是一个关键的时期，我们的协助和扶持可以增强他的信心。

儿子坚持了一两个月后，就开始有些懈怠了。我和先生看在眼里，心里着急，但我们不会过分地高压或者逼迫他，我们还是采用老方法：不过多干涉，对他保持充分的信任和尊重，等待他自我觉醒。

有时候我会问他：今天下学后是否去健身？他经常会找一些借口，例如，我最近太忙了，要交论文、要准备考试，我太累了等。我会说："好，你自己安排好了就行。"

中断健身大约有一个月的时间，他当初的热情也在渐渐地消退。

有天吃晚饭的时候，我们就有意地谈论关于健身的话题。例如，好莱坞的硬汉形象肩背都很厚，健身的人都喝蛋白粉到底有什么作用等。这些其实都是儿子很感兴趣的话题，但因为最近没有继续坚持健身，所以这时候他变得有点儿沉默。我之后扭转话题给儿子提问题："儿子，我有一个问题。"儿子抬头看着我："什么问题，妈妈？""你健身的时候看到有教练指导别人健身了吗？"没想到我这么一说，居然打开了儿子的话匣子。他说他在健身房看到有健身教练给别人指导训练，但他们练的强度都挺大的，而且那些人都挺健壮的。他也想找一个教练，但又怕教练要求比较高，自己坚持不下来。我听到他这么说，终于明白了他中断去健身的一些缘由。他有自己很好的愿望，但因为是初次进行这项运动，怕自己的水平达不到，而自己一个人盲目地练，又看不到任何效果，于是信心不足了。我明白了他的症结，就开始鼓励他："健身实际上突出的是远期的效果，但难在要长时间地坚持。教练会根据你的身体情况制订一个适合你的健身计划，你可以自己去同教练具体商量，找到适合你的方法，一步一步地去做，一定会有成效，你要是有兴趣，我们可以约教练好好谈一谈。”

于是，我陪儿子去健身房约了一个教练，儿子自己与教练单独探讨，我在一旁喝咖啡等待。之后他告诉我，他和教练约好了时间，下次先上一节课，教练需要了解他的想法和要求，再根据他身体的情况，给他提建议并制订一个训练计划，他随后会和这个教练定一个固定上课时间。

这一次，儿子的信心增强了许多，积极性也更大了。他每次去健身房的时间都会提前和教练约好，从不爽约，这一次的“回归”，效果显著。

儿子因为健身，在教练的指导下，自己开始研究营养学。他开始注意饮食的营养和搭配，自动减少碳酸饮料的摄取，甜食的摄入也极其小心，并且开始补充一些维生素。他告诉我：“我不可能一边努力健身，一边再做有损身体健康的事情。”后来，他自己下学后，骑着一个小电动滑板车去健身，几乎每天都去，早已不再需要我们接送了。到现在儿子坚持健身已经两年多了，原来高高瘦瘦、有点儿驼背的他，现在肩背厚实了许多，人也显得挺拔魁梧，更像个男子汉了。健身已经融入他的日常生活之中，形成了习惯，哪怕是疫情期间，他都会自行在家做运动。

在陪伴儿子度过青春期的过程中，我体会到了几点心得，与大家分享：

首先，在孩子幼年期，建立一座与孩子之间彼此信任、平等与尊重的沟通“桥梁”，并时常维护这座“桥梁”的畅通至关重要。既然称之为“桥梁”，意思就是双向的，是孩子与我们之间互相表达真实情感、表述需要和沟通的媒介，不可以只是父母单方面输出。待孩子到了青春期，这座“桥梁”会起到至关重要的作用。

其次，帮助孩子找到正确的“输出”渠道，并鼓励孩子去“试错”。这个“输出”包含很多方面，无论是孩子自我意识方面、情感方面还是体能方面，我们都要细心地观察，一定要有足够的耐心，给孩子以引导。**这样的引导不是直接告诉他们应该怎么做，而是提示给他们一些不同的选择，陪他们一起权衡甚至尝试，但最后的决定权一定要交给孩子，并尊重他们的选择。在这一过程中，我们始终是配角，孩子才是主角。**如果孩子的选择出现失误，那正好是孩子吸取教训的好时机，是他们在走向社会前，提前“试错”的最好机会。我们千万不要冷嘲热讽，或是心疼由此造成的损失。相反，我们要在适当的时候给予孩子适度的、有尊严的协助。在这一点上，父母要具有长远的眼光，不要因为担心孩子犯错或失败，而去大包大揽，让孩子过于轻松地逾越障碍，这会给孩子造成自我膨胀的假象，更不要责罚和打击孩子的失败。这个时期让孩子自己做主、真切地与失败交锋，是帮助孩子建立“自我独立意识”的关键，也是孩子将来敢于面对惊涛骇浪的勇气来源。这样的勇气比黄金还要珍贵，这样的磕绊和提前“试错”比此时的损失更值得，因为那是他自己体验后得到的经验。

最后，也是很重要的一点：孩子在这段时期的内心有一个假象，就是他们是一个大人了，他们自认为他们已经具备了成熟的思想和足以保护自己的一切能力，甚至已经超越了我们，他们不再需要我们了。这种假象，作为父母的我们，内心里有时也会这样认为。**我们会认为孩子真的长大了，心智也强大了。但其实不然，孩子身体的高大和外表的变化，比他们的心智要发育得快一些，所以会造成他已经成熟了的假象，周围的人会不由自主地对他们提出更成人化的责任要求，使他们更容易陷入一种表面强悍而内在孤立无援的状态之中，这是这个时期最危险的事情。**这就是孩子在急于表现自己的时候，会有可能做出一些错误的或是过激的事情，而又不愿意寻求我们帮助的原因。所以作为父母，**此刻我们要学会远远地观望，悄悄地给予孩子适当的帮助和纠正。千万不要过多地责怪，帮助也要不露声色，谦卑地把功劳归于孩子，给孩子正面的肯定和激励，维护好青春期孩子的自尊心。这个时期的孩子如果能够充分享受到正向的自我成就感，他们就会在我们的激励下，朝着自己的目标努力。**当他们在未来面对众多的选择以及社会上各种诱惑时，我们所给予他们的信任和激励，能够帮助他们在关键时刻做出正确的抉择，不至于误入歧途而终生悔恨。父母这样远距离的观望和适当的保护，是在孩子成长期结束前最后的看护阶段，之后他们就要踏上独自的征程，远走高飞了。

对孩子的抚养是连贯性的，“突出重点”式地只关注某一个时期是不周全的。孩子的青春期对父母是个挑战，之所以是挑战，其中一个重要的原因是，父母与孩子在幼儿期及童年期的关系决定了孩子青春期叛逆程度的大小和父母应对的难易程度。**如果希望孩子能够在青春期的过渡阶段真正得到成长和正向的激励，父母在孩子还小的时候就要开始准备，如父母的育儿理念，对孩子成长期的理解，沟通桥梁的构建，对孩子的接纳、包容等，这个过程既漫长而又需要耐心。**就如一粒种子种在地下，我们需要不断细心地关注、浇水、施肥、保护一样，某一个重要环节的缺失，或许都会给孩子造成心理上的创伤。但并不是说父母必须全面关注孩子而失去自我，恰恰相反，**真正好的育儿方法，是父母与孩子共生共存，这应该是一个张弛有度、彼此和谐、共同进步的过程。**

如果我们发现孩子在青春期表现异常或者过激，自己首先不要过度地焦虑，更不要高压、责骂，或者放弃不管孩子。我们需要明白：孩子此时需要的是我们的帮助。

首先，我们要试着去分析孩子过激表象背后的原因，要理智和客观。其次，反观我们自己，孩子如此叛逆与父母自身个性、习惯、态度等方面的关系。

最后，在找到原因后，放下身段，与孩子坦诚交流。向孩子承认自己曾经的疏忽，可以包括我们自身成长经历中的症结、自身难以改变的习惯、对孩子的不信任等。这样诚恳的剖析，定会得到孩子的谅解，随之我们积极调整，改变自我。而对于孩子身上的不足，我们也要善加引导，让孩子认识到自己的缺点，激励孩子提高自己。在孩子的青春期，依然坚持严格地打压孩子，不肯自我反省的家长，很容易将孩子导向两个极端：一个是彻底叛逆，而另一个是被驯服。在这两个极端中，被驯服者会成为大多数人眼中“听话的孩子”，他们已经默认了父母的理念为自己的理念，有的甚至因为父母的高压而去讨好父母、迎合父母，从而在自我探寻的路上迷失了自我。

父母的坦诚，是从真正愿意去帮助孩子、接纳孩子、信任他们、尊重他们开始的，也是重建与孩子沟通桥梁的机会；父母的自我反省，可以帮助孩子在“人格最后的重塑期”结束前，使其人格达到再一次的修正与完善，为迈向成人的世界做好准备；父母的改变，也是青春期孩子为父母提供的一次自我提升机会，是父母为了爱，敢于正视自我，与孩子一起成长的见证。

孩子的青春期是他们的一个非常重要的蜕变阶段，是一个由量变到质变的转折点，每个孩子都期盼着自己可以完美地完成这个犹如“小鲤鱼跳龙门”一样的飞跃过程，顺利步入成人的世界。而父母也会是孩子在青春期最重要的助力和最大受益者，因为在帮助孩子人格完善的过程中，父母也完成了自我人生路上的再一次反省与提升。

## 尊重孩子的梦想

与儿子不同，女儿不仅喜欢画画，小时候还很喜欢乐高，总是可以一口气将复杂的乐高花上几个小时拼好。在她 9 岁的时候，她告诉我，将来她想做一位建筑设计师，而且自豪地让我看她画好的一张设计图，她说："这是我未来的房子，我喜欢现代的建筑风格，这个是我的室外游泳池，那个是我的客厅……"女儿的这张铅笔画，我用一个漂亮的镜框镶好了送给她，至今一直挂在她的房间中。我告诉她：我为她感到骄傲！

我有一次偶然地发现了乐高有一款名为"建筑工作室"的产品，这个产品由一千多块各种形状的白色的和透明砖等塑料块组成，并且附赠了一本厚厚的说明书。书的编辑是世界知名的几位建筑设计师，说明书中通过大量的实例和图表展示了如何使用这款套件，孩子也可以根据自己的想法去构建自己的设计。女儿喜欢得不得了，爱不释手。她用这个拼出来许多她自己喜欢的、自行设计的建筑，拼好了就给我讲解她的想法，还有她这样设计的原因和功能。而这时候的我就要充当一名耐心的听众，并且要随着她的思绪一起思考，提出问题、夸奖她的设计妙处的同时，鼓励她大胆尝试和奇思妙想。

随时改变自己的角色，用孩子的视角观察、感知，换位思考，在你与孩子真切的交流互动中，感情与信任也在你与孩子之间增强。

女儿在后来爱上了一款游戏，游戏的名字叫 Minecraft（我的世界）。我经常坐在女儿旁边看她玩游戏，她有一个网上的小伙伴，是一位英国的小姑娘，两人没见过面，但年纪相仿，经常一起视频连线，一边玩一边聊天。

这是一个盖房子的游戏，有几种不同的模式，例如生存模式、创造模式、冒险模式等。女儿最初主要以建造房子为主，她按照自己的想法建造她的城堡，有客厅、厨房、书房、游戏室、酒吧、卧室、游泳池、露台、壁炉、鱼缸等，她还带我去看她朋友的房子，她朋友还养了很多的鸡和羊……最近她又让我参观了她的水上城堡，在这里所有的房子都在水上建造，仿佛威尼斯水城，在水下的建筑部分还安装了灯光，建筑的某些部分使用了玻璃来代替方砖，增加了通透感，朝向东方的墙面也使用玻璃，可以看到每天的日出，在卧室里躺着还可以看到夜晚的星空……听着她的讲解，我知道女儿在这个游戏中，学到了很多书本上没有的东西，游戏于她，既是一种娱乐也是一种见识。

如果你与孩子之间的关系是彼此信任的，那么孩子会努力成为你的骄傲。孩子会很明确地知道他们的首要任务是学习，而且每次都是在做完作业后才玩游戏。他们诚实地维护着你的信任，希望你可以看见。

有的时候我会邀请女儿和我一起看一部电影，或者下几盘棋，我也会把我在书上或者网上看到的、她会感兴趣的内容记下来分享给她，她也会与我分享她认为好玩的、好看的东西。

例如，我会讲一些有趣的故事给她听；和她讲一讲中国风水之说对房屋设计的影响；和她探讨何为“美”、何为“术”，等等，女儿听得津津有味，积极地与我互动。她会让我看她在网上参加的室内设计比赛，15岁的她已经拿下了多个小小的冠军，她开心地与我分享着她那小小的成就。我们互相闲聊的是生活，不设限，没有要求和条件，更没有高标准、严要求的学习目标。

**如果你的孩子很有艺术天分，那么你就要懂得：艺术家的成长，需要松弛而又自由的生活土壤，人在那种无拘无束的状态下才会真正感受到美和被美所吸引。就“美术”而言，“术”是技能，可以通过训练习得，而“美”却是灵魂，对“美”的认知只能来源于生活。**

我的两个孩子天赋不同，儿子是理工男，女儿喜欢语言和艺术，于是教养的方式自然就有差别。女儿的数学成绩没有哥哥好，但我不会责怪她，也不会用哥哥好的数学成绩来给她压力，更不会给她报一个数学补习班，我时常会赞赏她对艺术的敏锐性和对美的鉴赏力。因为数学思维是左脑的逻辑思维，而艺术和创造力是右脑的作为。如果你一再地强化她的左脑思维，孩子迫于你的压力，每天补习和做题，将有限的时间用在了左脑开发上，右脑本来的天赋会逐渐退化，而逐渐被强化的逻辑性也限制了孩子此时所需要的天马行空和无拘无束。世间会有左、右脑同时得到开发的天才，但对于一般人来说，其实依靠你的本来天赋去发展，就已经可以长成参天大树了。

我们只要做一名细心的园丁，耐心等待孩子自己长大就好。

无论孩子距离他们的梦想还有多远，也不管未来他们的梦想是否可以如期实现，你只要坚定地站在孩子一方，将你的信任和鼓励给予孩子，他们会因为你的信任而一直活在自信中，活在自我寻求的路上，因为父母的信任与爱，是孩子一生的能量源泉。我们无法预知这条路有多远，或许需要一生或是几世的漫长求索，但我们可以做到的是成为他们的助力，信任他们，欣赏他们，足矣。

## 不要让孩子“被安排”

女儿是一个个性敏感的小姑娘，她最喜欢的运动就是游泳。

在女儿 10 岁那年，我与女儿的一个好朋友的妈妈，一位意大利女士，一起去了一个离家不远的游泳馆，我们商量，或许这几个小姑娘可以一起报名参加这里的游泳班。我回来与女儿商量，她一听她的好朋友们也去，就开心地答应了，于是我就给她填表报了名。但等到她第一次游泳回来之后，女儿告诉我她不想去了。

原来这个游泳课程是一个训练班，要在老师的监督下，沿着游泳道来来回回不停地游，既要训练你游泳的体能，又要教给你游泳的各种姿势，很纯粹的一个教学训练课程，并无任何戏水的时间。我在最初报名的时候，没有了解清楚，只是单方面地以为这种游泳课与国内的少儿游泳班一样，比较自由，没有想到这个是非常专业的训练课程。女儿是想既可以与小朋友在一起戏水，也可以一起学习游泳，而这个课程无法满足她的要求。她喜欢游泳以及要学习游泳的目的，不是整齐划一的游泳姿势以及高强度的体能训练，那些东西与她喜欢游泳本身并不相干，至少目前对她来说游泳是为了愉悦身心，那又何尝不可呢!

我非常理解她的感受，并且接纳了她的想法，于是我就取消了这个课程。但我们只要有机会去度假，我都会尽量选择有游泳池的酒店，只是为了让她可以开心地戏水。

女儿的游泳是我教会的，那时候她才 4 岁。在泳池中我拉着她的手，让她学习憋气，她试着把头扎入水中，憋住一口气，反复了几次，很快她就学会了漂在水上。现在，她可以像一条鱼一样，在水中翻跟头、到水下去拍浪花、仰泳、自由泳、潜水，虽然不是专业的水准，但她自得其乐。孩子比我们更了解她自己，她知道自己的喜好，尤其在她小的时候，那时她还不具备抵抗我们的能力，她所能做的，就是告诉我们她喜欢或不喜欢做这件事。而我们应该足够细心而且耐心地观察和听她讲话。但我们经常会自认为：她还是个孩子，什么都不懂；这样的训练可以使她学到更多的东西，显得更专业、更优秀，比别人强；我这是为了她好……以类似的理由强迫孩子去做他们不喜欢做的事情。我们习惯性地认为：学得越多越好，学得越专业越好，甚至学得越早越好。于是我们以世俗的认知和眼光硬性地规定：你要去弹琴、你要去跳舞、你要去游泳、你要去背单词、你要听我的安排……

这样逼迫孩子的时候，我们的心中总会有一个预设的前提：孩子的时间不能耽误了，别的孩子都在学这学那，我的孩子不学就会落后；我的孩子没什么特长，天生懒散，不逼着他学些东西，将来他会一事无成。或者我们会认为孩子就要从小训练，各项技能都要朝着专业水准去培养，那才是优秀，那才是人中的楷模……

孩子在儿童期具有很强的可塑性，这一点既是孩子学习技能的优势，也会成为一种误导。学会一种技能对于一个孩子来说并不是什么难事，如果再经过系统的严格训练和长久的练习，考下一个我们的教育部门所规定的“级别认证”，对于任何一个孩子来说，也不是什么太难的事情。但这样也很容易给父母造成一种错觉，尤其是孩子由此拿下了各种级别证书的时候，我们会认为我们最初逼迫孩子去做的事情是对的。但在此，父母要审视这样的专业培养，是出于孩子“天性特长”的需要，还是父母硬性要为孩子插上的另类翅膀。将小孩子的一些兴趣、爱好进行“专业级别”的训练容易导致孩子们迫于父母的威严，为了级别考试而机械地完成练习，造成孩子不良情绪的产生。但某些“别人家”的孩子，就成为我们模仿和标榜的对象，因为这样的孩子被赞誉有毅力、聪明又听话，那张级别证书成为父母心中优秀儿童的“入场券”。

**那么，在这里我有一个重要的问题，需要父母审慎地考虑：孩子在顺服我们的要求、去做我们所谓的“有用”的训练，刻苦准备教育部认可的级别考试时，他们放弃的是什么？**

孩子放弃的是令其自性自由成长的机会，以及做自己喜欢的事情的时间和兴趣，而被我们压制掉的恐怕还有无法被我们发现的孩子的真正天赋，这样的“被安排”或许会成为孩子一生巨大的损失。我们对他们的强迫是对他们天然灵性的浪费甚至是压制。他们有可能是优秀的舞蹈家，你却一定要他们把数学考到 100 分；他们有可能是杰出的生物学家，你却要求他们的钢琴要考到 10 级……

兴趣爱好与天然禀赋之间有着巨大的区别。有一个很有趣的例子，爱因斯坦从小就表现出在数学和物理方面的极大天赋，这被他后来在物理学方面取得的成绩所证实。但在他 5 岁的时候，因为他喜欢小提琴，于是他妈妈请了一个小提琴老师到家里来给他上课。老师来上课的第一天，小爱因斯坦就将手里的小提琴砸向了老师的脑袋，因为他完全不能接受老师古板的教课方式。他的妈妈并没有强迫他继续学习小提琴，而是给了他自主选择的权利，从而使他的天赋有机会得到长足的发展。但这一切并没有影响他对小提琴的热爱，他尤其对著名的小提琴演奏家帕格尼尼崇拜有加。他在 15 岁那年开始自学小提琴，他甚至认为自己在小提琴方面的造诣与物理学不相上下，他曾说："如果可以拿我的诺贝尔奖与做一名小提琴家交换，我也愿意。"**叔本华说："人虽然能够做他想做的，但不能要他想要的。"**这句话也成为爱因斯坦后来终生的信条。爱因斯坦虽然如此痴迷小提琴，但有一次，当他与一位钢琴大师合奏时，钢琴大师却无奈地说："看在上帝的分儿上，阿尔伯特（爱因斯坦的名字），你到底识不识谱啊？"如果爱因斯坦因为自己的兴趣，或者当年他妈妈逼迫和责罚他持续地接受刻板的小提琴训练，从而成为一位优秀的小提琴家，那么世间就会缺少了一位伟大的物理学家。优秀与伟大之间相去甚远。

另外，值得一提的是，每个孩子的个性从小就不同，有的乖巧，有的木讷，有的调皮，还有的怨气十足，在这里，父母对孩子进行仔细的观察了解就变得非常重要了。假如你想给孩子报一个游泳训练班，乖巧的孩子或许会说："好吧。"可他并不一定很喜欢，但也不讨厌，最关键是这样的孩子不太懂得拒绝你。而比较木讷的孩子会说："我也不知道。"他还不知道自己喜欢什么，他需要你帮助他选择，这就需要你对孩子的喜好和身体的协调性等有充分的了解。而调皮的孩子或许会说：“好啊好啊，我喜欢游泳。”他真实的想法或许是他可以有更多与小朋友一起玩的机会。怨气十足的孩子可能会说：“我不想参加。”但是或许他经过训练可以成为很优秀的游泳健将，他仅仅是对认识新的朋友和新的环境心有恐惧而已。

当父母真正“懂得”自己的孩子后，在帮助孩子选择课外学习科目的时候，就要细心地听取孩子的意见，并根据孩子的个性做出更好的选择，而且我们要明确孩子参加兴趣班的目的，是为了玩、为了让孩子战胜恐惧，还是为了发现他们的特长。这个目的也可以通过孩子在兴趣班的表现窥见一二，同时我们需要随时调整我们的目的。

对乖巧的孩子，父母要引导和保护，鼓励孩子做自己喜欢的事情，他不喜欢的事情，千万不要逼迫他，鼓励孩子学会说“不”；对木讷的孩子，父母需要帮助孩子找到其兴奋点，让他们在自己喜欢的事情中磨炼，给孩子更多感性的锻炼，学着与小朋友交往，让孩子体验喜欢与不喜欢的区别，千万不可不加考量地让孩子参与太多种类的课程，那样孩子就会迷失自己，不知所措；而调皮的孩子，一般精力充沛，做起事情来好像兴趣十足，但并不一定每一项都是他们的强项，他们需要某些体育项目来消耗掉他们的过剩精力，同时需要父母培养他们在学业上的特长，让他们可以借此学会静下心来，集中精力，协调身体的平衡；而怨气十足的孩子，父母需要考虑孩子言语背后隐喻的情绪因素，这样的孩子如果和一两个认识的小朋友一起参与某项活动，或许可以更好地调动起他们的积极性，并随之鼓励他们的些许成就，使孩子更坚定自己的信心。

每个孩子都很独特，哪怕是同一对父母生的兄弟姐妹之间也差异巨大。作为父母无须用力过猛，因为我们只是看护者，保护孩子的天性不被其他所谓的“考级”、所谓的教育制度压制，不随波逐流，才是我们对孩子最好的爱与理解。在父母的细心观察下，合理的安排，让孩子能够追随自己的心，做自己擅长和喜欢的事情，将自己的强项发挥到极致，随之带给孩子的那一份内心的“成就感”，会成为孩子一生最大的驱动力，增强他们的信心，不困惑、不迷失。

我们只需要做一个“教练”就好，无须费力劳神地去做一位监督孩子的“警察”。在孩子需要的时候，教给他们基本的技能，在他们擅长的项目上着重培养，提供机会，帮助孩子找到他们的天赋，孩子自然会开花结果。

## “勇气”是一种本源美德

“勇气”，是一种本源的美德，每一种优秀人格特质的形成，都需要坚持不懈的精神。“勇气”不仅体现出勇敢的外在品格，同时表现出适时的忍耐力和敢于拒绝的特质。“勇气”是不怯懦、不鲁莽，是在面对未知时审时度势、知进退的智慧，是孩子需要具备的重要的人格品质。

儿子最早的一次独自旅行是在他 9 岁的时候，从北京飞去了荷兰。

我有一位挚友，他是中国裔的荷兰人。他的父亲是中国人，在 20 世纪 30 年代便移民荷兰，在荷兰开设了第一家中餐厅。他的父亲在荷兰遇到了他的母亲，当时他的母亲只有 16 岁，他的父亲便对他的母亲一见钟情，等她到了 19 岁，便向她求婚，两人恩恩爱爱一生，并育有 7 个孩子。我的这个朋友就是这个浪漫爱情故事中的老七，一句中文也不会讲的中裔荷兰人。

他的名字叫 Roland，他的夫人也是一个北京人。

我们认识有20多年了，他们几乎每年都会回北京看望他夫人的家人。所以那时我们几乎每年都会见面，我的这两个孩子是他们看着长大的，孩子们与Roland夫妇也非常亲近。有一年暑假，我们和Roland商量，决定让儿子独自从北京坐飞机去荷兰，在Roland家小住一段时间。独自旅行，离开妈妈一段时间，是对他的一种锻炼，儿子亦非常开心。

不过他当时只有9岁，还是个小孩子，我们需要给他办理航空托管，在飞机上由空中乘务员照顾，到了荷兰由Roland到机场接走。一切安排妥当后，我们就向儿子讲解了路上的整个过程，以及如果在飞机上遇到什么问题，或是有其他的需要，要怎么解决等，事无巨细地交代清楚。于是儿子坐上了飞往荷兰的飞机，一脸独自闯天下的兴奋，不知胆怯为何物。

Roland在荷兰开了几家比萨店和冰激凌店，夫妻两人没有孩子，养了一条狗。每日的生活主要就是去店里上班，晚上10点左右回家。现在家里多了这么一个半大的孩子，也给他们添了不少麻烦。儿子有时和他们去店里一起上班，在店里的办公室里玩玩游戏，晚上一起回家。有时他们两口子带着他出去游玩，吃中餐，开卡丁车，等等。儿子在那里度过了一个愉快的假期，最后独自平安地飞回了北京。

若干年后，儿子依然记得他的那次独自旅行。

勇敢与自信需要让孩子去亲身经历、去感受，如果我们只是告诉他，“你要有勇气，你要对自己有信心”，这样成效通常是很小的。这样抽象、单纯的语言鼓励，固然需要，但如果可以让孩子通过一件事情，真切地去体验如何战胜内心的恐惧，获得勇敢、自信的过程，这一切所能带给他的收获，是阅读书本和听我们的谆谆教诲所无法比拟的。这样的亲身经历，使孩子对自我产生更真切的认知与肯定，增加了他的“勇气”。这样的体验一定要符合孩子的年龄和内心可以承受的度，在孩子的能力范围内，安全而有效地进行，才可以起到事半功倍的效果。

培养孩子内在的品格，虽然不是一朝一夕的事情，但如果我们作为家长，懂得了这个原理，就可以活学活用，举一反三。我们可以主动地去发现机会，或是为孩子创造机会，并且给他们机会，从独立完成一件小事开始，循序渐进，使孩子内在的品格得以锻炼和培养。

## 培养孩子的手足情谊

兄妹之间的感情培养，可以使孩子们在未来体验到来自血缘上的情感依赖，而建立彼此感情的过程，也是孩子们学习与他人建立友谊、信任，彼此包容以及体验亲密感的最基础的课程。

要培养孩子们之间牢固的情谊，首先，父母一定要“公平”；其次，给孩子们创造增进感情的机会，让孩子们彼此学会尊重与爱。

家中有两个以上的孩子，对父母来说既是幸运也是挑战。

女儿有一个很要好的同班同学，是一个日本小姑娘，她个子不高，皮肤白皙，脸上永远带着微笑的神情，人长得既漂亮又可爱。

我是在女儿学校的一场年度合唱演出中记住这个小姑娘的。当时她们年级的合唱团大约40人，这个小姑娘站在第一排的中间位置，非常显眼。在整个唱歌的过程中，她是令我印象最深刻的一个。因为你可以看到她是如此投入，她的表情、她的眼神、她的身体随着节奏的晃动，都是那么自然甜美。她有天生的表演天赋，歌也唱得很好，我从此记住了她。后来她也和女儿成了好朋友，偶尔来家里玩，两个小姑娘开心快乐、欢声笑语。

可是有一天，我到学校去接女儿的时候，却看到女儿和几个小姑娘站在学校里面，围着这个日本小姑娘在说着什么，而那个日本小姑娘在抹眼泪。

原来那个小姑娘还有一个弟弟，也在这所学校上学，最近他们的奶奶来家里住，这个奶奶非常重男轻女，总是偏袒弟弟，弟弟永远是第一位的。奶奶对待她的态度非常冷淡，而且告诉她，她不用那么努力读书，女孩子读那么多书没有用……这一切造成了小姑娘严重的心理负担，今天她和学校的心理咨询老师谈这件事，因为心情难过，就有了下学和小伙伴哭诉的那个场面。

女儿感到非常困惑，提出了许多问题和我探讨，我告诉她“重男轻女”这样的事情不仅在日本比较普遍，甚至在整个亚洲都很常见，而且不只是过去，哪怕现在，我们中国也有很多地方的人都有这样的观念，这是一个很古老的传统偏见……

根深蒂固的一些观念，导致了父母甚至爷爷奶奶们对孩子的偏心，出现一碗水端不平的现象，这些在我们身边屡屡发生的故事，大家已经见惯不怪了。而这种偏差将会造成兄弟姐妹之间的嫉妒、愤怒甚至怨恨，导致孩子们长大后彼此疏远，甚至淡漠。最重要的是，被过度关注或忽视都会导致孩子的心理偏差。

培养孩子们之间的情谊，除了避免“重男轻女”之外，还有一个父母需要特别注意的问题，就是出生的顺序对孩子的影响。

这个观点最早是由大名鼎鼎的奥地利心理学家阿尔弗雷德·阿德勒提

出的，阿德勒认为：人的出生顺序和地位、童年的成长经验，是个体形成不同生活风格与人格差异的决定性因素。他指出，每个人因受到成长环境的影响，导致追求优越的目标不同，解决问题的方式也各异，这些独特的方式在个体的成长过程中，被不断地总结、归纳和概括，形成一套对付环境的特殊方式，并逐渐固定下来。人出生的顺序本身并不带有任何意义，但父母、爷爷奶奶、兄弟姐妹间对待孩子的方式，以及孩子自身对出生顺序在家庭中的感受，如：爷爷奶奶和父母对待自己的方式、自身受重视的程度、兄弟姐妹与自己的关系，等等，都在影响着孩子对自我的认知。

在女儿出生后，我格外注意对女儿的关注。我会多花一些时间来陪伴她，让她从小就感觉到她和哥哥对我们一样的重要。同时我会在儿子面前更加强调他是哥哥这一事实，我会利用女儿休息的时间去更多地关注儿子，让儿子感到妈妈还是像以往一样地爱他。我会尽量带着他们两个一起玩耍，一起吃饭，一起出行。但在女儿很小、需要我更多照顾的时候，我会一边照顾女儿，一边解释给儿子听，让他明白妹妹太小，需要妈妈更多的关照，并且我会邀请儿子帮着我一起照顾妹妹。儿子总是非常贴心，我还记得他在我的鼓励下第一次把妹妹抱起时，脸上现出小心谨慎又异常惊喜的表情，他轻轻柔柔又极其小心地将小妹妹抱在自己的怀里，在那一刻，这个小男子汉已经把这个妹妹装在了自己的心里。孩子天性显现的时候总会令你感到既惊艳又感动！

让儿子和女儿感受到他们对我们来说是一样的，我们不仅要在女儿幼年的时间更多地关注她，以避免因为排行对她产生的心理落差，同时要让儿子明白，我们对他的爱不会因为妹妹的存在而减少。而且在他们共同成长的过程中，我们会经常悄悄地提醒他们，彼此要互相关照。

比如，女儿喜欢吃酸奶，她到厨房冰箱里拿酸奶的时候，我会提醒她："给哥哥也拿一个吧，哥哥或许也会喜欢。"后来慢慢就形成了习惯，她要吃什么或是喝什么，也会给哥哥准备一份，后来有一次我和先生出门两天不在家的时候，她主动给哥哥和自己做三明治吃，主动照顾哥哥。

女儿13岁就开始学着做西式的蛋糕和点心，而且做得精致漂亮，做好后储存在密封盒里或者放在冰箱中，每次吃的时候，拿出两个盘子，摆放好蛋糕，她和哥哥一人一份。哥哥对妹妹的疼爱，不仅仅表现在他单纯地对妹妹的关爱上，也体现在他心里对妹妹的欣赏上。他非常欣赏妹妹的艺术天分以及妹妹的心灵手巧。只要是妹妹称赞好吃的东西，他都会捧场；妹妹艺术课的作业，他看到了就会大加赞赏；他还会在过节的时候悄悄给妹妹准备一些小惊喜；在逛街的时候看到妹妹会喜欢的东西，他就买回来送给妹妹……

在孩子们成长的过程中，我们应该帮助他们建立起一种真切的兄妹情谊，彼此关爱、彼此惦念。亲情的关系不只是名义上的存在关系，还应该是"我会永远爱你"的那份温情与关怀。

手足之间亲情的培养以及彼此之间关系的状况，可以影响孩子将来与他人之间的关系的形态。孩子在家中学会了关爱、分享、惦念，那么他们在之后的社会活动中，也会更加趋向于有情有义地与他人相处，小家庭与大社会之间是有相似之处的。

中国有句老话：兄道友，弟道恭。兄弟睦，孝在中。兄弟姐妹能够真正和睦相处、彼此挂念，不仅是对父母最具安慰的爱，也是父母在孩子教养方面的最大成就。

## 鼓励孩子交朋友

小伙伴的存在，对孩子们快乐、开心地成长至关重要。

无论是在我们居住的社区还是在孩子们的学校里，如果孩子可以找到一两个好朋友交往，对孩子的性情发展会起到很大的推进作用。女儿刚到这所英国学校不久，认识了班上一个比较沉默害羞的意大利小女孩，她的名字叫 Maria。Maria 比女儿早半年来到这所学校，但是因为比较腼腆，一直没有朋友，我的女儿也属于腼腆型，于是这两个小姑娘逐渐相识，开始了更多的交往。

有一天，我在学校门口接女儿的时候，女儿向我介绍了这个小姑娘，并说想邀请她来家住一晚，她们称之为“sleepover”，我也爽快地答应了。小姑娘来的那天，我的先生让女儿问 Maria 有什么饮食禁忌，女儿告诉我们，这个小姑娘在新加坡住过一年，而且非常喜欢吃中餐，她说吃什么都行。于是，我们就和女儿商量，晚餐准备几道外国人喜欢的中餐，并且包饺子给她吃，女儿很开心。那天的晚餐，Maria 吃得特别开心，她告诉我们她特别喜欢新加坡和那里的美食，尤其喜欢中国的饺子……后来只要家里包饺子，我就会多包一些，接女儿下学的时候给 Maria 带去，让她回家和家人一起尝尝。有的时候就炸一些春卷给她，腼腆的小姑娘看见我永远面带笑容，告诉我她的弟弟总是抢她的春卷吃……

后来，又有两个小朋友加入到女儿和 Maria 的小团体，四个人经常在一起，下了学也经常继续视频聊天、一起做作业，仿佛总是有聊不完的话题。

小伙伴的存在，使孩子对新环境的适应性大大提高，小朋友间的更多交往，也使孩子变得更加开朗、健谈、开心和积极。我们除了鼓励孩子与朋友交往之外，也尽量地为孩子们提供更多的便利条件，如参加孩子们的生日会、聚餐、课外活动等。我们不厌其烦地接送和鼓励孩子们参与其他小朋友和学校的活动、邀请小朋友到家里来玩，我们接受与开放的态度，使孩子与朋友的相处减少了障碍，他们尽情地与小伙伴交流、玩耍。借此，我与孩子好友的妈妈们也有了更多的接触和了解的机会，为孩子们彼此更深的交往奠定了基础。

2019 年，Maria 和另外一位女儿的好友 Aurora 暑假期间与我们一起去了北京，那年她们 14 岁。她们的父母帮助她们办好了签证及相关的手续，就把这两个小姑娘交给了我。我带着三个小姑娘，儿子带着他的一位好友埃里克斯（Alex），我们六个人一起飞往北京。那年的北京酷热无比，女儿在北京有两个一起长大的小闺密也加入了我们的团队，我们一起去了长城、颐和园、故宫、北海、南锣鼓巷等景点，一起去吃了北京烤鸭、涮火锅等各色美食。之后我和我的多年好友带着这五个小姑娘一起前往云南旅游，我们一起领略了束河古镇的风貌、在七彩云南的游乐园中畅游、登上了玉龙雪山的海拔 4600 米处、观赏了“印象丽江”规模宏大的表演、去了丽江古城和大理……

一个月后我们如期返回意大利。现在 Maria 已随父母迁居德国居住，孩子们之间依然经常联系，视频聊天，只要有机会她们就会聚到一起，谈天说地，好不开心。

**在孩子小的时候，鼓励孩子与小朋友建立起一段长期稳定的友谊，对孩子的成长至关重要。孩子与父母的关系，在幼年期及童年期处于被需要和不分离的状态，当孩子进入青春期后，彼此逐渐趋向于慢慢远离的状态。在此期间，朋友会成为他们与外界接触的主要载体，与朋友的交流会远远大于与父母的沟通，朋友成为孩子疏解情绪、承载喜悦与悲伤的主角。**

在孩子与朋友的交往中，父母应该充当怎样的角色？首先，需要父母给予适当的鼓励和支持。孩子们会因为自己的性情在未来选择如何去持续一段友谊，那是他们之间的缘分，但在初期阶段为孩子交朋友提供便利和帮助，却是我们做父母的职责。其次，保持一段长期的友谊，父母需要给予孩子适当的指导。孩子需要学会如何成为他人的朋友，他们应该承担什么样的责任。这样的技能，一部分是孩子在与朋友交往时学到的，如包容他人的不同喜好，原谅他人的缺点，欣赏彼此的优点，体会细微的关怀，感恩彼此的陪伴，彼此平等、尊重的相处等。而另一部分是从父母身上学会的，那就是我们的交友观，我们对待他人时的态度、言谈、礼节与惦念等。父母给孩子与他人交往时遇到的问题以正面积极的引导，如提醒孩子多关注他人的优点、学会换位思考、懂得人的独特性等，这些是孩子在交朋友中经常遇到的问题，也会成为孩子个性形成过程中，自我纠正、自我关怀以及懂得体恤他人的重要一环。

但有一点我们父母需要注意的就是：我们对孩子交往的朋友不要妄加评论，更不要说长道短。孩子们之间有性格差异，往往此消彼长，交往正是孩子们互相学习与交流的绝好机会，也是让孩子自己辨别是非、好坏的最好途径。孩子如果能够在与朋友交往的过程中学会了取长补短，那不正是我们希望看到的吗？如果孩子染上了他人身上的缺点，那么我们也可以明白，孩子还需要加强对是非曲直的辨别力，以及对自我控制力的培养。不要当着孩子的面责备他们的朋友，甚至在出现问题的时候将责任推到他们的朋友身上，例如，“就是因为你的那些朋友，你才学会骂人（抽烟、打架）的”。这样的劝导，会导致孩子遇事推托或推卸责任，使孩子的自我控制力下降，这样的特质也会使他们在朋友面前失去信义。相反，我们要引导孩子明白“见善思齐，见恶内省”的道理，让孩子学会吸取教训，学会自律和担当，学着去做一个令他人心悦诚服、重信重义的“好朋友”。

朋友是我们一生最重要的财富，无论生活是风平浪静，还是跌宕起伏，朋友都是能够与你分享快乐和分担忧愁的伙伴。帮助孩子们学会从小与朋友建立起健康、真挚的友谊，学会真诚地与朋友交往，学会付出、分担、分享及包容彼此，是孩子们很重要的一门功课，这么重要的“课外课”，只有父母才是最好的老师。

一生如果能够得到一位知己，这不仅是我们的缘分，也是我们自身修为之所得。

## 不完美才是真实的生活

“一切都是最好的安排”，这不是宿命论的一句口号，也不是消极的“逆来顺受”，这是一种豁达的生活态度，是一种接纳生活本不完美的积极生活观。

父母对孩子的爱时常超越对自己的爱，表现在父母时常对孩子寄予厚望。父母不曾有过的生活、父母不一定能做好的事情，我们都希望自己的孩子可以做到。比如考试永远拿高分；比如一定要学会一种乐器；比如年末拿到三好学生的奖状；比如一定要考上一个好大学，将来过上优质的生活，等等。我的一位好友曾对我说：“我不是贵族，但我要让我的儿子成为贵族。”我们在心里希望我们的孩子应该是完美的，意志力是坚强的，生活是美满的，就像电影里塑造的明星人物一样，完美无瑕、熠熠生辉。这种美好的期待虽好，但容易使我们凭空臆想，强迫孩子按照我们的期望去成长，完成我们心中对孩子“完美”的塑造。

那么什么是“完美”？每一位父母会有不同的答案。父母自我对“完美”生活愿景的模式，会潜移默化地“投射”到孩子身上，使我们误以为我们对孩子的期盼就是对他们最深厚的爱。所以一旦孩子没有达到我们的预期，我们就会认为要推他们一把、要给他们补课、要提高成绩，必要的时候还要拿鞭子抽一抽。我们以为让孩子过上我们为他们规划的“完美”生活，是对他们一生最完美的规划，于是我们不顾一切地让孩子快马加鞭，力求事事尽善尽美，层层晋级以实现目标。

我时常会望着一棵树发呆，想着这棵站在路边无声无息的树，不知生长了多少年、多少世，从一粒种子到参天大树，随着岁月的更替，它静静地成长，从未停息。树清楚地知道自己是谁，明了自己生存的规则，它跟随自己的本性，将根不停地扎入深层的泥土，风霜雨雪、电闪雷鸣不再是对它的折磨与摧残，那是彰显它坚毅与挺拔的点缀，哪怕偶尔折断了枝条，但根一直都在，生命一直不息，花一直盛开。

**父母养育孩子，要培养他们成为不畏风雪、品德高尚、刚毅坚强的人，因为那是孩子的根基，是孩子生命之树常青的根本。而枝头将来会开出怎样的花，结出怎样的果，那不就是水到渠成、自然而然的事情吗？**那么我们需要做的事情，就是要帮助孩子发现自己、接纳自己，将生命之根扎入更深的泥土。无论四季如何更替，时代如何变迁，给予“大树”坚定做自己的权利，那么，他们就一定会拥有一个成功的人生。

我的儿子是个非常偏科的理工男，在语言学习方面，他实在没有太大的兴趣。

我们到意大利之后，他与妹妹同时学习意大利语，妹妹的语感和口语水平飞速进步，儿子的进步却很慢。在英国学校，意大利语也是初中以下孩子们的必修课。另外，因为我们生活在这里，所以学习意大利语会为我们的生活提供很多方便，虽然不是很擅长，但儿子也是硬着头皮坚持去学。后来我帮他找到一位意大利语的补课老师，他每周两次去老师家里补习。老师也多次提示他要多去使用意大利语，但每次我们在外面吃饭或是办事，儿子开口都是英文。现在很多时候，他同意大利人交流，别人讲意大利语他也可以听懂，但永远是用英文作答。意大利语水平评定从 A1、A2 的基础级别，B1、B2 的中级阶段，再到 C1、C2 的专业级，儿子完成了基础级别的学习，而女儿已经晋升到了中级阶段。

每个孩子的天分不同，儿子在数学和经济学方面成绩优异，而女儿却是个语言与艺术的小才女，两个人各有自己的强项，也各有自己的弱项。我没有强迫他们必须把自己的弱项补齐，之后也没有给他们找补习班，而是将选择权交给了他们自己。儿子在之后按照自己的需要，找到了合适的数学和物理老师，给自己补习，我没有参与。

“课外课”与“课外补习班”有本质的区别。女儿在学校有许多“课外课”可以选择，我会和她探讨这些选项，但选择权在她的手里，无论她参加与不参加什么项目，我都会支持，我甚至更喜欢看她参与一些自己从未尝试过的项目。她曾经选择过国际象棋、德语、排球、足球、网球、野外生存。而女儿在选择这些课程的时候，除了个人喜好之外，我发现更重要的一个条件就是：如果有她的某个小伙伴共同参与，她们提前商量好了再一起报名，这样会大大增加她的积极性。例如女子足球，这实在不是她的强项，但因为她朋友希望她一起参加，于是她就报了名，而且她们一起在学校里四处游走，拿着宣传单去说服他人一起参加报名，以此来保证这门课可以达到预期人数，顺利开课。她们这些东拼西凑在一起的女子足球队，经过短暂集训后，就开始参加与其他学校的比赛，不难想象，她们几乎场场都输，从来没有赢过，唯有一次打了个平局，小姑娘们已经兴奋不已了。这种没有任何功利色彩、能够体验到过程、学着自嘲、失败也能开心面对的经历，实在是太美妙了。

“野外生存”是女儿那个年级的很多孩子非常热衷的一项课外运动。在报名之前女儿就异常兴奋地告诉我，她的好几个朋友都要参加，而且给我讲解这个课程的具体内容和有趣之处，但这个项目只招 12 个人。

这门“课外课”报名的时间是在开学之前的假期中。孩子们自己的事情一直都是他们自己负责，所以我不会刻意去提醒她，或者帮助她去做。报名的那天早上，她急匆匆地冲到厨房，告诉我她有点儿晚了，因为报名刚刚开始半个小时，名额就已经报满了。所以她没报上名，现在只在“等待名单”中了。我看了她一眼，她脸上有些失望，但并没有抱怨的情绪。我安慰她说：“开学后，老师看到还有这么多人感兴趣，或许会增加招生的人数，不要着急，一切都是最好的安排。”她点点头。

我喜欢一切随缘，不强求，不争不抢，女儿也深受我的影响。

果然，开学后老师看到很多孩子对这个课程感兴趣，于是增加了招生人数，女儿也如愿以偿。课程包括野外徒步、救生、搭帐篷、野外露营、野炊等活动，女儿与小伙伴们乐在其中。

女儿后来告诉我，她的几个同学说，她们的父母在报名的那天早上，早早地就把电脑提前打开，准备好了一切，时间一到，就抢先给她们报上了名……

我也如世间所有的父母一样，深爱着自己的孩子们，我也希望他们将来事事如意，心想事成，但我相信他们都有各自去实现自我的方式，不用争、不用抢。我更希望孩子们依靠自己真实的能力，在面对选择时不急不躁，接受生活不完美的本质，相信“一切都是最好的安排”，这样的心态才是他们一生取之不尽、用之不完的财富。

作为父母，我们有时会习惯性地将我们的意志潜移默化地就传递给了孩子。我认识的一位妈妈，因为孩子对画画不是太感兴趣，所以面对老师留的画画作业，这位妈妈就帮着孩子修改，甚至有时候大包大揽地帮助孩子完成。于是孩子的美术作业每次都可以得个高分，这让孩子喜不自禁。可是后来，这位母亲却和我抱怨，她的孩子特别爱钻牛角尖，如果哪科考试没考好，就会很不高兴，甚至发脾气，有些“完美主义”的倾向，这位妈妈不知如何帮助她的孩子改善这样的情绪。

其实孩子的个性和情绪的形成与我们教育孩子的方式息息相关，我们以为我们帮助他们做作业、检查作业、得到老师的表扬是为孩子好，是在帮助孩子实现愿望，但我们这样做的同时，却使孩子丧失了接纳真实的自己、改正错误、经历挫败的机会。这样的做法不仅助长了孩子的虚荣心，使孩子越来越无法接受“不完美”，而且使孩子倾向于享受短暂的外在“完美”，将自己的感受更加外在感官化，从而使内心匮乏，对自我的评价流于表面，只能从他人的评价中获得满足感。长此以往，孩子用外在的成功来定义自己的价值，导致孩子的抗压能力下降。享受短暂的荣誉，却可能会给孩子造成一生的心理缺失。

鼓励孩子向内探索，不与他人比较，只与昨天的自己相比较。如果孩子改掉了说谎的毛病，我们要大加鼓励；如果孩子善意地帮助他人，我们要大加鼓励；如果孩子主动帮你分担家务，也要大加鼓励……父母的鼓励和着眼点在哪里，孩子的着重点就在哪里。

孩子在学校学到的是知识，而孩子从父母和家庭中学到的是生活的智慧。对一个人的一生来说，生活的智慧或许比知识更为重要。

成功只是短暂的掌声与鲜花，而失败才是孩子的成就路上的艰难险阻。所以在养育孩子的过程中，父母更需要为孩子学会如何面对失败准备足够的精神食粮。面对真实生活的不完美，面对打击与挫折，我们所表现出的是焦虑、懦弱还是放弃，或是顽强、拼搏、抗争的态度与应对方式，对孩子来说都是榜样。**无论生活是顺境还是逆境，是富裕还是贫穷，让孩子明白生活的不完美比让孩子享受到完美更具深意。在遇到生活的逆境和失败时，要如何调整心态、如何从挫折中发现积极的一面、如何去面对、再爬起，是父母养育孩子过程中非常重要的一课。我们将之称为“挫折教育”。**有智慧的家长甚至会刻意创造一些磨炼孩子的机会，让孩子体验挫折，以增强孩子的抗压性。在孩子还小的时候，让他去体验真实生活，如自我学习能力、考试的成败、交友之间的分与和、延迟满足等的锻炼，就是在他们幼小的心中种下了种子，体验这样真实且不完美的世界，承认并接纳它，拓展孩子内心对“不完美”所能接纳的宽度与深度。待孩子长大，这颗种子已经长成大树，在孩子独自面对生活的磨难时，曾经经历过的磨难，就会变成坚强的砝码，给他们力量，陪着他们越高山、过险阻。

深爱着孩子的父母们，要学会适时地“狠心”，因为这样的“狠心”能使孩子真正体验“风吹雨打”，无论是对于外在的身体，还是内在心灵的成长，这样的“狠心”都是最健康的养料。体验真实世界的不完美，让孩子学会坚强和乐观地面对，这样的不完美就转变成了完美人生所需要的养分，那么一切都会成为最好的安排。

## 培养孩子正确的金钱观

在我小的时候，我的父亲会经常给我一点零用钱，每次五分钱、两毛钱，只是为了买一根冰棍，买橡皮、铅笔之类。那时候没有那么多消费的场所，也没有那么多的消费欲，这五分钱、两毛钱揣在兜里，让我感觉很富有。

女儿是在12岁左右开始需要零用钱的，她开始喜欢自己去买学习用具以及和小朋友一起去逛街、看电影了。在她需要的时候，我会根据她的需要给她适当的金额，并且征求她的意见，是否够用。她每次用完之后如果还有剩余，都会主动地归还给我，如果下次再需要，她就再和我商量。女儿也有自己的一点小积蓄，那是家人或朋友给她的红包，小的时候她收到红包都会交给我，后来她长大了，收到了红包，我就让她自己保管。她在出去玩的时候，就会告诉我，她自己有钱。我们没有特别固定的数字（一个月给多少钱），而是根据孩子的需要，有时多一点，有时少一点。

我们一起去逛街的时候，我会刻意地告诉她，一个当地的普通人每个月可以赚多少钱，他们会有什么开销，每一项开销如何安排，让她了解100欧元都可以干什么。如果我们在外面喝咖啡或者吃饭，有的时候我会刻意让她去结账，增强她对金钱的认识。

女儿在自己的小朋友过生日的时候，会给他们买一个小礼物。在她小时候，我会带她到商场去，她来挑选，我来付钱。当她长大一些以后，自己去给朋友买礼物成了她乐此不疲的一件趣事，她会约着其他朋友一起去逛街，寻找合适的礼物，并且将礼物包装起来，再配上一张自己做的生日卡片。我非常鼓励她用心地为朋友挑选礼物，这也是培养孩子情商的一个好办法。

为他人挑选礼物，孩子需要换位思考对方的喜好，而非自己的，这需要孩子平时注意其他人的言语，细心观察他人的取舍，才能在给别人选礼物的时候做出准确的判断，这是“用心待人”的一个表现。而且孩子在用自己的零用钱为他人买礼物的时候，她心里会考虑，她手里的钱与要买的礼物是否相匹配，帮助孩子学会合理消费。

为小朋友挑礼物的过程，既培养了孩子换位思考的能力，又令孩子对钱有了基本认识，同时帮助孩子将视野向外延展，从关注自己延伸向关注他人。在这个过程中孩子在学着用心观察和聆听，从而学会尊重他人的选择，而不是主观臆断，或者无视。

这是孩子在课外课里无法学到的生活智慧，但却是人生必不可少的一课。女儿曾告诉我说：“妈妈，我特别喜欢看到别人打开我送的礼物时激动开心的表情，因为那会令我感到特别幸福。”是的，其实真正让我们感到幸福的时刻，就是你感到他人因你而开心快乐的时刻。

写到这里，我想起了我的一个朋友告诉我的他小时候的一次经历。

他已近中年，父母曾经都是工人。他小的时候，父母每日忙于工作，对他生活上的照顾很少，每天下学回家，家里的桌子上只给他放着两个馒头，父母下班很晚，那两个冰冷的馒头就是晚餐，但在 20 世纪 70 年代，能吃饱肚子已经是很幸运的了。

他长大后抱怨的不是原来家里吃得好与坏，而是父母对他心理需求的忽视。从小，他父母很少给他零用钱，但最令他难过的一件事，是他喜欢踢足球，但球鞋都踢破了，他的妈妈也没能给他补一补。当他和妈妈说需要买双新球鞋时，他妈妈不仅没有给他钱，还根本没有把这件事放在心上，以至于球鞋破了露出了脚指头，踢球的时候，他因此而被其他男孩子取笑，使他感觉特别难堪。这件事刺痛了他的自尊心，后来他长大后拼命挣钱，最喜欢干的事就是买鞋，而且买很多鞋。不仅给自己买鞋，也给他的孩子们买鞋，买很好而且很贵的运动鞋。儿童时代心理上的一个缺憾，长大了之后会用力地去弥补，仿佛心中有一个儿时留下的黑洞，难以补平。从心理学的角度来讲，他成年之后拼命挣钱、买鞋的行为，表明他是在用对金钱和这么多鞋的拥有权去弥补儿时的匮乏感和不自信。

我们都知道，儿时的创伤会对我们自身造成心理上的伤害，所以我们需要尽量避免这样的事情再发生在我们的孩子身上。在孩子的零用钱方面，不要太骄纵孩子，但也不要太吝啬。零用钱带给孩子的，不只是可以自行购买物品时的满足感，更深层的意义在于支配“零用钱”时带给孩子的自主感和独立感，那是孩子对自我意识的一种认同与肯定；同时，适当的零用钱也会减少孩子对金钱的过度欲求。

无论经济条件如何，我们都要细心地关注孩子内心的想法，正确地回应孩子，千万不要漠视和敷衍。帮助孩子分清“需要”与“想要”的区别，

“需要”的部分我们酌情尽可能地满足孩子，而“想要”的部分，我们可以拉长时间，让他们学会等待，延时满足。如此，孩子的一次“我想要……”的问题，变成了我们与他们的亲密谈心，增进感情的过程，也是我们理解他们、帮助他们学会等待的过程。这样正面的回应，孩子已经感受到了父母的态度是真诚的，我们很关注他们，我们的态度已经让他们的心里有了判断，于是他们懂得了他们的任何想法都可以顺畅地输出给我们，我们不会无视他，也不会嘲讽他们，我们重视他们。我们在用行动告诉他们：他们值得，他们是被尊重的，他们在我们的心里！

**我们给予孩子的爱，并不是要给他们多少钱，或者给他们多少珍馐美味，而是我们的态度和对他们心灵需求的理解与认同，那才是真正的“富养”，是精神的滋养，而金钱或美食不过是一个载体。**

无论我们的家庭状况如何，让孩子体验适度的匮乏感，都是一份难得的人生智慧。但最重要的是无论孩子多大，我们都要真诚地对待孩子，认真回应他们的要求，学会有商有量，通情达理。并且在孩子适当的年龄，让孩子体验自由支配金钱的感觉，懂得金钱的意义与价值。不去刻意地突出金钱至高无上，也不要过分地苛责吝啬和贬低金钱的作用。

对于钱的认知，是孩子成长过程中必不可少的一堂课，对孩子未来的金钱观意义重大。

## 顺从孩子的喜好

女儿从 12 岁开始，就和班上的女孩子们相约一起去逛街了。

例如，给自己买件衣服、去喝杯奶茶、看场电影、去咖啡厅与朋友一起聊天，等等。曾经有一段时间，几个女孩子很是热衷周末去市中心走走逛逛。

青春期的男孩子和女孩子有不一样的表现，甚至是每个人都不同。女儿喜欢去逛街，去发现一些独特的设计作品，她喜欢去看、去发掘，无论是生活用品，还是奇装异服，她都有自己另类的眼光，她也在发现的过程中去揣摩和审视,而米兰这个时尚的大都市给她提供了“天然肥沃的土壤”。

我并不会太刻意地阻止她，有时候我甚至会鼓励她，偶尔也会陪她一起去。

米兰人很讲究穿衣搭配。无论男女，他们的衣服都比较修身，颜色搭配也协调，走在路上，他们自成一道亮丽的风景。尤其是这里的老人家，穿着打扮更是令人耳目一新。从他们的发型、服装、皮包和鞋帽，可以看出他们的修养和对美的追求。他们穿戴的东西并不一定很贵，但一定颜色搭配，上下和谐。如果有空，趁着阳光灿烂的时节，找一家沿街咖啡馆，坐在路边，慢品咖啡，悠闲地观赏过往的行人，在米兰，这绝对是一件既赏心悦目又令你心情愉悦的享受。

女儿和她的小朋友们有自己喜欢去的购物场，那里的衣服品种繁多，价格便宜。她们在里面挑选各色衣服，然后开始一件一件试穿，互相品头论足，嬉笑打闹。互相摆个姿势，拍一张最丑的照片，够她们谈论、狂笑好几年。这样的她们，青春年少，无忧无虑，天真烂漫！

米兰市中心，除了那闻名世界、美丽壮观的大教堂外，还有着世界顶级的时装店、珠宝店、皮具店、家具店和古董店等，另外还有超级好吃的冰激凌店、甜品店和闻名世界的咖啡馆。

我并不会认为接触和认识这些所谓的“奢侈品”有什么不好，刻意地拒绝、回避和趋之若鹜式的迷恋或许都有些偏激，换一个角度，以平常心态来看待，那会是一种享受。我偶尔会陪女儿在市中心逛逛，有时也会在米兰最有名的“拿破仑大街”走走看看。

拿破仑大街也叫作十字大街，它由一条主街贯穿，周围辐射出若干条小街。世界上最昂贵的品牌以及意大利本地久负盛名的品牌，你都可以在这里找到。每年举办“米兰时装周”的时候，街道上，身着各色奇装异服的人们就多了起来，你偶尔也会在这条街上遇到一些叫不上名字的名模、名人，还有躲在墙角举着大长焦距摄像机的摄影记者们。

米兰是一个名副其实的时尚之都，而去这些店中观赏设计师的作品，于我们来说也是一桩幸事。因为那都是世界顶级设计师的心血，饱含了他们对这个季节、这个时代的感知，再加上他们对布料的选择、精准的裁剪和加工的精益求精，使得许多成品犹如一件艺术品，在我看来这里就是最现代化的艺术博物馆。

我会和女儿谈论这个服装的颜色款式和设计理念，女儿有时会说："如果我设计，我会把这里改成这个样子。"有时候又会说，"这个对于我来说太成熟了，那个是给老奶奶设计的……"她的品位和对设计理念的感知，就在这观察、触摸和品头论足间培养了起来。如果看到她喜欢的衣服，她也会先看看标签，价格太高，她就会冲我笑笑，告诉我："妈妈，这个好贵啊！"我们相视一笑。我告诉她：这一件衣服里有设计师经年累月经验的积累与设计的灵感，还有衣料的成本、剪裁、加工的费用，还有品牌的广告费、运输费、店铺租赁费、销售人员的费用，还有一个很重要的费用就是要给国家缴的税……

我们在逛街的过程中会依据所见，谈到许多不同的话题，有时是橱窗的设计，有时是店铺室内空间的摆设等。无论是我知道的或者她知道的，还是她不知道的或我也不知道的，又或者是学校里学到过的或者没学过的，女儿和我像一对朋友、一对伙伴一样畅所欲言，没有芥蒂。去吃一顿饭，喝一杯咖啡，拍些照片或是几个小视频，这一天的欢乐时光就充满了幸福。这样的生活更立体、更丰满，或许也是更深刻的一种学习方式。学习不只是在书本中、学校里、博物馆或者残垣断壁的古迹中，也在我们当下的生活中，它处处都在。

摘掉我们"有用与无用""奢侈与平庸""高贵与贫贱"的有色眼镜，顺从孩子的喜好，走近他们，近距离去了解他们的喜好，那是心与心的贴近，而不是凌驾于孩子之上的审视与评判。这样的交流，会拉近我们与孩子的距离，尤其是青春期的孩子。生活是立体的，是有颜色又是多方位的，感受真实的世界，不拒绝、不遮掩，不妄下定论，无论是“丑陋”还是“美好”，是“昂贵”还是“廉价”，真实自有它的冲击力，真实亦是最好的学习素材。

## 电脑游戏并非洪水猛兽

当你认为是“洪水猛兽”之类的希望孩子避之不及的东西出现时，那样东西也一定是你可以利用并且帮助孩子增强自律和勇气的“宝贝”。

我是跳猴皮筋长大的，跳猴皮筋是我儿时非常喜欢的一个游戏，我每天会将一大卷的“猴皮筋”揣在书包里，每到课间，甚至下学后，我们一群女孩儿聚到一起，跳得不亦乐乎，满头大汗。孩子需要玩伴、需要交流，而在一起游戏是他们彼此交流的最好方式，也是他们交朋友、彼此获得认同感和成就感的一种方式。

几十年之后的今天，孩子们已经从户外转到了室内。虽然场地、空间、游戏内容都已变换，但是依然不变的是人的社会属性，即孩子对玩伴和交流的需求。我们做父母的担心的是孩子因为玩游戏而荒废了学业，担心玩电脑游戏、手机游戏会伤害他们的眼睛。是的，任何游戏都有风险，无论是室内的还是室外的，但重要的是我们作为家长，是否明白孩子们对游戏如此渴求的真实目的。游戏代表的不只是简简单单的好玩，实际上是他们需要与同龄人进行交流和被认可。读懂了孩子们心里的需求，我们才能够对症下药，解决孩子的问题。

在美国作家尼尔·埃亚尔的《上瘾》这本书里，作者讲到了人的一种心理现象，提到了“社交认同感”这一概念。因为人是社会群居动物，从心理学角度来讲，人需要通过与他人的互动让自己觉得被接纳、被他人认同、受重视，以此来增强自我的信心与成就感，也就是得到精神鼓励。就如同你发一个微信朋友圈，希望得到更多的赞和认同一样，这是人的一种本能，孩子和我们自身都存在这样的需求。

那么如何看待孩子玩游戏的问题，如何帮助孩子正视游戏与学习的关系呢？

首先，自我控制的能力是孩子本身具备的，我们无须从外部用力过猛。我认识的一位妈妈曾经告诉我，为了禁止孩子玩游戏，在孩子下学回家之后，她就会切断网络。如果因为功课需要上网，她的儿子需要向她申请，她再打开网络，用完之后再关闭。长期的这种非自发式管理对孩子而言是被动的控制，这会导致孩子在学校找一切可以上网的时间，甚至在课上到一半的时候，他告诉老师他要上厕所，然后躲在厕所中上网，老师到处找他……这种外力强迫式的管理方式，容易导致孩子自我控制力低下，甚至丧失，当失去外力的约束时，自我的管控能力无法显现。

就像我们最常见到的家长追着孩子喂饭的例子。孩子本是具有自己吃饭的能力的，而且他们也有感知肚子是饱、是饿的能力，但我们做父母的习惯性地忽视孩子自有的基本能力，将强迫孩子吃饭当成对孩子的关心。

孩子在可以自己吃饭的年龄，应该坐在儿童椅中，与大人一起在桌子旁边吃饭。最初你可以教他们自己用手或用勺子吃饭，鼓励他们，因为这是他们自己需要学会的事情。如果他们拒绝或者发脾气抗拒，或者总是剩下很多饭菜，也没有关系。你要询问他们，是不是已经吃饱了，并且告诉他们如果错过了这顿饭的时间，只能等到下次吃饭的时候再吃饭了。然后就把饭碗收走，放他们去做他们想做的事情，不要大呼小叫，更无须发脾气。如果你认为孩子刻意不好好吃饭，或者吃得太少，那你可以做一个小实验，在两顿饭之间，不要给孩子提供其他的零食，让他们等到下一顿饭的时间才可以吃东西，这样就可以简单地让他们懂得按时好好吃饭才不会饿肚子的道理。这样简单的操作，就可以让孩子明白，他们需要对自己好好吃饭的行为负责。这样的训练有一到两次，他们就懂得了按时吃饭的重要性，开始学着自己照顾自己了。

父母假想似的过度干涉是对孩子从小开始的一种间接性催眠，他们用行动告诉孩子：你们没有自控能力，你们需要我们的帮助和管控……这样的管控会导致孩子自控力的退化。

其次，在生活中给予孩子锻炼自控力的机会。通过一些小事情，我们就可以帮助孩子感受到自己完成一件事情之后的成就感，树立起孩子对自我的信心。生活中诸多的细节，例如自己穿衣服、收拾玩具，自己写作业，自己选择食物等，培养孩子独立完成这些的能力，令他们更清晰地明了自己职责的界限，有了界限就会有成就感，孩子就会为自己可以独立地完成它而感到骄傲。养尊处优式的育儿方法，是孩子自控力的极大杀手。其实无论是谁在帮忙照顾孩子，作为孩子的父母都要坚持“孩子自己的事情一定要自己做”的原则不变。

“界限观”就是在孩子与他人之间的一条明确的领地划分线，属于孩子的事情，要由孩子自己负责完成，属于父母或他人的事情，父母与他人也应该承担起自己的责任。“界限观”是培养孩子懂得感恩之心的基础，因为界限不仅明确了各自的责任范围，也让孩子明白他们与父母或者任何人之间都不是附属关系，他们彼此都是独立的个体，需要为各自的行为负责。这样在他们寻求他人的帮助时，他们就会懂得说谢谢；在自己没有尽到责任，出现了疏漏或者错误时，他们会从自身找原因，而非推卸责任怪罪他人。在抚养孩子的过程中，这些点滴的生活小事，就是在帮助孩子培养自控力。

再次，玩游戏是生活中的一种娱乐，学习与“玩”是交错在一起的，学习的过程也是一个很有趣的“玩”的过程，而“玩”的过程也是一种学习，孩子在自控力不完善或者父母管控过激的情况下，容易出现情绪或行为偏颇和失控的现象。那么如何让孩子重新学会控制时间，了解现在的主要任务是学习，而将游戏视为一种学习之余的消遣呢?

父母需要与孩子心平气和地交谈，而这个过程中父母需要抱持的心态是：孩子心里既希望学习能拿到好成绩，又希望自己是游戏高手，那么我们要如何帮助他们？在此父母不可忽视孩子对学习成绩的渴求，而且要坚信他们的内心也希望自己表现优异。

第一，要让孩子重新定位他们的角色和责任是什么。拿一张纸，引导孩子在纸上写下他们的名字、身份（学生）、主要任务、近期学习目标、远期学习目标。

第二，让孩子写下：学习是我的首要责任，我有很强的自控力，我可以通过我的自控力来完成任务。

第三，将写好的纸贴在孩子书桌上方的墙上，孩子每天可以看到的地方。

第四，放手，对孩子的自控力充满信心。适当地鼓励孩子后，给他们时间，让他们自己去学着控制和管理自己。

就像小时候要自己学会吃饭，他们的感觉器官会告诉他们“吃饱了”，这是一样的道理。让孩子在学习与游戏之间学会去管控自己。在最开始的阶段，或许会有偏颇，因为孩子有很强的好奇心，在小伙伴或者好奇心的驱使下，他们有时候会忘记时间。有时我们也需要忍耐，坚持闭住嘴不说教，哪怕他需要为自己的越界行为付出代价。例如，如果学习成绩下降了，或者因为玩游戏造成了其他不好的事情发生，我们需要做的就是帮助孩子，正面地和孩子交流，让他们自己重新考虑，调整玩游戏与学习之间的时间安排，让他们学着自己解决问题。这是孩子再度激发内控制力的最好机会，父母千万不要再高压，不要再过度管控，更不要人身攻击。因为孩子在学习自我管理自己的过程中，犯错是难免的，就像一个学着走路的孩子，摔倒是最正常的事情。

**父母需要学会放手，开始将信任交到孩子的手中。这时候父母的尊重与认可，对孩子来说比玩与不玩游戏本身更重要。**我们千万不要因小失大，你以为你的干预和管教是对孩子好，孩子的每一次考试、每一科作业都不能出错，都要达到你的要求或是老师的要求。但如果你可以高瞻远瞩，明白孩子未来的人生还有无数次更严峻的考试，你就要尽早放手，给孩子机会学着去自我管理。孩子目前最大的损失或许只是一次考试成绩的不佳或者摔了几个跟头，但如果你沉住气，给孩子机会去自我矫正和管理自己，激发自控力，这样的信任会激励他们，使孩子更加深刻地理解何为尊重、何为界限、何为担当。**继而孩子在自我管理之后所取得的些许成绩，都会是他们成长路上的极大动力，因为他们感受到了通过自我约束、战胜自己的欲望以及做对的事情所带给他们的那种成就感，那会令他们收获我“无所不能”的感觉。这种自我控制力带给孩子的体验，是孩子生命中的里程碑，会激励孩子在挑战自我的路上继续攀登。我们的期望与教育（外在动力）需要通过孩子内在的动力发挥作用，启动孩子的内在动力，并使内动力与外动力良好地互动，孩子才会获得更优质的能力。**

最后，持续地关注，鼓励孩子获得长久的自控力。你可以在之后继续关注孩子在玩游戏这件事情上的态度，与孩子再次进行深入交流，了解孩子的想法，以及他们做如是改变的原因。但你一定要坚持的原则就是：这是他们自己的事情，你只提建议，你不是他们的老板，你只是一个年纪大于他们的伙伴，让他们自己做决定。你对这件事情的关注要松弛有度，你的言语和行为要让孩子感受到你相信他们是有自控力的人，你的语气、你的态度都充满了对他们的信任与肯定。这与孩子的年龄无关，甚至越早这样放手越好，因为你对他们的信任会继续激励孩子自主意识的觉醒。而且最为神奇的是：孩子一旦感受到了你的信任，就会朝着你期待的方向去努力。你与孩子之间的桥梁就在这一次一次的交流与信任之中建立了起来。当孩子长大，进入青春期之后，你与他们建立的这座桥梁会使你们彼此获益良多，你会发现孩子愿意和你交心了，你的建议孩子也能听进去了，因为他们知道你信任他们，他们会努力成为你的骄傲。而这时孩子的自控力已经具备，为孩子的独自离家做好了下一步的准备。

让孩子学会自控、学会尊重，在现在如此纷杂的社会中意义非凡。一个人能够抵御外界的诱惑、懂得自律，已经是很大的成功了。

“爱玩”是人天性的一部分。我的儿子从来不喜欢“乐高”这种玩具，对男孩子普遍喜欢的遥控汽车、遥控飞机也没有太大的兴趣，但电脑游戏始终是他的最爱。从小到大，我先生给他买来各种游戏机，陪他一起玩，和儿子互相切磋游戏技能。儿子一直保留着玩游戏的爱好，但他自己曾经在比较紧张的考试期间，主动把他玩游戏的台式机搬到了储藏室中，让自己可以全力以赴地复习考试。我和先生从来不会逼迫他，因为我们相信他可以管理好自己，相信他知道自己要做什么，而且学习、考试本就是他自己的事情，是他的责任，他正在学习为自己的行为和决定负责。这种从小建立起来的彼此的信任与尊重，到了孩子十八九岁的年龄，我们就已经看到成果了。

现在社会上有电脑游戏，将来或许会有穿越游戏、半人半机器游戏等我们始料不及的新科技游戏面市，我们裹挟着孩子采取躲避和视而不见的策略，无法真正帮助孩子抵御新奇的外部世界的诱惑，而拥有强大的自控力，是孩子应对变幻莫测的未来必须具备的内在品格。

# 父母的全新思维

在陪伴孩子成长的过程中，书籍给了我许多帮助，当然还有其他方面，如教育学、心理学、哲学等方面的学习，都对我帮助很大。在养育孩子的过程中，最重要的就是我们做父母的要随时保持一个开放的心态，学会“主动学习”，并将我们学习的所得用在生活中，如此才能跟上孩子们以及这个时代的脚步。

女儿在英国学校的学习中，在10年级之前，也就是我们国内的高中之前，有两个很有意思的现象：第一个是数学考试时学生可以写一张A4纸一半那么大的“小抄”，你可以把你认为重点的信息写在上面，无论是公式还是例题，正、反两面都可以用上；第二个是学生可以带计算器去考试。

女儿说，这是老师教给他们写的，在最初的时候我很诧异。我小的时候如果带这样的小抄去考试，老师会说那是作弊行为，难道时代变了，考试的规则也变了？我问女儿：“你如果把它记在脑子中，以后用起来不是更方便吗？”女儿说：“老师告诉我们，考试的目的是学会如何使用这些知识，不需要背。而计算器的使用就更不用说了，凡是计算器可以解决的烦琐计算，我们就用计算器。而且将来的高考，就是 IB 考试，老师也会给我们每人一本小册子，把所有的公式提供给我们，因为只要是用电脑很容易找到的东西，我们几乎都不需要去背，会用就行了。”

在英国学校里，女儿学习的东西没有国内孩子们学得那么深、那么多，相比较而言作业也少许多，没有做不完的试卷和要写到深夜的作业，也几乎没有太多需要背诵的作业，英文单词也无须特别背诵，而是通过一种自然拼读法，使孩子可以学会拼读的规则，由发音拼写出单词来。作业多偏向于给他们一个标题，让他们自行发挥去完成。例如，他们的地理课，老师会把孩子们分成几个组群，写出几条河流的名字，每个组选择一条河流的名字，老师只是告诉他们要把这份作业做成一张海报的样子，需要在什么时间之前完成，剩下的工作就是几个小孩子自己商量海报呈现的方式、细节，然后分工合作。他们有的负责查阅资料，有的设计版面，有的负责书写或是打印文字，还有的是负责美工，涂上颜色等，一个小小的地理作业，充分调动了孩子们的想象力以及合作精神。这一张海报作业，在大约一周的时间里在几个孩子们手中传递，最后提交给老师。这种没有标准答案的作业，虽然仿佛对地理知识量的学习显得偏“低效”，但对孩子来说，他们了解的不仅仅是那条河的信息，还有如何立体地从地理学的角度认识一条河，如何把它用图像的形式表现出来，如何与他人合作、沟通，并在预期的时间内协调完成一份工作……他们锻炼的不仅仅是左脑的逻辑推理性思维，也在发挥右脑的空间想象与绘画和娱乐的功能。

我的一些疑问以及老师的教学理念，在我后来读到的一本书中得到了很好的诠释。这本书名叫《全新思维》，作者是丹尼尔·平克，他是著名的未来学家和趋势学家，21 世纪商业思潮的拓荒者，顾名思义，他是一位思考未来社会的先行者。

他在书中讲道：传统的教育制度是为左脑设计的，而如果只注重左脑的培养，忽视右脑的开发，会让你在未来丧失竞争力。首先，现代社会物资的充裕使人更趋向于购买设计而不仅仅是商品；其次，知识型外包服务的便捷，使企业更容易找到廉价的外包方，也就是你的专业技能很可能被廉价的劳动力所取代；最后，就是人工智能的崛起，使律师、医生、股票经纪人等现在的一些高端的、偏学术的职业将来都会被 AI 取代。这一切使我们意识到左脑思维模式的信息时代终将被右脑思维的概念时代所取代，也就是说，不要做一个在将来与电脑争夺生意的人。

作者给出了他的一些建议，也就是我们要刻意培养的六种能力：设计感、娱乐感、意义感；故事力、交响力、共情力。作者所提到的这六种能力，几乎都需要右脑来完成。因为只有那些感性的思维是电脑和 AI 无法复制的，如人的感情、幽默感、创造力、设计能力，等等，那才是未来真正的竞争力。

**教育带给孩子的应该是一种敢于打破常规、敢于挑战、推陈出新的能力，这样的能力能够帮助孩子拥有一种开拓性的思维习惯，使孩子们具备可以在各自天赋的领域深度挖掘的潜质与可能。**对孩子学校教学理念的理解，使我在孩子的培养和引导方面有了更加开阔的思路。例如，女儿很喜欢和我讲她晚上做了什么梦，而且她会把她的梦记录下来。她每次想给我讲她的梦时，我一定会放下手上的工作，非常耐心地听她讲解。我还会与她探讨梦中的某些情节和人物的寓意，用心理学、弗洛伊德的《梦的解析》理论和中国《周易解梦》的原理与她畅聊，过程中有严肃的分析，更多的是玩笑似的调侃。女儿与我讲梦也成为我们俩深入沟通的一条渠道，并由此，女儿也开始了解心理学是什么，哲学又是研究什么的等。对未来的认知与了解，会带给父母们更开阔的视野，也可以帮助父母接纳与拓宽孩子对其他领域的探索，使孩子不只局限于目前的数、理、化的学习范畴，他们可以抬头望向未知的苍穹，更多的惊喜在未来等待他们去发掘。

的确，想要追上孩子们的脚步，了解未来，赶上时代的潮流，甚至走在时代的前列，不是一件容易的事情。但从女儿考试“小抄”这件事上，我感受到“变化”的迅猛之势，时代车轮的轰鸣声已经在我们的耳边响起了。想想 20 年前的我们，那时手机犹如砖头一样大，当时有人说：20 年以后，打电话的双方可以互相看到彼此，我们会称之为科幻，很难令人相信，但现在……

书籍可以帮助父母提升自己的视野与高度，使我们的头脑尽量跟上时代的脚步，而且可以使我们找到更多可以和孩子们沟通的话题，增进我们与孩子之间的交流。这种对时代进步的了解，可以破除父母一直固守的成规，提高父母与孩子的沟通质量，增进彼此的理解与支持。同时，父母对未来的远见与不设限，可以帮助孩子更好地把握现在。

## 及时肯定和表扬孩子

“被肯定”不只是言语上的肯定，还是发自内心的接纳和认可，“被肯定”即是“被善待”。

每个孩子身上都有优点，只是需要父母细心地观察，并且善意地放大和赞赏，那一颗颗小小的羞涩的种子才会在孩子的心里得以扎根长大。

我们有时会犯一种错误，就是我们习惯于用成人的眼光去看待和评判孩子。对孩子的期许不符合孩子自身的成长阶段；或者我们总是着眼于孩子的缺点，在孩子成长的路上，那些小小的进步和成长很容易被我们忽视。因为得不到我们的肯定和赞许，孩子可能会很轻易地放弃一些可以发展成为其优点的种子，所以我们应该宽容、肯定地去欣赏孩子每个小小的努力与善意，在孩子遇到挫折的时候不是去责骂他们的失误，而是去鼓励他们大胆尝试，说句温暖的话，坚定地站在孩子的旁边，让孩子能够真切感受到我们的理解与支持。

在这里我有两个小故事与大家分享。

第一个就是学校的家长会给我的启示。

学校每年有两次家长会，分别在期中和期末考试之后，与我们国内的学校的家长会不同，他们是一对一开会，就是每一科的老师每次与一位家长单独开会，每次谈话时长 5 分钟，当然孩子也被欢迎参加。首先是家长在网上与每一科的老师预约时间，然后在约定的时间到一个大会议厅中，与各科老师进行单独交流。

每一次的家长会，我的孩子们都和我一起参加。老师会以孩子们的学习情况和考试的成绩作为基准，首先对孩子们这一个学期所付出的努力给予很大程度的肯定和鼓励。其次与孩子们自身之前的学习情况做对比，给孩子们提出一些中肯而且切实可行的学习方案。比如，需要多做课后练习、需要增加阅读、上课更积极地提问题和回答问题等。最后，老师会让孩子们提出自己的看法或是问题，并征求家长的意见。在这个家长会上没有告状、没有声讨、没有指责，更没有名次排列。而每一次老师给孩子们的建议，都是与孩子们自己之前的学习状况去比较的，不会与其他的孩子进行比较。这样的家长会，更像是表扬会，孩子们都有各自的收获，知道下一步自己应该怎么做，家长也知道要如何配合他们，最重要的是老师对他们学习上的肯定，很大程度上增加了孩子们的自信心。孩子们感受到自己的些许努力，老师看见了，并且得到了老师的认可，哪怕是一丝一毫的进步。

评判一个孩子能力的高低、勤奋与否以及道德水准的高下，不应该以一两次的考试成绩为标准或是局限在学校所教的几个科目上。学校的学习应该能够引导孩子尝试以不同的视角（数学、物理、化学、生物、地理等）去了解和认识这个世界，从而激发起他们各自去探索世界的兴趣，将来孩子们才会有以各自喜欢的方式与这个世界积极接触的可能。是主动还是被动，心态的不同，世界呈现在孩子眼前的模样就会不同。当孩子开始主动去发现世界的神秘与伟大后，敬畏与爱便由心而发，教育的意义继而体现。

在孩子的学习期，父母和老师积极的肯定，是引导孩子敢于去认识这个世界，接纳自我和肯定自我最重要的反馈，更为重要的是孩子对于“学习”所赋予他们探索人生意义的深度理解，继而学习才能够成为他们一生的朋友，而非阶段性的手段。此时的否定和粗暴的断言，以及为了成绩强加给他们的题海战术等，会折损孩子对学习的兴趣，导致孩子厌恶甚至痛恨学习，给孩子留下永久的心理创伤。

肯定本身就是对孩子的奖赏，是对“我不知道你将成为怎样的人”的尊重与认可，而非“我要将你塑造成怎样的人”的独断。

还有一个小故事，让我感受到了孩子细腻的情感流露。

我们到意大利后，就在家里颁布了一个规则，就是两兄妹分工，一人一三五，一人二四六洗碗。家里虽然有洗碗机，但我们只是偶尔用，因为我们想让孩子们参与家中的一些家务活，让他们懂得什么是责任。

两人每天按部就班，吃完晚饭后，就一个人刷碗，一个人收拾桌子，严格地遵守着一三五、二四六的规则，不曾偷懒。但有的时候，他们买了汉堡当作晚饭，那么这天该刷碗的人就开始得意，终于逃脱了一次。两人为此嬉笑打闹一番，第二天该是谁刷碗了还是要照旧。

有一天，吃饭的时候我发现女儿好像很累的样子，聊天后才知道，女儿当天有体育课，她们要为运动会做准备，女儿跑 4 人的接力赛，还有 800 米中长跑，所以在体育课上消耗了不少能量。我看着她疲惫的神态，再一看日历，今天是女儿刷碗的日子，于是等他们吃完饭，我就告诉她，今天妈妈来帮她刷碗，女儿说："妈妈，不用，我来吧。"我说："你今天跑步太累了，妈妈今天替你刷碗。"说着话，我就开始干活了，女儿却从我的身后抱住了我，把头靠在我的后背上，低声地说："谢谢妈妈。""不客气。"我轻松地回复她。之后女儿并没有马上离开厨房，而是一直在我旁边陪我聊天，帮着我把洗好的盘子擦去水分，等我把一切收拾妥当后，与我一同离开厨房。女儿用她陪伴我的方式对我给予她的帮助表示感谢，令我倍感温暖。

虽然规则是生硬的，界限也是分明的，但正是因为如此，父母对孩子细心体谅，孩子才能辨别出什么是出于父母的帮助。感恩是因为有感于恩情，才会心生感激，这是在规则与界限之下才会产生的效果。

生活中的一个很小的细节，比我们的千万句话还有说服力。这样的瞬间在生活之中随处可见，父母只要细心观察与体谅，孩子心中的善意就会被激活，我们如是对待他们，他们才能懂得去如是地体谅他人，这也就是身教的意义。

孩子的心田就像一块即将被开垦的土地，种下了肯定、鼓励、关爱和正义的种子，那么消极的、邪恶的、冷漠的种子就没有了可以成长的空间。父母就是在孩子们的心田中第一个播种的人，也是抵御孩子被不良种子侵蚀的保护者。

## 餐桌上的教育

如果生活只是为了填饱肚子，那么岂不是就会少了许多乐趣，也会少了许多的色彩？对生活品质的追求，是感受生活中“美”的过程，是对生活的尊重，是生活中最平常也是最高级的调味品。

生活细节对孩子的影响有一个日积月累的过程，不容易面面俱到，但有个好办法，可以成为我们培养孩子优良生活习惯的好帮手。

在我们家里的餐桌上，永远要铺上一块漂亮的桌布，这当然不仅是为了美观，还是为了通过这一张餐桌，培养孩子们优雅的生活习惯和对生活品质的感悟。

在孩子们还小的时候，我会请他们帮我一起换桌布。其实家里的餐桌表面是一种很厚的玻璃，很凉很硬。我先让孩子坐下来，把胳膊放在上面，感受玻璃材质的冰冷和坚硬，然后放一个盘子在上面，让他们听到盘子与玻璃的摩擦声，并让他们把自己的感觉描绘出来。之后我们一起给餐桌铺上一块厚一些的桌布，再在上面铺上一块颜色淡雅的棉麻质地的桌布。让孩子们重新坐下来，把胳膊放在上面再去感受，这时胳膊肘与桌面之间不会再有硬接触，缓冲了许多，盘子重新放在上面也没有了明显的摩擦声。这时我问孩子们这两种感觉的不同是什么，儿子说："铺上桌布后胳膊感觉更舒服，很温暖。"女儿说："桌布像是给桌子穿上了衣服，更漂亮了。"我们也会时常更换桌布的颜色，买些鲜花插在花瓶中，摆在餐桌上，增加视觉的色彩，赏心悦目。

当然，餐桌上是可以什么都不用铺的，而且省去了换洗桌布的烦琐程序，既简单又省事。但我刻意这样做的理由，首先是希望通过一块桌布，给予孩子不同的感官体验；其次，我期望孩子们吃饭的时候学会谨慎、有节制、慢慢来、懂得尊重彼此；再次，让孩子们懂得珍惜妈妈换洗、熨烫桌布的辛苦；最后，我也希望孩子们可以学会优雅的用餐习惯。

你不要小看这一张小小的餐桌，它对孩子的影响意义深远。

孩子在餐桌上学会了礼貌和分享。中国人用餐的习惯，是把做好的菜放在餐桌的中间，大家共同分享。我们生活在北京的时候，孩子们年龄还小，我们在家里吃饭用的是一张长方形餐桌，而且我们的阿姨同我们一起用餐。当大家都落座、父母开始动筷子的时候，孩子们才可以用餐。我会提醒孩子们，将自己面前的菜传递给其他人取用，哪怕遇到很爱吃的菜，他们也必须考虑他人，不争不抢，学会分享。

孩子在餐桌上学会了整洁。我们时常会看到在餐厅用餐的人将鱼骨、虾壳等扔在桌子上，一片狼藉，不顾及整洁和礼貌。在我们的餐桌上，这样的行为是不被允许的，我会给他们一个解决问题的方法，但任何饭菜残渣不可以随意堆放在桌布上。

孩子在餐桌上学会了珍惜。漂亮的桌布上如果被洒上了菜汤，就变得不好看了。当有这样的事情发生时，孩子就会马上向我道歉："对不起妈妈，我给弄脏了。"我会告诉他们："没有关系，难免的。"这个过程使孩子懂得了小心谨慎和尊重妈妈的劳动，而我的谅解，也让孩子体会到了宽容的美妙。

孩子在餐桌上学会了与人交谈的方式。讲话要讲究时机：别人的嘴里有食物的时候，不要提问，以免造成尴尬的场面；自己吃东西的时候也不能讲话，要懂得掌握好节奏。

孩子在餐桌上学会了观察他人的情绪。你如果一直是一个善谈者，哪怕在餐桌上也喜欢侃侃而谈，但某一天吃饭的时候你忽然不讲话了，看看孩子是否能够发现，看看他们是否会询问你、关怀你。

孩子在餐桌上学会了正面地与你交流。当孩子越来越大的时候，你能够与他们正面攀谈的机会越来越少了，而餐桌是一个极佳的互相交流的好地方。找些轻松的话题，例如和孩子聊聊我们的见闻、好看的电影、中国与意大利不同的风土人情等，营造一个轻松愉悦的用餐氛围。

作为父母的我们，也要学会在餐桌上，与孩子们进行愉悦的交流，不要在用餐时挑选不合时宜的话题，或者利用这个时间教训孩子，这会导致孩子进餐的情绪受到影响，造成消化不良。

一家人能够以一种愉悦而又恭敬的心情共同进餐，是一件很惬意的事情。那种温馨的场景会形成一种印象，留存在孩子的记忆中，成为孩子将来对家的回忆。小小的一张餐桌，在培养孩子的教养上起到的日积月累的作用，会在孩子长大后充分显现。

## 让孩子喜欢做家务活

参与家务活是孩子将来面对独立生活的提前尝试过程，既有对立体生活的了解，又是自身对将来要承担角色的演练过程，同时培养了孩子的利他精神和服务他人的意识，也是孩子在进入社会角色前，家庭需要提供给他们学习的重要的“课外课”。

孩子们小的时候，家里一直有一位阿姨在帮着我照顾他们、操持家务。而孩子们从小参与的家务活很少，直到我们移民到了意大利，孩子们要做的就是按照排班顺序刷碗，以及在周末将卫生间打理干净，其他的事情他们不太会做。

我希望他们可以热爱干净整洁的环境，举止得体，对生活有要求、有品位。于是我换了一种认知和方式，因为我想孩子们现在不爱做，并不等于他们不会做，而且生活品质的高低是一个前提和标准，但也是一个切入点。于是我从他们的房间开始，实行我的计划。

原来，孩子们每天上学后，我都会帮助他们把房间收拾整洁，有时候还会布置一些鲜花，或者买个盆栽，让他们帮忙浇水。孩子们渐渐地习惯了，每天下学回到家里，看到的永远是窗明几净的房间，还有爸爸妈妈准备的水果或是点心。他们吃一点下午茶，就开始写作业。在这样的环境中，他们一定是心情愉快、幸福满满的。慢慢地，我把帮助他们打扫房间的频率降低了，有时候他们下午回到家中，房间依然是他们早上走的时候的样子，这时我就会细心地观察他们的反应。

最初的几天并没有什么感觉，但几天之后，儿子有了变化，他突然开始收拾他自己的房间啦！

儿子对自己的房间进行了大扫除，他不仅擦了桌子上的灰尘，整理了床铺，也整理了他的书架，把一些长期放在那里不看的书都整理了出来，把一些放在抽屉里不用的电线和插头也都收拾妥当了，整个房间焕然一新。他随后把我请到他的房间参观，甚至打开抽屉让我过目，心中甚是为自己将房间收拾得如此井然有序而自豪。我借此把他的妹妹叫来和我一起“参观”，我和女儿在他的房间中转悠了一圈，挑三拣四、嘻嘻哈哈之后，开始对他大加赞誉，我对女儿说：“原来你哥哥收拾东西这么有条理啊！”女儿也说：“哥哥继续加油啊！”

儿子的房间之后一直都是干净利落的，有时我还会帮他擦擦灰尘，他都会很敏感地感觉到。后来我发现他在看《断舍离》这本书，我想他一定也从书中受益颇多。

女儿的房间，零碎的小东西很多，哪怕是一块不知从哪里捡来的石头，她都保存完好。但是她的房间也是井然有序的，如果我去问她借她的什么东西用，她马上就可以从她的各种储物箱中找出来给我。我发现女儿对她自己房间是以完全随性的方式进行整理的，尤其在她的小朋友来家之前，她更是可以把自己的房间收拾得一尘不染。

不用刻意地让孩子们必须按照我们的要求去定时、定点地做家务，他们只要有了一个标准，就会在自己想做的时候，令你感到意外。你要相信他们，给他们时间去领会。

我们作为父母，是理性的，做家务这项工作对我们来说是“必须”要做的，没的选择，因为那是作为父母的责任，家的整洁程度代表着我们每一对父母对自我生活标准的要求。而作为孩子，他们是感性的，他们在幼年的时候，还不懂得需要付出才可以得到食物的道理。所以父母给孩子一个干净整洁的家，就是给孩子一个标准，这个标准比孩子目前做不做家务更重要。

除了清洁、整理之外，孩子们或许会有他们自己热衷的其他家务活，我们也需要细心地发现和培养。

作为父母，在孩子还小的时候，我们要给孩子选择一些他们能够轻易应付得了的家务活，让孩子可以在完成后有成就感。这是在培养孩子在参与中找乐趣，例如让他们帮着择菜、摆饭桌、拿碗筷、将餐巾纸折叠出不同的花样，带着孩子一起去买菜，或者我们在包饺子的时候给他们一个小面团，让他们随意地玩等。

女儿小的时候就是我的小帮手，经常和我一起去买菜，帮我们摆桌子，而且她很小就学会了擀饺子皮，还有包饺子。在我看来，让她和哥哥适当地参与家务，并且明白家里也有烦琐的家务活儿需要料理，这在他们幼年的阶段就可以了。

女儿 9 岁以后开始和哥哥分工刷碗了。这个是强制性的工作，而且每天必须做，是为了培养他们的责任感以及对家的一份义务。但如果家中有客人，碗筷太多，我们就用洗碗机清洗，但也需要他们先将盘子和碗冲洗干净，再放入洗碗机中，并且他们需要将炉灶台擦洗干净。在这个阶段的家务活中，我们只要教会他们怎么做，有责任心就好。

女儿很喜欢做西式甜点，为了鼓励她坚持这个爱好，我会在她最初的操作当中，配合她“打下手”，我的帮助与配合也随着女儿的年龄增长而逐渐减少。

例如，从我们去采购做蛋糕所有的材料开始，我负责陪她去超市，她负责提前写好购物单，寻找所有的食材，这时候我只负责推着购物车跟着她转。我们也会在选购的过程中，互相商量同一款产品的不同品牌和价格之间的差别，而最终选择哪一款，由她来决定。这样的方式使她感到自己有选择权和决定权，能够锻炼她独立的判断力和决断力。

蛋糕的制作过程比较复杂，在最初的阶段，我会帮助她做一些烦琐的事情，如将鸡蛋清打至发泡的过程，需要长时间用手握着打蛋器，我会先开始，之后交给她，让她感受到蛋清打至发泡变硬的最后过程，既有趣又有成就感。在制作过程中，我会帮她收拾桌面上一些使用过的厨具，并且清理干净，使桌面总是整整齐齐，降低器具太多把东西打翻的风险。这样的配合与扶持，提高了她制作蛋糕的成功率，也就等于提升了她再次制作蛋糕的信心和乐趣。

随着年龄的增长，15 岁的她已经可以独立制作她想做的任何蛋糕，不仅成品制作精良，而且每次做好之后，她会将用过的工具物归原处、收拾干净。她哥哥是她作品的头号“粉丝”，每次都对妹妹做的蛋糕赞不绝口，令女儿心中欢喜。女儿也会将自己做的蛋糕或其他点心带到学校与自己的朋友分享，或者在朋友的生日时，做个蛋糕送给她们，此举令她开心不已。对于孩子来说，在他们擅长的领域做出一点点成绩，得到他人的认可，可以大大地增强他们对自己的信心，他们也会更自信、更积极，而家人的配合与欣赏，最大限度地给予了他们体验成功与被认可的喜悦感。而孩子这种内在自信心与成就感的培养，并非只能通过在学校的学习成绩来体现，在家中，我们一样可以通过完成这样具体的事情来体现。

我们时常会用空洞的赞誉，如你真棒、你最聪明等来夸奖孩子，其实孩子如果能用自己的双手亲自检验自我的能力，认识自己，由此而建立起来对内在自我创造力的认知与肯定，胜过一切夸奖。这种无须与他人比较而得到的自我认可，能够带给孩子深植于心的自我认同感。

而家务活也在我们的引导下，从最开始的一个有趣的参与过程，慢慢变成了孩子自发的家庭责任。不要以做家务的数量多少来衡量和要求孩子，更不要硬性地逼迫他们，或者训斥责骂，那样只能让孩子更反感。我们应该学会循序渐进，不要让“任务量”超过孩子能力承受的极限。不要因为抱怨孩子做家务是帮倒忙就拒绝孩子做家务，也不要因为怕孩子做饭会把厨房弄乱就不给他们机会。有的家长索性不让孩子参与家务，他们认为那是耽误时间，只要孩子学习好，其他的都不重要。生活如果只用学习的好坏来衡量，而无视其自带的色彩，岂不是过于单调和偏颇了。

适当地让孩子参与家务活，可以提升孩子对真实生活的感知度，让他们理解父母或他人为家所付出的辛苦，更懂得珍惜和感恩，进而提高他们的情商，提升他们独立生活的能力和责任心。

## 与孩子沟通的三个步骤

现在的家庭关系中，如何与孩子进行有效沟通，是很多父母心中的难题。

孩子在两岁左右开始人生中的“第一次逆反期”。这是从“他主”到“自主”的过渡期，孩子从与母亲“同生”的状态，逐渐开始过渡到自己做主的状态。他们开始意识到自我独立意识的存在，凡事开始喜欢说“不”。他们要自己为自己做选择和决定，这是孩子自尊与自律的萌芽期。而“第二次逆反期”就是青春期，孩子在这个时期的主观焦点就是要体验“我是谁”，于是他们爱美、自恋、追星、与父母唱反调，试图通过这样的努力抗争及外界的反馈获得内在对自我的认知。所以在此期间，他们会努力体现自我的能力，无论是学习能力、体育能力，还是其他可以令他们感到骄傲的能力，以及自我的形象、自己的理想等，来得到他人的赞誉、认可，从而获得自我角色的同一性。

做父母实在是一项具有挑战性的工作，因为孩子是在不断成长着的，“变化”是养育过程的主旋律，而“变化”带给父母的挑战是在抗衡中的再次蜕变。孩子时常质疑我们的墨守成规，挑战我们的倚老卖老，争执、吵闹不绝于耳，我们经常会被他们气得吹胡子瞪眼睛。作为父母，要有防御的“武器”，要找到平衡自己心态的方法。

任何事情都有正、反两方面，父母应具备这样的领悟力：就是当孩子开始与我们争辩的时候，明白孩子内在的思考力在提高；耐心地听孩子把话说完，因为“聆听”对孩子来说本身就具有疗愈性，而且也给了我们深度思考孩子话语背后隐喻的机会；孩子的言语是他们此时思想的反应，也是我们了解孩子动态的最好时机。如果你简单粗暴地回绝或者固守着“不许顶嘴”的观念，在当时或许你觉得你大家长的威严得到了维护，但你想一想：“不顶嘴”的孩子，他们的情绪去哪儿了？你在维护你的威严的同时，孩子失去的又会是什么？

在孩子的成长过程中，我也时常会被孩子的一些言语和行为激怒，如孩子有时会说：我是坚决不会穿这个的；这个太恶心了，我不会吃的；我知道自己想要什么，你不用管……每逢这样的时候，我会提醒自己：深呼吸，先不要开口；我需要“承担”孩子的情绪，站在孩子的角度看问题；我要说的话能不能用“肯定句”说出来，应该怎么说；等等。虽然有时候也会有偏差，但短暂的停顿和思考使我可以转向观察和考虑他们情绪背后的原因，减少了许多我会脱口而出的话，减少了制造矛盾的机会。时间久了，我已经不会轻易被他们激怒了，因为他们的激烈情绪，很多时候是因为我们彼此思考问题的角度不同而造成的，再加上青春期孩子情绪的不稳定，我也受到自己固持的自我认知的影响，所以我会聆听、疏导、帮助他们将情绪表达出来，而不是转向内在。负面的情绪如果长期地被压抑，会影响孩子的心理健康，得不偿失，而我的理解与承担则带来了孩子们态度的转变。

日子一天天地过去，孩子也从对我们的依附中慢慢地长大，不再需要我们的搀扶。他们的个子高过了我，思想越发独立，并且他们已经找到了面对未知事物时找寻自己答案的途径，不再追着我们问东问西了，他们已经具备了反驳我们和拥有自我独立观点的能力。

我经常会问儿子有什么好看的电影，有一次，他推荐了一部电影给我，电影名字叫作《贫民窟里的百万富翁》。

在意大利我们很少去电影院看电影，因为那些电影大部分是意大利语的，很少有英语场次的安排，所以我们就在家里通过网络看电影。

这部电影虽然是老片子，但我以前没有看过，所以我就和女儿相约周末下午一起看。这部片子讲述了来自印度孟买的贫民窟的兄弟两人，与一位在贫民窟认识的女孩之间发生的故事。因观念不同，弟弟与哥哥决裂；弟弟为了找到失散多年的女孩，为了让女孩可以看到他，就去电视台参加答题赢钱的游戏；最后弟弟几经波折，既赢得了金钱又得到了美人，可是哥哥最后为了成全他们两人被黑帮乱枪打死。

晚上我们在家吃晚饭的时候，很自然地就与儿子谈论起这部片子。我和女儿就片子中的一些情节大放厥词，讨论这个哥哥对弟弟的种种不公，弟弟对自己女友的一往情深，等等，聊得津津有味。但这时在一旁听我们讲话的儿子却发表了他的观点，他说："我和你们的看法不一样。片中的哥哥多次拒绝救助那个女孩，以及哥哥参加黑帮，刻意与弟弟保持距离等，其实是哥哥为了保护弟弟而做的。最后在弟弟需要的时候，哥哥成全了弟弟和女友，为了弟弟的将来，他牺牲自己的性命杀了黑帮老大，铲除了他弟弟未来最大的威胁。”

儿子的话令我很是震惊，因为他抛开了电影所展现出的那个哥哥的行为表象，深入思考了那个哥哥的内心情感，而且善意地去诠释。一个17岁的孩子，能够对事物有如此深而且如此慈悲的领悟，我从心里很是敬佩。

我们经常以我们从小到大养成的惯用的思维模式来评判一件事情、一个观点，或是一个人。我们小时候所受的教育是寻找“标准答案”，但这种所谓的“标准答案”禁锢了我们的思维，限制了我们的心胸，使我们变得更自我、更迂腐、更傲慢，甚至更肤浅。因为这个世界上的很多事情都不只有一个答案，而且也没有绝对的对与错。就这一部电影而言，100个人观看会有100种不同的观点，每个人因为自身的教育、背景、善恶认知的不同，会有不同的领悟，并给出不同的答案。

韩愈的《师说》中谈道“是故无贵无贱，无长无少，道之所存，师之所存也”，接着又提到“圣人无常师……是故弟子不必不如师，闻道有先后，术业有专攻，如是而已”。我们的古圣先贤坚持“以人为师”，不以年龄长幼、地位的高低和贵贱评判何人该为师，我们又怎能认定我们就一定比孩子懂得多呢？

如果我们希望将来孩子可以青出于蓝而胜于蓝，希望自己在孩子的青春期，这个价值观与人生观建立的关键期，可以成为他们真正的助力，那么我们一定要保障沟通渠道的畅通，我们借此可以更多地了解孩子的想法，提出我们的看法供他们参考；或者我们可以成为一个合格的观众，给孩子一个发挥和表现自己的舞台；又或者，拜孩子为师。父母如果想要依据孩子的自身条件，掌握好尺度，帮助孩子塑造自己优良的人格和独立的思维体系，那么，就要在孩子幼儿期的时候，学会与孩子建立起平等、良好的沟通“桥梁”，这需要一个正确的方法。

第一点，学会“闭嘴”。从孩子小的时候起，父母就要学会适时地闭上嘴，认真聆听孩子说话。无论孩子的问题和观点我们是否感兴趣，或者我们认为正确与否，都不要着急，先给孩子说话的权利，并且让他们将自己的观点表达完整。我们要态度谦和，放下手上的手机或者正在做的事情，与他们的眼睛接触，认真“聆听”。

第二点，“深入探讨”。认真思考孩子的观点的由来，这需要我们在与他们的沟通中去探询清楚，或者孩子已经在他们的阐述中向我们表明了，我们如果认真地听，应该能够发现。这一点是我们能够与孩子进行深入沟通的关键点，不要敷衍，孩子能够感受到我们是否在认真听他们说话，是否领会了他们的意思。我们只有在认真地听他们讲话的过程中，才可以依据他们的年龄和身边的故事，找到合适的而且简单的例子，来阐述明白我们对他们的观点的看法，或者提出帮助他们解决问题的不同办法，引导他们与我们深入探讨，这是帮助孩子拓展思路的关键。我们视野的宽广度、看待问题的客观性和公正性，也决定了孩子是否愿意再一次与我们交流，以及我们是否值得他们信任。这一点体现了父母职责能力的高低。

第三点，“释放需求”。这是引导孩子思考和发表意见的方式，需要我们平等而且客观地与孩子分享我们的生活，将我们某些成人世界的事情讲给他们听、寻求他们的帮助、征求他们的意见、听他们的反馈。哪怕对方只是一个十几岁的孩子，我们这样的信任与交流对孩子自信心的树立帮助很大。彼此的需要，会更加增进我们与孩子的亲密关系，让孩子感受到“被需要”，让孩子开始关注我们的世界。切记不要人身攻击，很多育儿宝典中都提醒家长要学会蹲下身来与孩子说话，其实真正“蹲下身来”的，不只是我们的身体，还有我们“公平”的心态。放下我们的大家长之见，放下我们的自以为是，放下我们的傲慢与自负，有些父母是卑躬屈膝式的育儿，那都不是“公平”的心态，找到那个平衡点，平等而又耐心地与孩子真诚交流吧。

在孩子幼年时，我们可以刻意去营造一个公平、包容的平台，给孩子机会可以在我们面前自由、平等地发表自己的想法。那么在孩子经历青春期的时候，我们会成为他们值得信赖、可以交流和倾诉的伙伴，而不会成为被拒之门外的“陌生人”。

有很多家长认为“养育”孩子是一件艰辛困苦的工作，经常感到力不从心、焦头烂额，有时还要与他们斗智斗勇等。是啊，“养育”孩子是一件长期的、烦琐的而且责任重大的事情，无论是在物质上、时间上还是精神上，没有哪一个父母是容易的。但是剥离开那些照顾孩子的生活琐事和吃喝拉撒不提，如果我们可以与孩子进行有效的交流，并借此建立起一座稳固的沟通“桥梁”，互相可以畅通地交流，彼此可以互相商量、互相接纳和共同进步，那么我们的“抚养与教育”的职责才能算真正地搭建好了框架。**而如果这座“桥梁”只是由父母发号施令，孩子去执行，它就不能被称为“桥梁”，只能算一条“单行线”，那么这样的“养育”就是失败的。在这座“桥梁”真正双向行驶畅通的时候，我们才有机会给予孩子有效的**

帮助和扶持，继而感受到孩子思想的进步以及个性的成熟。

真正能够与孩子进行互动的精神交流，并且可以从孩子的言语中有所收获和启迪，那是一种等待许久后累累硕果展现在面前的感动，那种欣慰与成就感美妙无比。而这一切令我们更深切地感悟到：在陪伴孩子成长的过程中，孩子与我们之间是彼此成全的。你的善良、慈悲、平和、宽容、诚实、助人等品德，都会成为孩子最珍贵的营养和榜样，融入孩子的灵魂之中；而孩子的顽皮、叛逆、成长的过程，也升华了我们耐心、谦卑、包容的特质与感恩之情。当我们开始领略到孩子思想的成熟并从中受益的时候，我们就已经开始享受孩子带给我们的“福利”了。

## 考入伦敦大学玛丽皇后学院

从孩子们上幼儿园、小学、中学直到高中，我一直关注他们的学习以及在学校的情况，并与老师保持通畅的沟通，并且在需要的时候给予帮助。但我坚持认为：学习是孩子们自己的事情。

孩子们只要知道学习是他们的首要任务，他们自己要为此负责就好。我不会每天检查他们的作业，也不会对考试成绩的好坏过度关注。我希望我对他们在学习方面的帮助，比如最初的关注、询问和鼓励能够逐渐减少，转而让他们完全实现自我管理。

这是一个帮助孩子实现学习自主化的过程，也是父母培养孩子学会承担责任的过程。在这个过程中，父母要懂得如何不去影响孩子的自我判断；要学会如何去关注他们的学习并逐渐减少询问的次数；要发现并鼓励他们独自完成的任务，肯定他们取得的些许成绩；要赞许他们自我设定的目标与梦想，哪怕有时不切实际；要肯定孩子点滴的自律行为，让他们感到父母对他们的关注不只是学习……通过经年累月的培养与锻炼，父母逐渐地放手，孩子独立的人格与特质，在上大学之前就可以形成。

每一位父母都希望自己的孩子学业有成，为了实现这样的美好愿景，很多父母不惜剥夺孩子独立完成它的机会。父母将自己也裹挟在孩子的学习中，让自己成为孩子的“拐棍儿”，过度安排、过度督促或是过度施压，只为了孩子能够取得好成绩。**但学业有成应该是孩子通过自我学习以及个性的完善，从而逐渐进入生命更高阶段的一个过程，他们不仅要学习知识，更要通过这个学习的过程，培养自己的独立性、责任感、坚韧的品格、自律性、抗挫力等，使自我的个性和品德得到历练与提升，如此才能应对更高阶段的挑战，学业有成绝非只是成绩单方面优秀。**

每个孩子的个性与天赋都不尽相同，在学习的过程中会遇到各种问题，但无论是顺畅还是磕绊，孩子都要通过思考去自己解决问题，以达到成长的目的。孩子未来目标的确立，来源于其内心的自我期盼，那个小小的心愿，历经长久的浇灌和等待，终究要破土而出，慢慢地成长，将来会圆满地开花、结果。

儿子在意大利上的高中，四年的课程，前两年学习的是英国国际高中（IGCSE）的课程，后两年学习的是 IB 国际预科证书课程。

IB 国际预科证书课程被分配在六个基础学科领域里，它要求学生既要学习科学学科（如物理、化学、生物等），又要学习人文科目（包括历史、地理、经济学、哲学、心理学等）；另外，数学和英语是必修科目，其他的科目还有第三语言，就是除了你的母语和英文之外的另一门语言，还有艺术与选修课（包括美术设计、音乐、戏剧艺术等）。学生要在这六个学科中各选择一门进行学习，而且其中三门课程必须是高级标准( Higher level）课程，另外三门是普通标准（Standard level）课程。

另外，儿子还需要在两年内完成 150 个小时的社会实践（Creativity、Activity、Service，简称 CAS）活动，其中包括艺术类、运动类以及服务他人的社会活动。

还有一项，是知识理论课程（Theory of knowledge，简称 TOK）。这门课程更偏向于哲学理论，学生需要学会从不同的角度，多方位、多层次地思考和分析问题，其目的是让学生学会反思，找到适合自己的学习方法。这门课程最后要求学生完成 1600 字的论文，用至少两个学科的知识，从正、反两个方面论证一个论题。

在这两年中，学生所选择的每一门课程都要完成 1500 ~ 2000 字的小论文。还有一篇 4000 字的大论文，题目自选，要求学生对自己的选题做更深入的研究和思考。

IB 国际预科证书课程的难度偏高，因为其富有挑战性，但是其为学生进入大学学习并取得学士学位打下了基础，学生取得 IB 国际预科证书课程的毕业证书，就等于取得了直接进入英国大学或其他国家大学的资格，当然各大学也有自己的录取分数线。IB 国际预科证书课程的总成绩是 45 分，25 分以下为不及格，即不能获得毕业证书，而英国牛津大学的录取分数在 42 分以上。

在儿子上 IB 国际预科证书课程之前，学校给家长安排了讲解课程，我和儿子一起参加，之后我便对这门课程有了一些初步的了解。随后我和儿子对他要选择的科目进行了探讨，最终由儿子自己做出选择。

儿子在学校中有一个好朋友，这个小伙子叫 Alex，是西班牙人。小伙子个子不高，有点儿偏瘦，每次下学去接孩子们的时候，我都会看到他和儿子说说笑笑地一起从学校里走出来。Alex看起来很腼腆，而且很有礼貌。这个小伙子是个学霸，学习成绩很好，和儿子在一个班上。虽说是一个班的，但因为选择的学科不同，他们很多时候并不在一个教室上课。但两个人每天中午会一起去吃午餐，下学一起走，到了家也会一起连线玩游戏，后来他们又一起去健身房健身。

有一天，儿子告诉我说："Alex将来想当飞行员。"听到这个消息我有点吃惊，这个看起来有点羸弱的孩子，心里却揣着这样的理想，我很是佩服！

IB国际预科证书课程历时两年，在第一年的课程快要结束的时候，儿子很认真地约我谈话。他说经过慎重的考虑，他决定重读12年级。原因是他将来想在大学读经济学专业，而国际上优秀大学的经济系，录取条件之一就是数学必须选择高级标准课程，而他的数学课程原来选择的是普通标准。如果要调整IB国际预科证书课程的设置，就必须重读12年级，否则将来会限制他对大学的选择。他说他已经找他的IB国际预科证书课程主任谈过了，主任想与我当面商谈此事，所以儿子来询问我的意见。

重读12年级，就是我们所说的复读，听起来好像不太好听；再有一点，他的朋友和同学们都会高他一个年级，而且会早他一年毕业，不知他心里是否可以接受。我和他开诚布公地谈论我的这些顾虑，他告诉我说，这些问题他已经考虑过了，最开始的时候，他也有这方面的顾虑，但是与未来的期望比较起来，这些他愿意承受。而且在他和IB国际预科证书课程主任谈过之后，他更坚定了自己的想法，因为主任也是他的经济学老师，老师对他将来学习经济的打算寄予厚望，只是需要我再帮他多负担一年的学费，不知道我是否同意。

我一直非常信任儿子。在成长的过程中，他拥有一个界限分明而又自由自在的成长空间，从小他就学着为自己做选择，长大后也清晰地知道自己真正想要的是什么。我没有去责怪他为什么最初选择课程的时候不慎重，相反，我为他明确地找到了自己的目标而倍感欣慰。虽然儿子在向着自己的目标前进的路上犯了错，但是这个错误会成为他将来的经验。

儿子帮我约好了主任，陪我一起参加会议，见面总共 10 分钟。主任是一位非常绅士的英国人，思维敏捷，说话速度偏快。他简单地向我解释了为什么改变课程的选择必须重读 12 年级，而且介绍了数学高级课程的难度，需要孩子投入更多的时间来学习。最后他转向儿子，告诉他说："你既然想学经济，就要用经济学的方式去思考，你要想办法尽量让你妈妈的投资有更好的回报。"

于是儿子又与我们多了一年共处的时间。

2019 年的暑假，儿子的好友 Alex 高中毕业了，和我们一起去北京旅游了一趟。儿子陪他一起去了长城、故宫等名胜古迹，带他吃了北京烤鸭，逛了三里屯的酒吧，两个小伙子享受了一把 18 岁少年的权利。现在，Alex 已经在西班牙的一所飞行员培训学院开始了他的大学生活。

2019 年 12 月，突如其来的一场疫情在全球肆虐，意大利也开始封城，学校全部关闭，之后改为网络授课，儿子的 IB 国际预科证书课程考试也随即被取消了。

生活永远不会是一条直线，因为那样我们会走得太快，而错失了风景。有时，一个迂回、几道转弯后的景色才最为美妙。孩子终归要在这无法预期的生活中学着去领会这般风景，学着去接受生活的馈赠。

最终，儿子被他的第二志愿学校伦敦大学玛丽皇后学院录取，这所学校是英国罗素大学集团的成员，该大学的经济专业在世界上也是名列前茅的。

那天，当儿子知道自己仅以一分之差与第一志愿学校失之交臂的时候，失落明显地写在了脸上。

晚上，我和先生做了一桌丰盛的晚餐，一家人围坐在桌旁，如往日一样共进晚餐。

儿子难以掩饰心中的遗憾，开始抱怨目前的疫情，抱怨IB机构综合评定的分数偏低，所以影响了他的成绩等。我和先生安静地听他讲完心中的郁闷，我向他提出了一个问题："如果你计划去旅行，想要登上一座山的山顶，那么你认为这趟旅行是从什么时候开始的？是在你登上山顶的那一刻，还是在你走出家门的那一刻？"儿子困惑地看着我，沉默片刻，他说："应该是在走出家门那一刻呀。""是的，儿子，登上山顶是你此次旅行的一个小目标，或者你也可以把它看作你人生的终极目标，在走向它的路途中，每一步其实都是你的旅行。其实欣赏路上的风景、感受当地的风土人情等，每一步都无法预期，每一步也都是惊喜。所以你想一想，如果只有登上了山顶才能感受到旅行的喜悦，你会失去什么？"儿子想了想："登顶肯定很开心，但如果只有登顶了才开心，那就等于忽视了旅途中的风景……""是啊，人生不是目的，而是体验的过程。"

现在儿子已经是大二的学生了，时至今日，他偶尔还会在与我的通话中提起当年的遗憾，但他告诉我："妈妈，我已经研究过了，伦敦帝国理工学院有我想读的研究生课程。”

曾经的挫折和遗憾会留存在孩子的记忆中，只是他们在当时感到沮丧的那一刻还无法意识到，这样的挫折可以转化为他们未来前进的动力，帮助他们实现更高远的目标。而父母需要在恰当的时候，点醒他们，不必沉浸在暂时的成功与失败中，要学会高瞻远瞩，要学会享受当下。

我在之后深刻地反思：儿子这次没有考入他最理想的大学，或者如果根本就没有考上大学，我内心的感受会如何？

首先，我对他的爱一分也不会少。因为我对他的爱与他能否实现一个理想完全不相干，我爱的是他而非他的理想。对于孩子所认为的挫折事件，父母的应对态度会对孩子产生深远的影响。父母需要具备将孩子与事件分开来看待的能力，“不以成败论英雄”。其次，一切都是最好的安排。父母要学会无条件地接纳，并引导孩子接纳生活中无论是喜还是悲的馈赠，这项技能比实现一个短期目标更具有深远的意义。

虽然在他考试、等待结果的过程中，我也会为他感到紧张和焦虑，我也希望他可以如愿以偿，但任何事情的结果都不是我们可以掌控的。作为父母，我们永远是孩子身旁的守护者，而不是控制者或者施压者，父母的理解与信任对遇到困难的孩子来说是克服磨难的勇气来源。

无论孩子考上了怎样的大学，还是没有考上大学，孩子最需要的是父母坚定地站在他们身边。不让世俗刻板的标准成为束缚孩子梦想的荆条，让孩子学会无条件地接纳生活的各种境遇，鼓励他们勇敢地去面对，这本身就是一堂极佳的人生课程。

但愿一切磨难与坎坷都可以成为孩子们生命进程中的动力，而不会成为评判和击毁他们的因素。

Chapter 3

# 父母要学会接纳自己的不完美

我曾经一直在追求完美，无论是儿时的学业、做事的风格、做人的准则，还是教养孩子的方式，等等，一直孜孜不倦地力求尽善尽美。我曾醉心于自己力求完美过程中的点滴成就，享受着自己塑造的所谓完美。但沉醉于享受完美的心态既短暂又危险，因为那样的心态，会导致你痛恨和逃避不完美。当那些刻骨铭心的失望、伤害、离别和痛苦时刻到来时，焦虑、慌张和恐惧一起袭来，于是被动、难熬、挣扎时常出现在生活中，成为挥之不去的生命主旋律。

“我更希望自己的事情失败，因为不完满才能让我发大惭愧，晓得要努力改过。”弘一法师的这句话时常激励我，“不完美”是自我觉醒的动力，欣赏和接纳“不完美”，既是享受当下，亦是对生命真正的了悟与感恩。

## 上一代父母对我们的影响

我的母亲姓李，今年已经80多岁了，虽是高龄，但身体健康，腿脚利落，这仰赖于她十几年坚持打乒乓球，每天3个小时，风雨无阻。2019年的春节，母亲第一次来米兰小住，我们一起去罗马、佛罗伦萨等地游玩，母亲步行不需要我们搀扶，而且永远走在我们前面。

母亲年轻时不仅聪明漂亮，人也极其能干，她在北京东四产院（现北京市东城区妇幼保健院）妇产科工作，之后单位调她去宽街中医院化验室学习，因工作认真，表现出色，被中医院留用。后来中医院需要建立解剖室，由于母亲工作极其负责，她虽然不是化验室中学历最高的，却被选中送去协和医院学习解剖，回来后帮助中医院建立了最初的解剖室。

母亲养育了我们四个孩子，因为家庭和孩子，母亲放弃了自己的工作，全心做起了家庭主妇。每天洗衣做饭、裁剪缝纫、养鸡种菜。母亲心灵手巧，利落有度，做的东西都很精致，哪怕是粗布衣服，她也缝制得一丝不苟。

那时只靠父亲一人的工资养活全家，母亲却可以把生活过得有滋有味，家中干净整洁，温馨幸福。儿时每年的新年，母亲不仅会准备好能够吃半个月的馒头、花卷，还要用筷子给每个馒头上点上预示着幸福美满的小红点。另外准备许多新年美食，每一样都是一丝不苟，如肉皮冻、炸丸子、炸带鱼、炖鸡肉、炸花生米，等等，母亲还会为我们每个人准备好新衣、新鞋。大年初一的早上，每个人的床头都整整齐齐地放着母亲一针一线缝制好的一套新衣服，年年如此。小时候，母亲每天都在操劳，好像有干不完的活，不是在缝制棉衣棉裤，就是在纳鞋底，要不就是在织毛衣。孩子们的衣服虽然是大的传给小的，但都修补得利利落落，而我们四个孩子永远都被母亲打理得干干净净、整整齐齐。

父亲与母亲几乎从不吵架，什么事情都有商有量。母亲心疼父亲在外工作辛苦，挣钱养家不容易；父亲信服母亲的能干与勤劳，把家和孩子都照顾得井井有条，两人相敬如宾、互相体谅。虽然母亲没有收入，但如果父亲知道母亲喜欢什么特别的东西，就会极力“怂恿”母亲去买，父亲在这方面从不吝啬，只为母亲开心。在 20 世纪 70 年代，有一次在北京西四的一家名叫“造寸”的老字号服装店，他们碰巧看到刚刚到货的女士深蓝色呢子外衣，母亲穿上非常好看，而且在那种物资匮乏的年代，这样的衣服也是抢手货。父亲看出母亲很喜欢，就坚决让母亲拿好那件衣服在店里等着，他跑回家取钱回来，买给了妈妈。这样甜蜜的瞬间令母亲感动了一辈子，这个故事母亲给我讲了不知道多少遍。父亲年迈后曾不止一次动容地对母亲说：“我下辈子还要娶你！”我在旁边听到被感动得流泪。

2013 年，父亲病重住院，很快就陷入昏迷之中。我们几个孩子每天轮流在医院陪护，母亲那时虽已是 81 岁高龄，却每天风雨无阻地坐公交车赶到医院陪伴老父亲，虽然父亲已无法做出任何回应，但母亲却坚持和他说话，呼唤他的名字，坐在床旁看着他，期待着父亲能够苏醒过来。父亲住院半年后去世，那年他与母亲结婚已有57个年头。

在母亲居住的小区里，有一群年龄不一的乒乓球友，他们都是父母的忘年交。父亲在世时，母亲每天推着坐在轮椅中的父亲下楼溜达，与人攀谈，晒晒太阳，父亲看着母亲打乒乓球。父亲去世后，母亲谢绝与孩子一起居住的邀请，决定自己一人继续居住在原来的公寓中。于是我们将那个公寓重新整修一新，鼓励母亲继续打球。母亲在她的整个乒乓球圈中年龄最大，被尊称为李队长，这些队友对母亲的关照远远胜过我这个女儿。有时候这个人包了包子给母亲带几个；那个人买了菜，又给母亲分几棵；如果母亲今天没有去打球，他们就会打电话询问……大家都格外关照母亲，这不仅仅因为母亲年长而且独自生活，还有一个很重要的原因就是，母亲是一个热心助人和真诚善良的老太太，深受大家爱戴。

时空流转，那个曾经年轻美丽的母亲，已是风烛残年，满头银发，随着时代不断的变迁，身边的兄弟姐妹也渐渐离她而去，她终究孤身一人。但她却依然积极乐观地面对生活，从不叹息、不抱怨，虽然对亲人的思念依然会令她暗自神伤，但生命的磨难与无常，仿佛已无法奈何她了。她活出了自己的坚定与淡定，那份坚定的独立性和强大的内心，使她自带光环，成为孩子们的楷模，也感染着她身边的每个人。

从我儿时到现在，父亲一直是我心中的那座山，令我感到既安全又踏实；母亲则一直是我的榜样，是我心中真正的英雄。她的聪慧精致、是非分明、热心助人、积极乐观，以及不会向苦难低头的那份坚定，深深影响着我。在母亲的身上，我看到的是一个女人在生活面前如何进退有度、内敛锋芒，如水一般游刃有余地面对生活的种种困苦和磨难，活得既独立又顽强，不认输、不妥协，亦不会因为生活的悲哀而丧失自己的善良。

在家庭中，母亲是一个家庭的灵魂，是决定将孩子真正带往何处去的舵手，是孩子内心中永远的“温暖家园”。

## 成长背景对自我的影响

我出生在20世纪60年代末期，家中有一个哥哥和两个姐姐，我是家中最小的一个。在那个年代的中国，除了贫穷以外，就是穿着、思想和教育的高度一致性，我们家里也不例外。

母亲对我们每个孩子都要求非常严格，再加上父亲是一名军人，家里的管理就更像军营一般，整齐划一。我虽然是最小的一个，但也不会有特权。记得我在个子还没有水池高的时候，就要踩着一个小板凳刷碗了。家中的活儿，无论是洗衣服、择菜、扫地，还是收拾房间，我们样样都要学会做。北方人最爱吃的手擀面，我很小就学会了，而且擀得有模有样。那时候，母亲会把一家人要吃的面和好后，切成小块，让我们四兄妹一人擀一块面，所以我们四兄妹从小就在母亲的训练下学会了做饭、做家务，我的两位姐姐更是高手，我的哥哥在13岁就可以蒸出很漂亮的花卷和馒头了。

在那个时代，母亲对我们的教育很严苛。无论是生活技能训练还是品德教育，都极其严格。母亲经常教育我们的话就是：雁过留声，人过留名；做人要忠厚老实，做事要有板有眼；要懂事、孝顺，听父母和老师的话；不许惹是生非……如果我们做错了什么，就会受到妈妈严厉的批评，我是在妈妈的严格管教下长大的乖孩子，循规蹈矩，懂事又听话。

到了 20 世纪 80 年代，中国开始改革开放，喇叭裤、披肩发、迪斯科风靡全国。中国很多老百姓家里开始有了电视机，我们看到了李宁在第六届世界杯体操比赛中获得六项冠军，包括央视对世界杯足球赛的转播，球迷们不顾时差地疯狂追捧。我还记得第一次去中关村礼堂听崔健的演唱会的情景，不太大的礼堂塞满了人，几乎所有的观众都被他的激情摇滚所感染，站在那里跟随着他的《一无所有》一起欢呼呐喊……

不同的时间和空间、文化背景、舆论导向等对人的生活方式会产生巨大的影响。我们沉溺于某种生活模式中，不自知也不能自拔，仿佛生活本来就应该如此这样。但忽然有一天，或许是被一个人、一件事，或是自我的某种觉醒所触动，我们内在的自我开始思考，希望变被动为主动，选择一种自己喜欢的生活方式，走一条不同的路。

那个年代的家庭和学校教育的烙印，已经成为个性的一部分融入了我的血液中，体现在我的思想、行动、为人处世之中，陪伴我的年轻时代，但我并未察觉有何不妥之处。直至结婚之后，在我与我的先生相处时，我才意识到家庭生活不简单。如何处理好与丈夫的关系，如何经营好一个家，如何养育好孩子，如何解决精神的焦虑和困扰，等等，我发现在我之前受到的教育中找不到“答案”，遇到问题的时候除了被动受挫，就是与丈夫硬碰硬地争吵，没有任何技巧和解决问题的方法，也不知如何化解心中的不良情绪。

我所受到的教育将我的思想塑造成了“方块”，非黑即白、拘谨胆小、不敢彰显个性。我开始反思，开始找寻答案，在那个时候，我的人生课程才真正开始。我开始跟随自己的内心需求去大量地阅读哲学、心理学、儿童教育、夫妻关系方面的书籍，并且开始研习中国古代经典以及宗教经典，我发现人文学科对我具有极大吸引力，更重要的是对我的现实生活帮助巨大。

但是“纸上得来终觉浅，绝知此事要躬行”。

为了解决我内心的困扰，我不仅从书本中学习，也向身边的朋友学习，并将我所学到的应用在我的生活中。我将学到的东西与我先生一起分享和探讨，及时沟通与交流，也更增进了我们彼此的理解。我在后来与孩子的相处中，也刻意将人文学科的点滴知识传递给孩子们，因为如果数、理、化是孩子们在学校学习的主要课程和知识，那么对孩子人生智慧的启蒙，就需要通过家庭和父母的教育修习了。

瑞士的哲学家、政治理论家及教育家卢梭在《爱弥儿》一书中曾说道：**“孩子在造物主的手中是完美的，到了我们手中就退化了。”**这位哲人早在1762年就著书传世，希望以哲学的视角揭示如何在不可避免趋于堕落的社会中保护孩子天性中的善良，培养合格的“社会人”以及让他们成为未来的“理想公民”，书中给后人的警醒和借鉴至今依然不过时。

对于我的孩子们，我并没有沿袭母亲对我们的传统教育方法，因为母亲的教育虽然符合那个年代的时代背景和母亲的身份，但从我自身的成长体验来看，母亲的教育优点虽多，但过于严苛。母亲将我教育成了方方正正的“方块人”，守规矩、做事力求完美、做对社会价值有用的人，等等。

这种教育有一个预设前提是：每个孩子都是不完美的，需要严格的管教和塑性，才能成为符合社会需要的人。但这些看似非常正面、非常积极和理性的性格特征，也带来了许多负面的影响。这样长期的塑形，虽然使我具备了生存的基本能力和做人的准则，但却缺少了灵性的成长。做事像一个军人一样，只能前进不能后退；性格方面缺少了感性的成分，让人感觉太生硬，不会转弯。

人文学科的学习，给我很大的启发，我相信每个孩子都拥有完美的自性，他们独特而又天赋异禀。这样的认知颠覆了我自身的成长和受教育的经历，但我坚定不移。

**相信孩子“本自具足”，我们需要做的就是保护孩子可以顺应其自身的灵性去成长，免于外界的过度干扰，我们需要像一个园丁一样保护他们天性的种子生根发芽，适当地施肥、浇水让他们可以自由生长。**

“爱”是我们每个生命体所必需的能量。在陪伴孩子们长大的这 20 年中，我最大的收获就是对“爱”的感悟。在学着去理解爱、学着去爱他人的过程中，我改变了过去的刻板、生硬、非黑即白的个性，学着去欣赏与包容不同的个性，谦卑地向他人学习，明了世界如此多彩，因为每个生命体都有各自的光环，而不是整齐划一和千篇一律的机器零件。**对每个生命个体独特性的欣赏与尊重，是开启爱之门的钥匙，亦是我们真正能够与孩子心灵碰撞的关键。**

“爱到底是什么？”

我们习惯性地而且想当然地认为我们全身心爱着我们的孩子，我们盲目地以为无论我们怎么做都是出于爱，诸如：逼着他们学习满身技能、为他们选择专业、为他们择偶成家、为他们买房置地，等等，我们呕心沥血为他们所做的一切，他们终有一天会明白，我们的爱比海深。我们掏心掏肺，给予他们我们所能给予的一切，我们为了他们可以无视自我、牺牲自我，我们将一生的希望寄托在他们身上，想要将他们高高托起。

老师热爱自己的学生，希望他们青出于蓝而胜于蓝；父母爱自己的孩子，希望他们成龙成凤。我们在拥有这些美好愿望的同时，首先要考虑的是每个孩子的特异性，如何让孩子可以适性发展，遵循孩子的本性天赋，不扭曲，让其自然生长，那才是孩子们需要的爱。

我们所处的每个时代，都有不同的“潮流价值观”，我们身处其中，被其裹挟，我们会不自主地将这样的价值观内化，将其视为人生的巅峰和我们的梦想，进而转化成为我们的价值观。于是，我们开始用这个人人都在仰望的标准来要求我们的孩子，希望他们成为那样的龙，成为那样的凤。于是，孩子是谁，孩子自己心中的梦想是什么，已经变得不重要，能够达到那个众人仰慕的标准，朝着那个标准去努力才最重要。我们的“爱”变了味道，我们的“爱”里加入了外在世界的标尺，那是一个魔性的、刻板的标准，将一个个自由、灵性的灵魂，用一个个“漂亮的”模具框了起来，蛇要成为龙，鸟要成为凤。无视孩子们的抱怨和反抗，父母们在用自己的双手，以爱之名，扼杀他们发现自我、实现自我的道路，这样的“爱”已经背离了爱的本意。

父母养育我们长大，付出了他们的青春和心血，甚至用他们的一生来呵护我们，他们对我们的爱，是人性本然的爱，就如我们对自己孩子的爱是一样的。但这样的爱，也因为每个父母对爱的理解不同，在孩子的成长过程中出现不同的表现。有的父母把孩子养成了“白眼狼”，养成了“空心”人，养成了没有了梦想的“苟活者”，养成了一个个“复读机”。“雄鹰”如若被折断了翅膀，生命的意义何在?

“宠溺”不是爱，因为孩子长大后，“宠溺”会使孩子在面对生活的磨难时懦弱无力；给孩子花不完的钱也不是真爱，“生命”需要自己把根扎入泥土之中，无论将来结出怎样的果实，独自去体验这份艰辛而神奇的过程是领悟生命真谛的唯一方法；还有那些秉持“棍棒之下出孝子”的家长，暴力地对待孩子，强制地灌输给孩子“我打你，是因为我爱你”的谬论，给孩子的心里留下了深深的创伤；而习惯为孩子安排好一切，让孩子按照你的意愿生活的家长，剥夺了孩子体验自我探寻的道路，让他们丧失了此生去体验与感受挫折的机会，也错过了生活中的很多美景，因为披荆斩棘的过程才是生活之美。

**真正的爱平淡无奇，适性而生。以尊重和保护每个孩子的天性需要为出发点，以“接纳”为经，以“陪伴”做纬，编织出的就是爱——无条件的爱。**

## 生活中永远没有标准答案

未来的某天，你将会身在何处、与谁在一起，我们无法预知……

我的孩子们都在北京出生，属于 00 后。20 年前的北京，物质生活已经非常丰富，经济也在突飞猛进地增长。我们这些当年的“年轻人”随着改革开放的浪潮，在商海中创业、沉浮，我和先生每天忙于工作、消遣应酬，家里请了一位阿姨帮助我们照顾孩子。

我们的工作相对平衡，生活也很安稳，孩子们也分别进入小学和幼儿园，每天的生活循环往复。而真正使我们开始有了移民想法的，主要是两个原因。

第一就是过于安逸的生活令我们感到不安。

我们每天回家，阿姨已经把饭准备好；我们如果累了、烦了，就把孩子交给阿姨，我们可以讨个清闲；家务活不需要我们亲自动手去做，阿姨都会打理好……我们仿佛掉在了一个安乐窝里，每天的任务除了必须上班工作之外，对家务活和陪伴孩子是选择性的，可以由着自己的心情进行选择。这种带着优越感的选择权，令我们时间宽裕、随心所欲，在最初我们很是以此为乐，认为“好生活”就应该是这个样子。但有一次当阿姨请假回老家后，我和先生就像无头的苍蝇一样乱了阵脚，要照顾孩子吃饭、上学、接送、买菜做饭，晚上哄他们洗澡、讲故事、睡觉，孩子还会吵着要找阿姨……

当忙乱而繁杂的事物将我们看似安逸的生活打乱的那一刹那，我们忽然意识到，这一切本应该是我们自己去体验的生活，我们应该学会去驾驭这些，我们却一直在选择性逃避，这样的安逸生活是一种假象，是一种缺失。这种长期的依赖性，导致我们变得愚钝，也忽视了孩子成长的诸多细节，忽视了生活粗糙的一面应该带给我们的体验与感悟，使我们变得更愿意欣赏光鲜亮丽的事物，厌恶该有的艰辛与挫败。这种敏锐度和责任感的缺失，令我们感到不安，而这一切也在导致我们自身约束力和抗压力的下降，甚至在影响我们与孩子之间的关系。老祖宗讲“居安思危”，这样的安逸的确令我们感到了危机。

第二就是对孩子教育的担忧以及对欧洲生活节奏的向往。

从儿子上幼儿园开始，我们就在孩子的教育方面煞费苦心：寻找合适的学校，考量学校的教育理念，与过于功利的教育方式抗争，为孩子将来上大学做准备等，这时候，移民成为我们的一个着眼点。

因为做生意，我经常往返于欧洲，对于欧洲的生活节奏和人文环境有所体认。于是我和先生商量，我们可否换一个生活环境，为了孩子也为了我们自己移民欧洲。先生与我意见一致，经过再三考量，我们下定了决心，于是开始各自关闭了自己的公司，卖掉了北京的房子。做这样的决定并不容易，我和先生的家人都在北京，我们一家动，两大家子的人都要被我们牵动，家人和朋友的质疑声和担心也纷沓而至。虽然表面上感觉打破了循规蹈矩的平稳生活，要去面对未知的世界，会有太多的不确定性和风险，但生活在哪里没有风险呢？在我们的解释和安慰下，大家转而开始支持和帮助我们，得到家人和朋友的鼓励，也更加增强了我们的信心。

有朋友调侃我们是“孟母三迁”，我说：“不完全是，孟母只是为了孩子而择邻而居，而我们不仅是为了孩子，也是为了我们自己。”

或许是愿望所及，也或许是命运之中的驿马星灵动，我和我的家人，最终走上了一条远离故乡和亲人、身为异客的人生之路。生活中处处都有“选择题”，但并没有标准答案的“对与错”，我很庆幸能够和我的先生达成了一致意见，我们共同希望可以带着孩子们去领略不同的生活。虽然这条路不会平坦，但只要与孩子们在一起，忠于我们的心，任何选择都是对的。于是我们开始了一段体验异国的风土人情之旅，虽然有浪迹天涯的漂泊感，却也依然可以乐在其中。

移民的手续办理顺利，我们也于 2014 年的 10 月，登陆意大利。

生活在意大利，我们一切自力更生，不假他人之手：洗衣熨衣、做饭洗碗、打扫卫生、陪伴孩子，真实面对挑战和无法逃避的责任。虽然辛苦，但这种没有退路、没有依赖的感觉，却带给了我们意想不到的收获。几年过去，我细嫩的双手已经变得粗糙，青筋暴露；柴米油盐的真实生活令我们变得更懂得谦卑；无依无靠的陌生环境令我们变得更敏锐；一天天细心的陪伴，令我们与孩子们之间更加亲近与理解。这种生活体验令我们感到真实、简单、细腻。

这一次搬家，对我和家人来说，改变的不仅是居住地，更是我们认识新的世界、接纳不同文化，并主动去学习的一个改变过程。我们主动地放下原有的“有色眼镜”，重新去感知一个新的环境，感受那里的人文、历史、习俗等。当你放下对外在世界的恐惧、担心，甚至过度美化等固有观念，平和地去面对你所遇到的一切时，最终呈现在你面前的景象会令你感到惊艳。

新的环境使我和先生变得积极起来。我们开始主动审视自我的言行；面对生活中遇到的困难不再推卸责任，而是自己动手去解决；个人的自律性也在增强；同时我们的好奇心和求知欲也被激发了。孩子们也在新的学校、老师和朋友之中逐渐适应，语言能力的提高也使他们的学习大有长进。中西不同的教育理念、与外国朋友之间交往的方式、彼此的尊重与独立感以及批判性思维体系的建立等，在孩子们人生观形成的阶段，两种不同文化的差异体验，必然会给他们带来不同的感受。这样的改变与冲击没有什么好与坏之分，因为对生活而言，体验与感受差异就是我们此行的目的。

无法预知未来，反而会增添生活的神秘感和趣味性。但享受此刻的地中海的阳光与温情，与孩子们一起成长，不急迫、不逃避，彼此互相珍惜、互相支持，虽然时有磕磕绊绊和风吹雨打，但一切自自然然。

我们无法掌控我们的未来，但我们却拥有对当下生活的选择权。

## 做父母需要终身学习

人是这个世界上极其高级的生灵，我们可以不断地学习和探索未知。了解专业人士的研究成果，吸收不同领域的知识，可以提升我们的思想意识和生活品质。

那么，你听说过除了传染病可以传染，肥胖、瘦弱、吸毒、酗酒、抑郁症甚至失眠等都可以传染吗？这不是耸人听闻，这是经过科学实验证明的实实在在存在的“传染病”。

另外，你知道有一种思维叫作“病态思维”吗？这种思维模式可以使你在遇到事情的时候反应过激，产生负面情绪，这种思维模式有三种表现形式：“灾难性思维”“绝对论者思维”和“合理化思维”。其中，拥有“绝对论者思维”的家长，通常与孩子沟通的方式就是：你要争气，这次必须考一个好成绩；你一定要得到三好学生的称号；你必须考上××大学……

还有，你了解为什么孩子们会那么着迷于网络游戏而不是学习？玩游戏到底给孩子带来了怎样的体验，居然可以令他们欲罢不能？

在生活中，我们每天要面对不知多少次的选择和挑战，大部分的时间我们被动地依靠自我固有的认知、经验来应对一切，尤其在我们的角色转换后。例如我们从一个女儿，转换成了一个妻子、一位母亲后，我们对新的角色既陌生又茫然，这时候我们要认识到，我们需要主动“充电”。固有的认知，随着年龄、角色、环境的变化，已无法满足全面、优质地应对外界变化的需要，要想做好开阔自我的视野、完善认知、进入角色的准备，并且达到合理的补充和提高自我能力的作用，书籍无疑是一个最佳的选择。是的，我们需要从前辈、从专业人士的经验中汲取营养，审视自我，纠正我们自己的行为，真正演好我们的角色。而书籍应该成为我们一生的伙伴，不同的生命阶段，给我们补充不同的营养，它就像是“说明书”，向我们解释缘由，提供解决问题的方法。当然，能够这样做的前提是：首先，我们要承认自己的有限性；其次，像个学生一样，谦卑、虚心地求教；最后，将所学付诸在行动中，改变与提升自己应对外界需要的能力。

我们很容易进入一个误区，认为如果是学业上的、工作的要求和竞争的需要，我们就会不遗余力地去努力学习，为了考级、为了加薪，我们甚至可以彻夜不眠。但当我们身为父母，肩负着养育孩子的重任时，我们却容易忽视对自我父母角色的再教育。对孩子的成长规律一知半解，对孩子不断变化的心理需求不甚了了，这也是我们在孩子教育方面的一大漏洞。

我在本节开头引用了三本书中的片段。第一本是美国作家凯利·麦格尼格尔的《自控力》，在这本书中提到了什么是自控力，如何提升自控力，自控力可以传染，肥胖也可以传染等概念。第二本是美国心理学大师阿尔伯特·埃利斯的《我的情绪为何总被他人左右》，在这本书中作者告诉了我们什么是不良情绪以及应该如何应对。第三本书是简·麦戈尼格尔的《游戏改变世界》，作者在这本书中提到了一个新的概念："心流"。"心流"是一种心理体验，就是在你要实现某个目标时，那种全神贯注、完全投入、忘记周边其他一切的精神状态，而且你会在这个过程中享受到高度的兴奋感甚至成就感。这也是网络游戏如此迷人之所在。对这些的了解，或许可以帮助我们理解孩子如此痴迷游戏的一些缘由，使我们可以找到与孩子交流的某些话题，帮助孩子站在高处反观自我的行为，甚至可以利用"心流"体验帮助孩子应用在学习上，不同的视角可以使父母与孩子彼此受益。

在上面提到的《自控力》一书中的"传染病"之说十分具有启示性，你就可以通过孩子交往的朋友，来洞悉孩子们之间的某些行为，并且还可以将这本书中的一些故事，变成你自己的语言，讲给孩子听。书中给出了一些提高自控力的具体方法，例如，如果你要减肥，那么你可以每天花几分钟强化自己脑中要减肥这个记忆，在别人拉着你要去吃汉堡包的时候，你的强化记忆就会启动你的"反抗控制"意识，这种意识就像疫苗一样，提醒你坚持自己的目标，不被他人诱惑，从而提高自己的自控力。这样自控力技能的培训机制，可以帮助孩子培养更健康的习惯，例如设立学习目标、早起早睡、坚持锻炼身体、远离毒品等。

"传染病"之说，与我们老祖宗讲的"近朱者赤，近墨者黑"是一个道理，但如果你只给孩子一个古文警句，孩子会不以为然。你可以改用现代的语言和例证，告诉他们这项研究是由美国哈佛大学医学院和加州大学的两位科学家经过 32 年的跟踪调查而得出的结论，你甚至可以提供给他们一些具体的数据，例如，如果他们身边有一个朋友身体超重了，那么他们变胖的概率就会增加 171%；如果某个孩子的姐姐或是妹妹超重了，那么他或她变胖的概率就会增加 67%；如果他或她的哥哥或弟弟超重了，变胖的概率会增加 45%。如今孩子们所受的教育都是实证科学类，他们更相信这些具体的数据，所以如果你的说教也有可靠的科学依据，孩子们就更容易听进去。另外，你可以结合孩子们身边的朋友，或者他们熟悉的人的故事，来阐述你的重要论点，使他们更形象地去理解和记忆。在这个过程中，你要做的是循序渐进，不要心急，慢慢引导孩子，激发起孩子内在向上的动力。

在现今纷乱繁杂的社会中，培养孩子的“自控力”显得尤为重要，拥有自控力这项技能，不仅可以使孩子体验到实现小目标的成就感，更重要的是可以使孩子远离毒品、远离消极的情绪以及一些反叛的或违法的行为的影响。当然好的“自控力”也会传染，孩子身边的朋友，以及我们自己本身都在潜移默化地影响着他们，或者说我们也在“传染”孩子们。如果你是一个积极向上、乐观健康又有爱的父亲或母亲，孩子就会被你“传染”；如果你每天唉声叹气、悲观忧郁，孩子也会毫无疑问被你“传染”。所以我们告诫孩子要如何选择朋友、认真做事、好好做人的过程，也是对我们自我行为的剖析过程，这时候我们就要铭记“己所不欲，勿施于人”的道理，在你要求孩子好好学习、积极锻炼身体的同时，自己要先做个表率。而且我们要提醒孩子不仅自己要学会“自控力”，还要用积极的、乐观的行为去感染他人、帮助他人，这也是我们作为朋友的责任。孩子的“自控力”会在你的引导和榜样的作用下逐渐启蒙，举一反三，孩子必定会受益匪浅。

关于《我的情绪为何总被他人左右》一书中所提到的“病态思维”，如果你细细品读，你或许会发现自己的某些思维习惯与书中所讲的雷同。

我们在经年累月的惯性思维的影响下，忘记了反省自我，甚至用自我的思维习惯影响着我们的孩子。例如“灾难性思维”会把什么事情都看成灾难，常常恐怖化事实，常常会说：万一你没考上大学，那就找不到好工作了，没有好工作就没有好的未来……一旦陷入这种思维，就会被这样的思维牵着鼻子走，深刻地影响孩子的正常情绪和思维习惯。孩子在你的“谆谆教诲”下，很容易陷入你的不良思维模式中，产生与你相同的思维习惯，被你“传染”，负面的情绪也会随之产生，陷入紧张与焦虑之中。

我们应该主动学习，了解自我的思维容易陷入的这几种模式，并且积极主动地去改变，引导孩子学会规避陷入这几种不良思维习惯的陷阱，寻找生活中积极的例证，培养孩子积极的思考模式，告诉孩子：任何事情，你只要尽自己的努力就好，因为结果并非一定会按照你想象的方向发展，结果的成功与失败，有时并不是你可以掌控的。我们应该以开放的心态看待结果，不成功，就学会接受，学会转弯，这才是正确的思维模式，也是真正的人生智慧。

思维习惯的培养，对孩子的影响关乎一生。因为不良的思维习惯一旦形成，就如同我们的个性一般，会在无意识的状态下左右我们的行为，我们的情绪也随之变化，如恐惧、焦虑、暴躁、易怒、抑郁，等等。适当的情绪反应属于正常的范畴，但如果长期陷入某些情绪中无法自拔，就会严重影响身体的健康，这也是造成我们身心疾病的根本原因。所以为人父母，了解思维模式的不同，辨识各种思维模式对生活的影响，就显得尤为重要。审视自己的思维模式，避免错误的诱导；敏感地发现孩子思维模式的偏差，并予以帮助。在被不良情绪干扰的时候学会自我调节，及时纠正，这是一项人生必修的重要技能，是孩子心理健康的自我防御与保护机制，而这种技能的获得，需要为人父母的传授。作为孩子人生的第一位老师，我们需要充分准备，纠正自我偏差，避免传授错误的思维习惯给孩子。

**学习本身不是学习的目的，学问本身不代表智慧。能够在实践中运用学问才是真正的智慧。——著名英国哲学家弗朗西斯·培根**

孩子的存在激发了父母不断进取的心。养育孩子是一个全方位的知识摄取的过程，无论是教育理论、心理学、哲学还是宗教学，我们都要保持一种开放的心态去主动了解和学习。在我们茫然、失落和焦虑的时候，学识就会成为我们的资粮，应对现实生活中遇到的越来越多的实际问题，既可以帮助我们更深入地了解孩子，也可以在我们引导孩子的时候给予正确的理论支持，同时安抚和完善我们自己，将知识应用在我们的生活中，成为智慧。**真实的生活、学习书本上的知识和体验与内化的过程，这三个步骤是一套完整的认知体系，三者缺一不可。如果只有生活，不从前人的经验中汲取知识和营养，生活中出现错误也不自知，就会使生活缺乏深度；而如果只有学习，忽略生活的柴米油盐，就容易导致个人狂妄自大，流于虚荣。所以无论是生活还是学习，我们都要真实地去经历、体验这个过程，在体验中去验证、感受和领悟，最后达到内化。只有完整地经历了这个认知过程，我们才具备了内省，并将其升华的可能。**

## 成为孩子心中的英雄

“叫你们几遍了？菜都要凉了。”

“辛辛苦苦把饭做好了，还要请你们不成？”

我先生在那里冲着孩子的房间大喊，满脸的怒气……

“快 12 点了，你怎么还不睡？一到晚上就磨磨叽叽，明天早上又起不来，什么时候可以养成早睡早起的好习惯？”

我们的叫喊声在家中不绝于耳，偶尔暴躁的脾气加重了生活中的烟火气。

我和先生之间也时常发生争吵，他经常是那个爱发脾气的“红脸”，我大部分时间是那个保护孩子的“白脸”。父母与孩子之间的交互摩擦，从来不会间断。而父母彼此之间的争吵，很多时候也因孩子或者生活琐事而起。我们的矫情、自私、易怒、蛮横，会毫无保留地暴露在孩子的面前。

我的先生是一个兴趣广泛的人，也是一个极其有趣的人。琴、棋、书、画、烟、酒、茶都是他的爱好，之后他又学习了推拿与针灸，而且也卓有成效。他学会了哪门手艺，从不吝啬，只要身边有朋友需要，他就会不辞辛苦地帮助，极其热心，身边的许多朋友颇为受益。而最值得夸耀的是他对美食的热爱，他不仅热衷于给我和孩子做美食，而且每次家中有朋友来访，他必会先按照朋友的口味列出菜单，提前采买食材，不厌其烦，需要腌制或是晾晒的都准备好，等朋友到家中的时候，他已将一桌丰盛的美食准备停当，而他最开心的事，是看着朋友沉醉于他的美食中，口称“好吃，好吃”，他便笑逐颜开，心满意足。

如此感性的人，在家中是孩子们体验美食、感受激情、享受情调的核心，他总是能创新地想出独特的“点子”，给我们惊喜：为儿子设计一个独具特色的生日宴；满足女儿一个小心愿；拉着我去享受一次下午茶……地道的性情中人。但我的先生也正是因为偏于感性，有时候会感觉不被理解，爱发脾气，与孩子之间容易产生冲突。但他的那份趣味性和幽默感，他的乐于助人以及对朋友的热情慷慨，给予了孩子们许多正面的影响和引导，而偶尔爆发的坏脾气也成了我们家里极具个性的另类作料。

例如，如果他做好了饭，叫孩子们来吃饭，孩子们当时手上有事，来得晚了，他就会因为担心饭菜会凉了而变得不高兴，继而发脾气。这时候我就要去充当那个“灭火器”，一边叫孩子们尽快来吃饭，一边安抚他，表示出理解。之后再找合适的时机与他沟通，让他也要学会去理解孩子，提醒他，全家人心平气和地吃饭比吃饭本身更重要。

在美国作家泰勒·本·沙哈尔博士的《幸福的方法》一书中，在谈到幸福的婚姻时指出夫妻需要彼此“了解与培养”。“深入的了解，可以使夫妻发现彼此的优点，从而增强亲密关系，而合适的伴侣是培养出来的，不是寻找的。”差异性才是这个世界的精彩所在，学会欣赏优点与不同、求同存异才是夫妻的长久相处之道。

从心理学的意义上讲，母亲在家庭中是情感的传递者，而父亲则是规则的缔造者，由此使得父亲成为一个容易与孩子产生冲突的角色。而作为母亲，在这个时候就起到很关键的作用，既要懂得维护父亲的形象，使父亲订立的规则得以贯彻执行，同时又要体会孩子心理的接受能力，对孩子进行解释和安抚，让孩子能够理解父亲的良苦用心。

对于家庭的教育规则和行为标准，夫妻两人要协商，达成一致，在父母一方出面纠正孩子的行为时，另一方都应给予支持。在此期间，如果一方不同意另一方的态度和方法，可以私下里再互相沟通，避免在孩子面前争执。

道理说起来容易，做起来难。但在我们家中，我们俩为此立了一个规矩，就是如果我们当着孩子的面吵架，或者冲着孩子发脾气了，我和先生都会在冷静之后与孩子单独谈话，向孩子表达歉意，告诉他们：父母也有情绪，也会不开心和愤怒，我们也有缺点、不理性，希望孩子可以谅解。我们会努力改正我们的坏脾气，学着去控制自己的不良情绪。有一次我先生向儿子道歉，告诉他：爸爸觉得很抱歉，不应该冲他喊叫，儿子听到后眼圈发红，告诉爸爸说“没关系”。儿子没有说一句责备他的话，儿子的宽容令我先生心中甚是自责。向孩子道歉的过程，令我和先生意识到我们的脾气一定要学会控制和改变，因为我们想要向孩子传递的是爱而不应该是相互的责备。

夫妻双方需要经常提醒和交流，找到包容与谅解彼此的方式，学会控制情绪。而女性在这个时候要充分发挥穿针引线的特质，协调家人彼此的关系，提醒彼此学会转换角色。

当一个人将大部分的精力与时间用在工作上的时候，长此以往，人就会形成一种习惯，你的思维、态度、语气甚至行为都会体现那种惯性。转换角色就是无论你是怎样的社会地位，老板、明星、老师、经理等，回到家里你需要转变，你要符合家中的角色：一位妻子和母亲，丈夫和父亲。矛盾的产生，经常是因为我们会戴着在社会上的面具生活在家里，忘记了自己本源角色的设定，忽视了为人妻、为人夫应有的体贴，忽视了为人父、为人母应该有的慈爱。

“家和万事兴”，“家和”才是我们事业有成的前提基础，首先“演好”我们的本源角色，夫妻之间首先达到默契协调，其次才会更加懂得在工作中如何关照好他人，以达到事业的圆满。如果本末倒置，就等于丢帅保车了。

丹麦的童话大师安徒生曾经写了一篇童话《老头子做事总是对的》。这个故事讲的是一对贫穷的老夫妻，唯一的财产就是一匹骏马，为了解决温饱问题，老头子牵着马去集市上，想换些实用的东西。先是换到一头牛，继而又换了一只羊、一只大鹅、一只鸡……最终老头子将一匹骏马换了一袋子烂苹果。路上有人听到他的故事，嘲笑他回家一定会被老太婆责骂，他却坚定地说：“老太婆不会责骂我，老太婆会吻我的。”那个人根本不信，要与老头子打赌，于是他随老头子一起回了家。他却看到：老头子非但没有得到老太婆的责骂，还得到了老太婆的赞誉和吻，老太婆激动地说：“我就知道老头子做事总是对的。”也正因为老太婆对老头子的信任和赞誉，使得老头子因为与人打赌获胜赢得了一斗金子。寓言故事向我们揭示了一个夫妻相处的秘密，那就是：如果妻子相信自己的丈夫是世界上最聪明的人，承认他所做的事情总是对的，那么这个妻子就一定会得到好处。

学会欣赏他人需要技能，更需要胸怀，而如此做的受益者却是你自己。**心理学上也证实，在一个家庭中，如果父亲的角色一直被打压、被弱化，不受尊重，不被欣赏，就等于孩子心中的规则、稳定性和底线的破坏，孩子会由此产生自卑感，缺乏安全感以及产生自己不如他人的心理反应。而如果家庭中母亲不被尊重，孩子与母亲的情感沟通就会受阻，孩子幼小的心里要么会有“极度的”我要变得强大保护母亲的想法，或者会变得与父亲一样不尊重母亲或其他女性，从而使孩子情商的发展受挫。一个家庭中父母的互相诋毁，会影响孩子人格的形成和未来的婚姻生活，最终受害的是孩子本身，而伤的是父母的心。**

在家庭中，夫妻要学会互相维护、互相欣赏。父亲的地位需要母亲的支持与尊重，而母亲的角色更需要父亲温柔地呵护，彼此的理解与维护既可以促进夫妻的感情，也是对孩子心灵的最好保护。我们偶尔的争执，暴露了父母的不完美，这是真实的生活，但理性解决，才会使孩子从我们的身上学会接纳，理解个性差异，学着如何化解冲突，学会认错，学会沟通等生活的技巧。父母双方对生活的不断领悟与彼此的包容，孩子会看到，也会感受到，这一切会化作孩子成长的养分。

对于孩子，父亲是那个指引方向的导师，让孩子学会坚毅和坚守原则，沉稳地朝着自己的理想去努力。而母亲要学会接纳孩子所有的情绪——孩子的不安、焦虑或者恐惧等，都可以被母亲“看见”，并且很好地给予安慰——使家成为孩子可以交流、表达的港湾，激发孩子前进的内在动力。

而无论出于什么样的原因，独自抚养孩子的单亲父母，都要一人承担起父母双方的角色，既要有规则，又要有情感交流，以配合孩子的成长，这是对单亲的父母更大的挑战，但却是成长中孩子的需求。父亲的指引与母亲的助力，是孩子实现自我、勇于探索未来的关键，也是孩子健康人格建立的基石。

在孩子的成长期，家庭、学校和社会给孩子提供了生活、学习、体验的场所，尤其是家庭，是孩子生活和体验的最佳场所。这个场所的规则性、包容性、真实性、烟火气、情感交流、挫折感受、争执、改过自新等，以及父母这两个“演员”的倾情演出，向孩子展示着小家庭的组成元素，风风雨雨以及吵吵闹闹，这是孩子在学校之外，所能学习的一门“人文学科课外课”。父母要用心地演好自己的角色，将人性的光辉传递给孩子，同时懂得反省和纠正我们的不完美，让孩子也从我们的表演中看到我们是如何战胜人性的弱点，并从中吸取教训的。

孩子的出现，是夫妻关系的“增上缘”。在孩子面前，父母会因为孩子的存在而去努力改变自己的不完美，并坚持不懈地去修为。在这份不断的坚持与改变中，父母对“爱”的领悟也由最初的爱怜与疼惜，升华到包容他人与放下自我的层面。

父母可以因为自己的成就而成为孩子心中的偶像，也可以因为自己力大无比、救死扶伤等成为孩子心中的英雄。但我更希望孩子因为父母的知错就改、百折不挠、积极向上而将父母视为他们心中的英雄，我更希望他们懂得欣赏他人的内在品质，懂得正确看待生活磨难对生命的意义，懂得“成功”的内涵在于战胜自我的弱点，而不是外在世俗的名利。

每一位父母都不完美，但都拥有自我超越、成为孩子心中英雄的潜质。

## 做情绪的主人

我在年轻的时候不太懂得“疏导情绪”的重要性，经常被不良的情绪牵着鼻子走，有时愤怒，有时忧伤。结婚之后，我逐渐明白在家庭中情绪失控，当着孩子的面争吵，或者郁闷、委屈等，对自己和孩子的心理都会造成伤害。于是每次遇到要发脾气的时候，我就开始刻意闭上嘴，不讲话，但这个方法无法疏导负面的情绪，反而使我的心中越发压抑。

“喜、怒、忧、思、悲、恐、惊”，这些我们每天都会遇到的情绪，日久天长对我们的身体会造成很大的影响。医学证明，不良情绪持续太久，会导致我们的自律神经失调。自律神经又称自主神经系统，属于我们神经系统中两大分支（中枢神经与周边神经）中的周边神经系统。自律神经不受大脑控制，可以独立自主地运作，呼吸、心跳、体温、流汗、消化、排泄等都受到自律神经的支配，也就是说，自律神经遍布我们的全身，受到外来的刺激时会自动做出反应，一旦失调，身体主要的系统和器官都会受到影响。自律神经又通过两大神经系统平衡运作：一个是交感神经，犹如太阳，在面临压力时，使我们产生血压上升、心跳加快、流汗增加等生理反应；另一个是副交感神经，犹如月亮，在压力过后，使我们心跳减缓、流汗减少、让身体逐渐恢复正常。这两大系统互为阴阳，互相协作，互相抗衡，当交感神经活跃时，副交感神经就会低下。例如，无论是工作还是学习，如果身体长期处于很高的压力之下，生活节奏过快，种种过度的外界刺激就会导致持续性的紧张、焦虑、失眠、头痛、耳鸣等症状出现，这时候交感神经会一直处在亢奋状态，而副交感神经无法正常工作来维持你的身体平衡，导致自律神经系统失调。

自律神经失调在医学领域属于标准的"疑难杂症"，因为它所表现出来的症状因人而异而且非常综合，有的人会头痛、心悸、失眠，有的人会失眠加腹泻，有的人既有吞咽障碍又有心悸，等等，症状的复杂性容易导致误诊和造成对人的长期困扰，导致我们生活品质降低。所以了解自律神经系统的运作方式，学会控制并且疏导情绪，保持我们的交感神经与副交感神经的相对平衡，对我们的身心健康意义重大。

我在 32 岁的时候，开始了瑜伽和冥想的练习，从最初跟着老师做瑜伽体操到后来每日坚持冥想，多年的冥想经验使我从放松心情、反观情绪、了解情绪到快速走出情绪中获益匪浅。

冥想已有 3000 多年的历史，早已不是宗教人士独有的修行手段，今天它已被广泛应用在我们生活的诸多领域，如医疗、专业运动和军队等。素有 NBA 禅师之称的费力・杰克逊（PhilJackson）在训练球员的时候，要求每一位球员，每天要进行冥想练习，他说这样可以提高球员在球场上的专注度，在他的教练生涯中，他曾经 11 次带领 NBA 球员夺得总冠军，被他带过的球员有迈克尔·乔丹、科比·布莱恩等。冥想能够改善人类大脑神经的结构，激活某些区域的神经元联结，医学科学家将此现象称之为神经可塑性。

冥想不需要特定的场合。我在开始阶段，每天早上会用 10 ~ 15 分钟的时间，规律性地盘腿安坐在一个安静的区域，不被打扰地去练习。但是后来，我发现我会随时进入冥想状态，时间或者场地，这些已经无须刻意去限定。只要你安静地坐下来，哪怕你在咖啡厅中等待迟到的朋友的那几分钟，你都可以令自己意识放松，进入身心愉悦的状态。

冥想可以使你反观自身情绪。在最初冥想的时候，我的思想经常随风四处飘散，一会儿开始想中午要做什么饭，一会儿想着晚上要穿哪件衣服去与好友聚餐，一会儿又想到新闻报道内容，等等，最初心思不定的状态使我很受打击，觉得这样无法专注的冥想是失败的。其实不然，当你意识到你的思绪飘远了的时候，重新将你的意识带回来，重新关注你的呼吸，让情绪逐渐安静下来，这一个来回就是进步。而且在这时，你可以反观刚才干扰你的所想，反观你的心绪，反观你的情绪，使自己站在第三者的角度观察它们：生气的情绪是什么样的？它令你有什么表情的变化？它是什么颜色的？它藏在你身体的哪个位置？这样的反观使你意识到，当你生气的时候，你是被“生气”这种情绪绑架了的，它并不是“真正的你”。**这样的觉察，可以帮助你将“事情”与“情绪”分开，令你分辨出真正导致你情绪变化的是你对事件的认知，而非事件本身。只要将事件、认知、情绪三者区分开来，你就会拥有改变认知，继而改变情绪的可能。**这是自我疏导情绪时非常关键的一步，也是心理治疗中“合理情绪疗法”的核心。

冥想可以使你清楚地认识所有的情绪。如果我们每天细数，会发现有很多种不同的情绪占据我们的意识，左右我们的心情。紧张、悲伤、压抑、恐惧、委屈、担心、生气……你可以利用冥想，给经常光顾你意识的情绪标注上不同的颜色。例如，生气的时候你变成了红色，悲伤的时候你变成了蓝色，愤怒的时候你变成了黑色……这样当你被某种情绪左右时，你能够很快意识到自己的身体一会儿变绿了，一会儿变红了。赤、橙、黄、绿、青、蓝、紫，使用不同的颜色标注可以使我们更快速地意识到自己与“平和”的距离。情绪的变化左右着我们的心情与健康，每天颜色变换的次数越多，我们的身体承受的创伤性越大。试着去减少每天干扰你情绪的数量，就是一大进步。

冥想可以提升你对情绪干扰的敏感度。在冥想中，让自己以旁观者的姿态去观察不同情绪对你的控制。例如，当你被激怒了，你会很快意识到，你变成了红色；这时候无论在哪里，你先深呼吸，条件允许的时候也可以闭上眼睛；然后，你可以假想原来的自己就在你的对面看着这个变了色的你，不动声色，面带微笑；再一次深呼吸，请那个红色愤怒的情绪慢慢从身体中离开，再将注意力关注在自己的呼吸之上，主动上扬嘴角（这一个动作很重要，因为行为会帮助你改变情绪），告诉自己“我是个平和的人”。这一种旁观与内省，可以警醒你，使你更敏感、更快速地从不良情绪中走出，回到“平和”的状态，让你的心态远离不良情绪的干扰。

冥想并不需要特殊场地才能进行。在生活中你时时刻刻都可以进入这样的冥想状态。例如，你在公司被老板训斥的时候，你心情郁闷、委屈又觉得尴尬，这时候你之前的冥想练习就会迅速地帮到你，因为你会很快意识到自己变成了一个五颜六色的变色龙，本来的颜色正在褪去，你正在被这几种不同的情绪绑架。这时你就要像在冥想中一样，将你的思绪拽回到你的呼吸上来，深呼吸……之后反观占据你身体的这几种情绪，与它们握手言和，请它们离开，让你的本来颜色慢慢回到你的身体中，让心情平和下来，嘴角上扬。多次尝试这样的锻炼后，你会发现，你还是一个会有情绪的人，但不同的是，你敢于面对失控的情绪了，因为你学会了控制它们，而且原来可能令你会郁闷很久的情绪，会更快速地远离你。

保持自身敏感的状态是我们作为人这种动物的“本能”。但在我们长期的成长和生活中，我们的敏感度会被外在的准则、道德规范、教育等限制而降低，身体一旦失去这种自我调节的机制，就会造成失衡、引发疾病，而定期的冥想可以起到提前预防的作用。为自己建立起自我保护的措施，有意识地检查、调节自我的觉察能力可以更好地起到防范作用，令我们的身体保持平衡。

你可以尝试与孩子和你的伴侣一起分享这样的练习，当你开始“变色”时，大家彼此提醒。这会是一个好的开始，家庭成员中由你先开始管理自我情绪，其他的人会受到你的影响和传染，家庭氛围会更加温馨、和谐，每个人的身体也会因为平和的心态而更健康。

**情绪会时常光顾我们的生活，但我们要学会尽量快速从不良情绪中走出来，并在中间继续前行。**

## 喜欢玩具是人类的本能

很多人认为“玩具”或者“游戏”是小孩子们的专利，其实不然，无论是孩子还是成人，一生中都有一个“玩具癖”。而认识到这一点，可以缓解许多的家庭矛盾。

“玩具泛指可以用来玩的物品，玩具有不同的材质和玩耍的形式，它们可以是自然物体，如泥土、石块、树枝、贝壳等，也可以是人工制作成的，如布偶、卡牌、拼图等。玩具在人类社会中有重要的娱乐作用，在儿童社会化的过程中扮演重要的角色。透过玩玩具，儿童可以学习如何运用工具、锻炼身体及学习因果关系，同时增加了与手脚交流的机会，玩具也可以用于治疗。”这一段话出自维基百科对玩具的解释。而英国哲学家赫伯特·斯宾塞则认为：“人类在完成了维持和延续的主要使命之后，尚有剩余的精力存在，这种剩余的精力的发泄就是游戏，这种游戏并没有任何功利的目的。”心理学家弗洛伊德认为：人们通过游戏可以实现现实中不能实现的愿望，能控制现实中的创伤体验、发泄情绪、补偿满足。

我们把玩具定义为五颜六色的积木、汽车、飞机、乐高、娃娃、小手枪、小船等，这种可以游戏的东西，不仅给孩子带来了娱乐，也对孩子起到了启蒙和教育的作用。孩子小时候最喜欢去的地方就是玩具店，进去了就不想出来……对孩子来说，他们在那段时间对某些玩具是有瘾的，无论是芭比娃娃还是遥控飞机。

在我看来，人在不同的阶段都有对某些东西和事物成瘾的迹象，就如同孩子对于玩具的执着一般。

我们搬到意大利不久，孩子们也安顿了下来，我们每天会接送他们上下学。偶尔，我和我先生早上会一起送他们去学校，然后在外面喝杯咖啡；有的时候就是我先生独自去送他们，然后去学校附近的一家大超市采购些食材。一段时间之后，我发现我先生很喜欢去那家超市，有时候家里不需要买什么的时候，他也喜欢去那里逛逛或是在超市里的咖啡厅喝杯咖啡。而且他经常会买些很陌生的意大利食材，回来尝试烹饪和品尝。例如一些特色的奶酪、说不上名字的鱼、不知道用什么材料腌制的肉食、不知是何味道的酱汁、从来没吃过的甜点等。

对于买回来的东西，他都会饶有兴致地做给我们吃，但有的时候做出来的菜肴并不合我们的口味或者也会做得不成功，虽然说这种敢于尝试的精神可嘉，但有时候会造成浪费。所以后来一看到他又买了什么莫名其妙的食物，我就会皱眉头，心中不悦。

有一天，他又买回来一种被切好的鱼块。我们不知道鱼的名字，也不知道这条鱼长什么样。他在厨房的水池里清洗鱼块，准备煎制之后配上一种莫名其妙的酱汁。我坐在餐桌旁，看着他在那里醉心地忙活着，心里想：

他可真喜欢琢磨吃的东西呀，这是为什么呢？就在这个时候我忽然想明白了一个道理，自从我明白这个道理之后，我就不再纠结和反对他去开发新的食材和烹饪方法了，我反而会鼓励他，而且他做的新口味，无论好吃与否我都会大加赞赏。

这个道理就是：他买回的这些食材，其实就是他的“玩具”。

孩子们有了新玩具会醉心地玩耍，想出各种方法：自己和玩具过家家、玩具与其他玩具搭配起来玩、和玩具聊天说话、与其他小朋友分享……是的，我先生也是一样，尝试不同的食材，对他来说就是发现新“玩具”的过程，加工烹饪的过程就是他醉心玩耍的过程，而且他一旦尝试成功，就会异常兴奋，也希望我们给他一个赞。下次有朋友来访时，这道菜就会出现在招待客人的食谱之中，他要做给朋友尝尝。

这一领悟让我豁然开朗，我的眼光从原来纠结对食材的浪费问题上转换到了他主动去发掘自己所喜爱的“玩具”的兴趣上，而且我意识到这种“玩具癖”在成年人中普遍存在，每个人其实都会有这种需求，而夫妻之间，理解和接纳彼此对生活乐趣的不同需求，可以大大化解夫妻间的矛盾，提高对彼此的理解度。

我的一个女性朋友，临近中年，到现在还喜欢玩乐高玩具，乐高系列一有新的产品出现，她就会买一个放在家里，哪天有大量的时间了，就过一把瘾，玩上几个小时，最后看着成品，大大地满足一下自己，也舒缓了自己的压力。我有一位大姐喜欢收集车模。为了放置车模，她购置了若干个柜子，所有的车模被整整齐齐、分门别类地码放得井然有序，她还会定期地擦拭整理，不辞辛苦，实在是让我佩服。我的另一个朋友养了一大缸热带鱼，颜色鲜艳。欢乐的粉色珊瑚在鱼缸中摇曳，里面还有白色的沙子和各色的水草，五颜六色的热带鱼穿梭其中。他每天下班回家后就会精心地护养、观赏这缸鱼，他的夫人说，这一鱼缸的宝贝就像是他的儿子，他对它们极其有耐心，不辞辛苦。

我们身边的朋友，有的喜欢养鸽子，有的喜欢到哪里都捡石头，还有的热衷于旅游探险，那些爱猫爱狗的人士就更不用说了……我们从一个小孩子变成一个大孩子，心中对“玩具”的爱却一直没断，因为那是我们自然天性的一部分，有些或许在儿时没能被发展，或者是被压制了，所以在我们成年后，这一部分的天性又开始自由地生长，令我们身心愉悦、乐此不疲。

那些源自本性的偏好，如果还能一直保存至今，说明你的童心未泯。其实我们每个人都保有那份对“玩具”的爱和执着，或许有些人会因为生活所迫，暂时忘记或搁置自己的喜好，但只要生活允许，他们都能找回那份执着的热情。

**卢梭在《爱弥儿》中曾举过一个例子，他说：“向上生长的树木，如果你改变它的生长方向，它会随着你的改变而改变，但如果之后你放开它的枝条，它虽然还会沿着你改变它的方向生长一段时间，但之后它还会向上生长，恢复它的原态。”**卢梭引用这个例证是为了说明人和事物都要追随自然的引领，刻意改变式的“教育”，将来是会被遗忘的。也就是说，人对本性的渴望很难遗忘。

孩子们也是一样，他们的“玩具”也随着年龄在改变。他们的“玩具”或许已经变成了电脑游戏，变成了摩托车越野，变成了背包旅行……如果有一天孩子和你申请，他们愿意拿几个月的零花钱换一个电唱机，你不要感到惊讶，因为他们会一直尝试寻找自己灵魂深处的那个“玩具”，那个可以使他们感到兴奋、感到满足的“终极玩具”。

这种“玩具”的思维逻辑，使我处理了许多和我先生之间的不同意见，纠正了我的偏见，并且不再以“有价值与否”来评判一切，而且也令我更加了解孩子们的需求，增进了我与孩子彼此的尊重。当孩子长大了，你再带着他们去玩具城的时候，他们已经变成了一个看客，你就知道他们或许正在找寻他们灵性中需求的另一个玩具，那是玩具城中已经买不到的玩具。

如果你每天的生活就是挣钱、学习、吃饭和睡觉，那你最好停下脚步，问一问自己：我有什么喜欢的“玩具”吗？设法找回自己的“玩具”，偶尔犒劳一下你心中的那个“儿童”，让生活变得更有趣，这样也可以很大程度上缓解自己某种焦虑和不安的情绪，更可以增加自己的成就感。那个“玩具”可能是种植盆栽、制作风筝、裁剪服装、开着摩托车去旅行、采集石头、收集邮票、做美食等。

“天天迷恋这些东西，有什么用啊，也不能当饭吃。”这样的话我们经常会听到。但是当你开始指责或者心中反感他人的兴趣、爱好时，你应该先反问一下自己：“我有没有这种‘无功利’色彩的兴趣呢？”然后再问问自己：“它藏到哪里去了？我为什么把它忘记了那么久？”固定刻板的生活模式和思维模式容易将我们禁锢在平庸、琐碎和长叹之中不能自拔，而“玩具”却可以将我们拽回心灵生活的轨道上，暂时远离烦恼与忧郁，帮助我们平复情绪，使我们的精力重新充沛起来。

其实如果我们不带任何偏见，放下有益与无益、有用与无用的争辩，我们会发现，大人其实更需要像个孩子一样，让“玩具”陪伴着一起成长。我们的生命应该张弛有度，我们需要适时地像一个孩子一样，心无旁骛地享受“玩具”可以带给我们的欢愉，去掉功利的外衣，找到生活本有的乐趣。生活不像书店中码放整齐的书本，归类明晰、有条不紊，生活很多时候是无厘头的，没有那么多“为什么”，每个人的喜好就是那么千奇百怪。我们要学会接纳身边人不同的“玩具”爱好，因为每个人都需要自我满足。如果你爱的那个人可以从不同的领域、不同的生活体验中获得哪怕很小的成就感，你都应该为他感到高兴，应该鼓励他，这是一种理解和爱！

“有趣”是我们人类本能中对生活的要求，也是可以帮助我们安抚自心的另一条途径。而对于父母来说，理解“玩具”和“游戏”在生活中不可或缺的作用，是父母对生活的更深一层的感悟。

## 父母的心理学思维

皮格马利翁效应：这是一种期望效应，简单地说就是如果施教者（如父母或者老师），对受教者（孩子们）有很高的期望，并相信受教者具备很高的素养可以达到一个绝对高的水平时，经过一段时间后，受教者的成绩果然会明显提升。这是一个得到实验证实的心理学效应，在生活中利用这样的效应，就是父母深信自己的孩子是一个聪明、有理想、有教养、一定会很有成就的孩子，父母这份坚定的信念是成就孩子人生的第一步，孩子会朝着你所期待的方向发展。

心理学就是心理学家们通过多年的研究以及一些科学的实验所总结出来的人类心理现象发生、发展和活动的规律，揭示出人类的心理现象形成的过程以及人格形成所需要的因素与动机。对心理学的了解，可以帮助我们更加了解自己在思想意识和人格个性方面的特点与成因，可以帮助我们反省自我、提升自我甚至治愈自我。而在生活方面，心理学知识可以使我们更客观地了解他人，了解某些事件背后的成因，找到解决问题的根本办法，从而提升我们对人性的理解与宽容。对于父母来说，提早学习一些儿童心理学，等于拿到了一本孩子成长的“说明书”，可以使我们提前了解孩子成长过程的心理特征和阶段性，找到抚养孩子、与孩子相处的最好方法。从孩子的一些行为表现上，发现问题的根本所在并及时纠正，这样的学习，可以促使我们为了孩子所付出的努力朝着正向发展。

心理学家发现：人的情绪会改变我们大脑的结构。它可以促使我们成为安静平和、更理智的人，或者可以使我们变得躁狂或抑郁，继而成为一个易怒或病态的人。我们的个性也在我们成长过程中，经过长年累月的情绪变化而逐渐形成，它受到遗传、成长环境以及个体倾向性的影响。而由此形成的个性心理，又在我们长大后影响着我们的心理过程以及我们的行为和身体的健康，从而使我们带有个性的色彩以及个人独特的人格气质。

孩子的情绪表现是一种警示。

例子 1：不分场合爱大声说话的孩子；喜欢抱怨，非常淘气，或者自身在学习方面注意力不集中的孩子，这是典型“求关注”的孩子。如果父母发现孩子有这样的问题，此时不应在孩子身上找原因，而要细心地审视自己的日常：是不是对这个孩子关注和投入的时间不够或者质量不高；长辈对不同的孩子是否有偏心的问题；父母是否太过主观；父母的关系是否正常；等等。

孩子是家中的平衡器，他们身上的表现向你发出了某种信号，提醒你要注意和及时改正某个问题。做父母要足够敏感，及时反思，找到问题，尽快修正偏颇。当家庭问题被解决后，孩子们身上的问题也会自动消失或减弱。而没有心理学经验的父母，会在孩子身上找原因，从而忽视了真正的问题所在。

例子 2：学习动力不足，沉迷游戏，不爱上学，没有上进心，与父母顶撞的孩子。这样的孩子在心理学的“行为目的论”中属于自暴自弃型群体。他们经常被父母误判为“青春期叛逆”，但实际原因是他们在长期成长经验中得不到父母的肯定与信任，反而经常被父母责骂，父母看不到他们身上的优点，永远揪着他们的错误不放，使他们感到自己什么都做不好，于是就消极对待，不想再去尝试，这样的情况会导致孩子与父母在生活中冲突不断。父母不了解根本原因，继续责骂或者贬低孩子，或者一改过去的做法，开始宠溺孩子，试图改善与孩子的关系，这些做法都属于药不对症，无法根本解决孩子的心理问题，因为他们需要的是父母发自内心的信任，他们需要父母看到他们的优点与天赋，欣赏他们、鼓励他们和尊重他们，并帮助他们在他们的强项上取得成绩，让他们获得哪怕很小的成就感，重塑他们的自信心。

孩子在成长过程中，从刚生下来需要父母的关注和细心照顾，到需要父母的陪伴、玩耍，对他们进行独立意识的启蒙，之后开始上学，需要父母更多的规范、理解和支持，再到青春期时需要父母与他们共同应对挑战……这一路走来，孩子对父母的需求也随着他们年龄的增长逐步升级，早已不是单单吃饱肚子那么简单，而是提升到了心灵需求的精神满足层面。父母能否跟上孩子成长的步伐，用“变化”的观点看待孩子的成长，懂得不断学习、提升自我的必要性，取决于父母对生命和爱更深层的感悟。

在心理学中，孩子的成长期可以分为：幼儿期（0 ~ 3 岁）、童年期

（4～6岁），再到潜伏期（也是修复期，7～10岁）和青春期（11～18岁），青春期也是孩子个性最后的重塑期。孩子每个阶段的成长都有独自的特点和需要发展的特性，而青春期过后，孩子的人格基本定型，成年后再表现出的一些问题，从心理治疗的角度来讲，所能被干预的情况也局限在个性成长、潜能开发以及情绪突发事件等的解决上，而对于人格的改变，难度就会很大。所以从幼儿期开始，在孩子成长的每个阶段，我们不仅要保证他们吃饱、穿暖，更要关心孩子心理的内在需求，不要只关注外在，以及追求社会价值的功名利禄，而忽视孩子内在心理的成长需要。

用心理学来解决现实生活中的问题可以帮助我们看清问题背后的缘由，找到合适的方法，缓解我们自身的焦虑和无助感，并从中反省，了解自己个性上的欠缺，从而修正自己，传递给孩子更好的教育。在养育孩子的过程中，有几个令我受益匪浅的心理学小故事。

在孩子幼儿期，孩子会做一些让你感到无厘头的事情，令你烦躁。例如，在家中的墙上乱涂乱画；将刚盛到碗里的饭倒在地上，并看着你笑；3岁的女儿死活不穿你花许多钱买来的名牌裙子……

首先，父母需要了解，孩子画画是自我情绪的一种自由表达，他们不是为了画的像什么而画的，而是那份自由选择、自由支配颜色的感觉让他们感到愉悦，那也是他们的情绪、心情和观察力的一种艺术表达。孩子在墙上乱涂乱画与墙无关，在其他媒介上他们照画不误，父母此刻需要一些心理学思维，理解孩子有要表达自我情绪的需求，给孩子提供一个无所顾忌、开心画画的区域，让孩子可以自由发挥才是上策。

而孩子将一碗饭倒在地上，是在用动作和视觉去探索“空间感”。饭从碗里倒在地上的瞬间，饭在碗里的形状与掉在地上后其状态的改变也会使他们感到好奇。而此时如果你大声呵斥，会阻碍孩子在这方面的探索，他们会认为他们的探索行为是错的，是不被允许的。其实你生气的原因是孩子浪费了你刚刚给他们做好的饭，耽误了时间，浪费了粮食……

所以你要在粗暴地阻止孩子之前，提醒一下自己，如果用心理学的思维应该如何看待这个问题呢？“空间感”的建立可以提高孩子对空间的观察力、灵敏度和准确性，让他们长大后可以有较强的方向感，而且对几何图形的学习和想象能力会增强，并且可以激发孩子的好奇心和对艺术的审美。所以，如果你具备心理学的思维，你就不会大肆宣泄你当时的情绪，反而能够领悟到孩子是在成长，意识到他们开始探寻新的空间感觉了。那么你就会主动地给孩子提供可以提升他们的空间感的游戏和场所，拓展他们感知的发展，还会为他们的成长而倍感开心，这就是心理学所带给我们的截然不同的认知与福利。

最后关于 3 岁的女儿不喜欢穿那条裙子的问题，3 岁是孩子第一逆反期的开始，这时他们的自我意识进入一个飞跃阶段，他们开始想自己做主了。他们开始考虑自己喜欢吃什么、怎么吃，喜欢什么颜色，等等，这是孩子自主性开始萌芽的时期，他们没有金钱价值的概念，不懂得贵与便宜的区别，那条价格不菲的名牌裙子对他们来说与其他衣服没有区别。3 岁的女儿或许只是单纯地不喜欢那条裙子的颜色，并不是要刻意地与你对着干。此时我们既要给孩子有自我选择的空间，又要给他们适当的限制范围，在我们规范好的空间内让孩子自行选择自己的喜好，让孩子体验自主选择的乐趣。这样在约定的范围内做选择，可以在童年期培养孩子的自主与自律，帮助孩子建立起愉快的行为体验，减少孩子因为感觉不被父母理解而容易产生的抱怨、急躁的情绪，以及被忽视的匮乏感，提高父母与孩子的协调度。

我们用这样的方法解决了孩子去超市或者在商场看见喜欢的东西就想要的毛病。孩子们每次与我们出行购物，我们会提前与他们规定好，每人有选择一件喜欢的零食或者小玩具的权利，孩子们会高兴地同意。在超市中，当孩子们看到了很多喜欢的东西时，他们会权衡比较，选出他们最喜欢的那个。所以孩子们与我们出去购物总是高高兴兴的，从来不会大哭大闹，或者在地上打滚儿。这样提前约定好的购物规则，既提高了孩子对规则的认知度，保护了孩子情绪的稳定，又可以让孩子与父母彼此理解与尊重，同时可以让父母更轻松地享受与孩子共度的时光。

另外一个对我来说非常有用的心理学领悟，就是“承担”的重要性。

“承担”是为人父母的一项基本职责，学会“承担”对于构架我们与孩子之间正常的关系至关重要。“承担”从心理学的角度大致分为四个方面：情绪承担、引导承担、内核承担和保护承担。

情绪承担：就是我们要学会容纳孩子的坏情绪。例如，孩子与小朋友争执打架了，回家委屈地大哭，这时我们要先接纳孩子的情绪，我们可以蹲下身来，问孩子：怎么了……？委屈了（或者说生气了、伤心了）？妈妈知道你心里一定很难过（给孩子一个拥抱）。这几句话就是心理学上情绪承担的要素：容纳—标注—感同身受，先接纳孩子的坏情绪，并标注这种情绪的名称（使孩子下次知道如何表达他们的情绪）；然后告诉孩子你理解他或她的感受，待孩子情绪稳定后再慢慢与孩子探讨问题的解决办法。不要否定，例如有的父母会冲着孩子怒吼：“哭什么哭，哭有用吗？你怎么不打回去啊，废物……”这种带着强烈自我情绪的表达，不但帮不上孩子，反而会让孩子感受到满满的挫败感。

对于青春期的孩子，父母的情绪承担也异常重要。例如，孩子情绪不佳、爱搭不理、将自己关在房间里开着巨大音响的时候，有的父母会被孩子的负面情绪牵制，心想：你不高兴，我更烦，我还懒得理你呢。于是冷处理或不理孩子；有的甚至与孩子产生冲突，单方大肆宣泄自己的不满。这样的处理方式与承担的概念相悖，承担是理解与体谅，是适度的宽容与允许，是在孩子情绪稳定后，与孩子平和地交流，让孩子能够表达自己，给孩子的情绪一个更理性的出口。

**父母的一项重要功能就是帮助孩子，让其心智得到发展。客观而且平和地与孩子谈论情绪，并将不同的情绪标注上名称，可以帮助孩子了解自己和他人内在的情绪体验，将混乱和不同的情绪梳理表达出来，这样才可以让孩子学着去管理自己的情绪，完成心智化的过程。**

引导承担：在孩子遇到困惑和选择时，给孩子一个正向的引导，帮助孩子树立正确的价值观和责任感。曾经有个热门话题：老人摔倒要不要帮忙扶起。为人父母非常重要的一点就是需要秉持正念并将其传递给孩子，我们可以与孩子探讨：善良是什么？正义又是什么？对于一个世界来说，不仅需要善良，更需要正义，因为正义具有更崇高的精神价值，多数时候，人缺少的不是善良而是正义。这个世界上不乏道德败坏的人，我们的确需要学会辨识，但我们不能因此而丧失人的天性，即互相帮助和对他人的关爱。

内疚承担：当孩子表达出自己不同的观点，甚至带有恨意和攻击性时，父母如何应对。例如孩子哭着喊：“我就要这个玩具，你给我买嘛，妈妈讨厌，妈妈坏。”在这个时候，如果妈妈能够在孩子发脾气和哭闹时平和地告诉孩子：“宝贝委屈了（抱抱他或她），妈妈也觉得这个玩具很好玩，但是今天我们是来给妹妹买生日礼物的，如果你真的那么喜欢，我们将来把它作为你的生日礼物，你说好吗？”孩子很大程度上会被安抚。而如果妈妈被孩子的话激怒，怒气冲冲地说：“我讨厌是吧？你这个白眼狼，白疼你了，以后什么都不给你买了！”这位母亲采取的方法叫作“反攻击”，她用了与孩子同样的方法，就是用同样不理性的语言去报复孩子。这样的反应不仅无法给予孩子正向的引导，还会使孩子将矛头内化，指向自己，认为是自己不够好，从而导致孩子心理产生内疚和自卑的情绪。

保护承担：父母以身作则，遵守法规，不推卸责任，敢于承担错误，使孩子在面对规则与法律时可以做出正确的抉择，以达到保护自我的作用。让孩子明白，规则是对他们的保护而不是困扰和束缚。例如，开车一定要系上安全带这件事，有的父母认为是一种约束，父母和孩子都不系安全带，甚至让 12 岁以下的孩子坐在副驾驶座上。我们对法规的“无视”，或许会侥幸地逃过意外的发生，但如果孩子带着这样的无视去生活，危险一旦发生，就会是灾难性的。但父母如果严格遵守这样的规则，以正确的方式示范给孩子看，并且给孩子举一反三，通过这一件事就可以让孩子明白，规则是重要的和必需的，以及它的保护意义，告诉孩子规则有时会让我们感到困扰甚至约束，但我们依然要遵守。

心理学可以在生活的方方面面给我们以指导，适当地去了解与学习，可以令我们更深入地理解他人，宽容地看待事物，理性地处理矛盾，等等。最重要的是，在抚养孩子的过程中，心理学可以帮助我们看到问题的成因和后果，起到警示与引导的作用。

## 正视挫折，成为孩子的榜样

陪伴孩子们一起长大的过程非常美妙，但当我和先生正在享受着与孩子们的幸福时光时，却遇到了一个严重的问题。

那是我们来到米兰的第三年，一场车祸使我们明白了中国的驾照在欧洲使用不能超过一年，一年之后，必须重新考取当地驾照，才可以上路开车。如果在一年后继续开车，就等于无照驾驶，会被罚三个月停驶，并受到罚款处置。

而在意大利要获取驾照，首先要通过意大利驾照理论考试，而考试官方使用的只有意大利语和法语。在通过了理论考试后我们才可以进入学车上路的环节，并在警察的监督下再进行路面考核，最后才能得到意大利的驾驶执照。当时我们在意大利生活了近三年，但因为我的英语水平还说得过去，生活方面不受语言的影响。而且我的左右邻居都会讲英文，我们如果有什么需要，他们都会很热心地帮忙。还有就是现在手机上各种翻译软件使用非常方便，所以我们从来没有很认真、很系统地学习过意大利语，即便我们学了意大利语，那些粗浅的口语知识也达不到考驾照所需要的意大利语的水平。

而现在麻烦来了，我们只能用意大利语考驾照！

我那时已经48岁，就我本意，我很愿意重新去学校学习一门语言，无关痛痒，没有压力地去学习，会是件即浪漫又惬意的事。但现在却不然，我要在最短的时间内考下意大利驾照，否则孩子们只能天天坐火车，再乘地铁上下学，不仅要在路上花费更多的时间，有时候如果遇上公交罢工就可能迟到，而且我们去超市采购，或者外出旅游都会非常不方便。

怎么办？遇山开路，过河搭桥吧，我只能放下狠话："我一定要考下意大利驾照，你们看我的吧！"说来容易，做起来难啊！

于是我们重新安排现有的生活：孩子们每天提早一个小时起床，从我们居住的城市坐火车，再乘地铁去学校，哥哥带着妹妹上下学；同时准备好自行车，采购简单的东西就骑自行车。有时需要采购比较重的东西，我就学着下载了一家本地超市的App，攒够一定数量的货物，他们可以送货上门，只收取很少的运输费。在那段时间，我们的意大利邻居知道我们遇到了这个问题，他们有时去超市就叫我搭他们的车一起去，我就可以顺便买些油或者面粉等偏重的东西。当时正好赶上了12月份，圣诞节前夕，邻居开车带着我和女儿一起去选购圣诞节的装饰品，这样的体贴与帮助，令我终生难忘，使我们真正体会到了什么叫作"远亲不如近邻"。

学习驾照理论课的事情我一点也不敢懈怠，我找到了一家中国人开设的驾照理论培训班，去报名并买好了教材。教材是A4纸那么大的开面，4公分厚度的一本大书，每一页纸上都是密密麻麻的意大利语，一共7200

多道题，实在看得我头皮发麻，但我需要在不到三个月的时间内把它学完，然后准备考试。

我的课程是网络课程，课程时间是每周一至周五晚上 8 点到 10 点。在大部分的上课时间中，老师会给我们翻译和讲解每一道题的中文意思，我就尽量地写下每个词的中文意思，并且把老师上课的内容录下来，第二天在白天的时间再查字典，把每个不认识的单词查一遍，通篇再学习一遍。我把所有的生词按照字典的排列方法记在一个大本子里，并且每天还要抄写一些生词词条，放在床头柜上，以便随时学习，巩固记忆。我开足了马力，全力以赴，家里买菜、做饭的任务全部由我先生负责。我甚至在熨烫衣服的时候都不舍得浪费时间，总要重复播放老师上课的录音。那一段日子真的是过得昏天黑地，太多的生词需要记住，太多的交规需要熟读，直至学到尾声的时候，终于开始进入“刷题”的程序。

驾照的理论知识虽然涉及 7200 多道题，但考试的时候只考 40 道题，半个小时完成，最多只能错 4 题才算你通过了。于是在学习了两个多月左右后，我就开始用这个驾校的软件“刷题”了。

儿时培养起来的勤奋用功的特质，这次又起到了作用。我每天只要有时间就会用来背单词、复习，还有不停地“刷题”。在“刷题”的过程中，我会把做错的题拍照留在手机里，之后再做，直到自己记住了为止。

我是在 1994 年北京首汽驾校报考的驾照，那时候的驾照理论与这本意大利的理论教材相比要简单许多，路面驾驶学习是在驾校内的路面进行，基本合格后才可以在指定的公路上学习。

“刷题”的日子终于到了头，Alice 通知我准备考试了，她说校长说我做题的速度很快。是的，我非常用功地“刷题”，需要半个小时才能做完的题我 15 分钟就可以做完。儿子看到我每日如此用功，感慨道：“妈妈，我要是像你这么用功，我每科都可以拿 A+。”

考试是在一个 50 平方米左右的房间里进行的，有 20 多个人从不同的驾校过来参加统一考试，当天只有我一个人是亚洲面孔。每人面墙而坐，面前是一台触屏式电脑，每位考生之间的距离并不大，因为每个人的题目都是随机的，都不一样，没有作弊的可能。一位 50 多岁的女士担任我们的监考官，她先核对了我们的身份证和照片，之后就叽里咕噜地说了一堆意大利语，看到我这个亚洲面孔，就问我是否听懂了，我摇摇头说：“不明白。”她说：“你不明白怎么考试？”我说：“我可以阅读。”她听到我的话就笑了。我很幸运，坐在我旁边考试的意大利女孩子会讲英文，她向我解释了监考官的话，主要是考试的一些注意事项和规则，还有就是如何使用这个电脑进行考试，等等。

考试开始了，我依然用 15 分钟做完了所有的题，中途已经有许多人开始陆续离场了，但我还是沉住气又从头到尾检查了一遍，不急不躁地等到了最后时间才交卷。监考官走到我身旁看了看我的电脑，然后走向她的办公桌上的总控电脑，在那里她可以看到我们所有人的考试结果，之后她抬起头看着我，微笑着给了我一个 OK 的手势！

激动不已！在那一刻，我心里满溢的只有两个字“感恩”，感恩我的校长，感恩 Alice，感恩我的先生，感恩培训班里的老师和那些互相勉励、一起学习的同学，感恩我的邻居，感恩一直支持我的朋友们，还有我的孩子们，我迫不及待地想把这个好消息马上告诉他们每个人。

通过了第一关，接下来老师就会给你安排路面驾驶课程。意大利法律规定，学习路面驾驶，上车时间不能少于 6 个小时。在意大利，路面驾驶课程都是一对一的，一个老师对应一个学生，汽车都是有特殊装置的，老师坐在副驾驶的位置，脚下也有刹车装置，汽车都是手动挡的。但他们不是在驾校内的路面上学习，而是直接在公路上学习。每一次，我都需要和老师预约好时间，驾驶课程是一个小时，每小时的费用是 30 欧元，大约 240 块人民币。

我的老师是一个高高大大的意大利人，而且他可以讲英文，脾气有一点严厉，总是抽着一种咕噜咕噜响的电子烟。在驾驶课程中，我被他训过两次，一次是在十字路口，我习惯性地减速并踩刹车，他冲着我喊："走啊，走啊！绿灯，为什么刹车？"还有一次是在一个丁字路口，路口有 STOP（停）的标志，我看左右没有车就没有停下来，想要继续右转弯行驶，他猛踩一脚他那侧的刹车，又开始大声地叫喊："STOP！无论有没有车，你都要停下来，数 1、2、3 才可以再次行驶。"这一次的教训令我印象深刻，后来我再开车，每一次看到 STOP 标志，无论四周有没有车，我的耳边都会响起他的叫喊声，心里默数 1、2、3 之后，才会再次驱车。这样的一个习惯性的动作，不知在未来会多少次救我于危难，这再一次体现出专业要求的重要性，因为小细节的忽视会造成重大的影响。

我因为本来就会开车，所以在学满 6 个小时后，老师就安排我进行路面驾驶的考试了。

那天早上我如约提前赶到了驾校等候，一起来考试的有 6 个人，旁边还有两辆车和两名警察。老师将我们带到一个地点，然后安排我们一个一个考试。我虽然是个老司机，但心里还是有些紧张，手心里有点冒汗。

警察验证了我们的身份证件后，我们就分别上车。驾校的老师还是坐在我的旁边，警察坐在后排。监考我的警察大约 60 多岁，手中拿着一个 A4 纸大小的硬板的文件夹，里面有很多表格，估计是记分用的。我的老师向警察说明了我的意大利语不好，所以他会用英文指挥我开车，征得警察的同意后，我们就上路了。一路上很顺利，我按照老师的要求上高速、穿越城市、减速过减速带、靠边停车等。

开到某一个路段的时候，警察突然提问："在这段路上，限速是多少啊？"我的老师将问题翻译给我，我靠着自己扎实的理论知识，有条不紊地回答他："这是市区一级干道，限速 110 公里 / 小时，但因为我是新司机，所以在第一年内，我最多只能开到 90 公里 / 小时。"我回答了警察临时提出的问题，警察很满意。

之后警察便开始问我一些题外话了，例如之前在中国是做什么工作的？来这里几年了？喜欢这里吗？这样的问题使车内的气氛一下子变得轻松起来，我紧绷着的神经也稍微放松了一些。

到了终点，警察下车恭喜我顺利通过了考试，握手向我祝贺，当时就将他事先准备好的驾照交给了我。我激动得给了他一个大大的拥抱，然后转身抱住了我的老师。感激的话说个不停，眼里却已满是泪水，对于我这么一个外国人，能够考下这个驾照，真的是不容易啊！

从发生车祸，到后来处理这件事的过程中，我与警察接触的次数比较多，意大利的警察给我一种亲切感，他们总是在想办法帮你解决问题，没有训斥，没有冷眼。还有今天考驾照遇到的这位老警察，一路上大约 15 分钟的时间，从正规的考试到后来的交流，他都让我倍感亲切。

我的邻居听说我考下了驾照惊讶不已，在他工作的 3M 公司到处与人宣说，一个不会讲意大利语的中国人，居然考下了意大利的驾照……我的故事成了新闻。

人生的小坎坷、小烦恼骤然之间变成了偌大的财富，使我收获了朋友，收获了自信，更使我收获了对意大利更多的了解和感悟，“一切都是最好的安排”这句话再次在我的生命中得到验证。

生活就是无数磨难与无数困苦的累积，每一张摆在我们面前的考卷都是上天对我们的考验，尤其是如果你已身为人母，身旁有几双小眼睛在疑惑又期盼地看着你的时候，你就能清楚地明白什么叫作榜样。你要成为那双眼中的英雄，孩子自有一种无声的力量激励你、成就你！

父母就如很多人面前的生活一样，永远也不会完美，因为他们也是在成长中的“孩子”，他们也会犯错。但父母在面对错误与困苦时表现出来的坚毅与勇敢，彼此之间的合作与坚守，对新环境以及应对生活难题时的态度，是孩子们最真实的身教，是孩子们学习如何生活最好的脚本，起到榜样的作用，他们会看在眼中，体会在心。

Chapter 4

# 陪孩子一起 发现生活之美

对于孩子一生来说，你最希望他（她）成为一个怎样的人？

（1）健康的人

（2）幸福的人

（3）毅力坚强的人

（4）正直善良的人

（5）事业有成的人

（6）有思想、有智慧的人

（7）坚持做自己的人

（8）财富自由的人

我们每一位父母还可以继续罗列出许多对孩子的期盼，可以运用这种逆推的思考方法，思考我们在养育孩子的过程中，应该如何做可以帮助孩子们实现目标。例如，让孩子不仅要学会爱自己，更要学会爱他人，将来成为一个幸福的人；让孩子拥有善良和真诚的品德，内在充盈，拥有正向积极的人生；让孩子把学习、读书作为习惯，保持好奇心，使生活永远有趣；让孩子去试错、去磨炼自己的毅力，敢于面对挫折困苦，不会轻易被生活击垮；让孩子坚持做自己，令自我的天赋得以释放，活在自信之中……

我们对孩子的期盼与我们的养育理念之间是否有差距？父母需要经常检视和校准自己的言行，成为孩子真正的导师与知己。

## 与孩子共读一本书

在疫情暴发期间，我们宅在家中，儿子开始阅读作家纳西姆·尼古拉斯·塔勒布的作品——《反脆弱》。

经过上网搜索，我发现这个作家是一位涉猎区域很广的多学科作家，他对金融、哲学等领域都有研究，对“随机性”“不确定性”“稀有事件”的研究更有独到之处，是一位很有趣的作家。为了能和儿子有更多可以沟通的话题，我也开始在网上阅读此书。

这个作家独特的思维模式令我耳目一新，我一直认为生活应该是稳定的、平缓的，而且美好的，不确定的事件只是偶然发生，是意外，所以我们要学会坚强，并且勇敢地面对生活中的挫折、打击和磨难。但在这本书中，作者的观点却令我醍醐灌顶，他提到，“不确定性”才是我们的生活，变幻不定才是我们生活的主导者和推动者。当我用这样的世界观去重新看待过往的生活和世间的大事件时，我忽然明白，这是一种全新的、比较积极的思考问题的方式，这样的思维和逻辑更加智慧，让我们在心里做好随时应对“黑天鹅”的准备。当我们真正遭遇“黑天鹅”时，不会太过于惊恐和被动，而是以一种更理性的态度来应对，更加平缓地渡过劫难，不至于走极端造成心理伤害，这是一种变被动为主动的积极的生活态度。作者甚至告诉你：以这样的心态面对生活，你可以学着从“黑天鹅”事件中获利。

“幸运的傻瓜往往被随机现象所愚弄，他们将成功归诸于‘自身’，却忽视了随机性在其中发挥的巨大作用，直到随机性再次大发神威，将他们的世界颠覆。”

“人类在随机性面前难有招架之力，因而不要将你的命运怪罪于任何人，即使他们是祸首也一样。碰到厄运时，不妨开始强调个人举止的优雅，你应该表现出不管在什么状态下都‘知道如何生存’的样子。命运女神不会控制的是你的行为。”

这样的观点，在目前这种全球正在面临重大疫情的艰难时刻，对我的身心帮助很大。

每天被迫宅在家中，没有足够的运动和娱乐，每天关心的就是新闻。看着原先热闹繁华的购物场，现在却只有超市和药店开门，其他全部防盗门帘紧闭，我的心情很是伤感。

而孩子们对此事的反应却与我们截然不同。

这本书对儿子的影响不像对我的那么深远。当我与儿子聊起各自的感受时，儿子说：他并没有认为生活就应该是近乎一成不变的。相反，他认为生活应该是充满变数的。无论是“9·11”事件，还是金融海啸，又或者现在全球的疫情，而将来会有更多的不可预测的变数发生，地球已经处于事故多发的时段，保持警觉，应对突变会成为一种生活的常态……儿子的话语不多，但总可以正中要害，令我反思。

我反观自我，长期安稳的生活使我降低了对外界的敏感性，被动地沿着原来的思维逻辑和应对方式处理着现代生活中的各种事件，把之前所学到那点历史知识完全当成了历史事件与其发生时间的一种记忆游戏，根本与现实的生活无法真正的连接起来或是起到警醒的作用。《诗经》中讲“人知其一，莫知其他。战战兢兢，如临深渊，如履薄冰”，其实中国的古人早就告诫我们：我们要谦卑谨慎地活在世间，因为我们对世界、宇宙、空间，哪怕是人类自身来说都“知之甚微”。人类对所生活的宇宙空间的了解只是冰山一角。如何看待未知的一切？如何与世界相处？如何为人？是狂妄自大地以为“我无所不能”“人定胜天”，还是“如履薄冰”一般地谦卑、谨慎？这是我们每个人、每一位父母要慎重考虑的重大议题。

如果“黑天鹅”事件是生活的常态，如果人“只知其一，莫知其他”，那么培养孩子内在健全的人格，不失本性的敏感与谦和，拥有坚强与自信的品德，或许才是我们父母育儿的首要目标。

**当我们想用我们固有的一点所谓的经验保护孩子、教育他们的时候，或许他们早已走在了我们的前面。他们更纯粹的“本真”与“纯良”，使他们可以更加敏锐地捕捉外界的风险，更胜我们一筹。如果我们一味地自负，不但会扼杀孩子的天性，还会错失向他们学习的机会，忽视身边最好的老师。如果我们能够真诚而且虚心地向孩子学习，对孩子来说亦是激励他们奋进的最好良方。**

与孩子共读一本书是一个可以与孩子交流的好方法，既可以让我们找到与孩子沟通的话题，又能够使我们更了解孩子当下的思想，更重要的是让孩子感觉到你在努力地想要与他们同步。你如此努力地想要了解他们，追上他们的步伐，是因为你对他们的关心、肯定和更深层的爱。进入青春期的孩子对“爱”已经有了更高层次的要求和探索，父母需要将停留在“吃、穿、用”上的“爱”向更高的层次提升，要更加关注孩子的心灵与意识层面的修养，给他们以引导。成为孩子的“书友”，互相沟通和推荐好书，是一个与孩子心灵沟通的好方法。

## 一部电影引发的讨论

儿子曾给我推荐了一部电影《小丑》。

《小丑》是2019年上映的美国心理惊悚片，但不知为何，我看完这部影片，并未感觉到惊悚，而是感觉到深深的悲哀。

小丑的名字叫亚瑟，是一位与母亲相依为命的单亲孩子。小时候母亲告诉他：一定要对他人保持一个微笑的面孔，所以在他的心里一直怀有善念，那也是他对外在世界所怀有的希望。哪怕生活如此艰辛，他依然强迫自己每天保持着一张笑脸。但这个残酷的社会却不会因为他的善良而回报给他善意。

他以扮演小丑为生，微薄的收入，每天强颜欢笑，有时还被街头混混欺负。他需要定期看心理医生，吃着7种混合药物来维持自己貌似正常的状态，但他还是会时常无法控制地病态地大笑不止。他在公交车上善意地逗着前座的男孩子开心，但男孩的母亲却用恶意的眼光看向他说："离我的孩子远一些。”当他开始狂笑不止时，他递给男孩母亲说明自己病状的卡片，而那位母亲非但没有任何的同情，反而表现出避之不及的嫌弃，亚瑟在这样的情况下，还要坚持每天回家照顾生病的母亲，他与母亲之间的爱，支撑着他坚持要做一个“小丑”面具下的“人”。

之后他的生活经历了一系列灾难性的打击：被同事陷害丢了工作；被所谓的社会精英嘲笑殴打，他被迫开枪还击，枪杀了他们；被他崇拜的脱口秀主持人嘲弄；他以为找到了生父，但却不被认可。直至他认为他的母亲也是导致他悲惨命运的帮凶……终于，他杀了自己的母亲，将他与这个世界联结在一起的，那仅存的一丝善意与爱彻底撕裂开。“人”的部分被彻底扼杀，他成了一个真正意义上的“小丑”。

这部电影在试图告诉我们，人的恶并不是天生而来的，家庭与社会对人的影响，会让人放弃人性中的善，放弃人性的信仰与价值。

中国古人讲“人之初，性本善”，这个“善”是一种身心平衡的美好状态，而我们所谓的“善与恶”，应该是各自参半地存在于我们每个人的身体中的。就如阴与阳，就如白天与夜晚，就如太阳与月亮，它们彼此相互平衡地存在于我们体内。它们本没有好坏之分，相互制约共生。我们所谓的“善”，就如白天的阳光，帮助我们采集大地之精华，通过五脏六腑的运化，转成能量；而我们所谓的“恶”，就如夜晚，身体在夜晚进入排毒的阶段，为第二天的能量摄入准备好空间和积蓄好能量。这样的周而复始，身体在新陈代谢的过程中，推陈出新地维持着我们的生命。而白天与黑夜就如“善”与“恶”一般，是一体的，浑然天成。

“善”是我们与这个世界、与他人相处的方式，而“恶”是帮助我们分辨是与非，警醒我们不要越界的关键。正如中国古人讲的“见人善，即思齐；见人恶，即内省”，这个“善与恶”都是相对存在的，甚至“见恶内省”对我们所起到的警示作用更大些。但如果这两者之间失衡，就如《小丑》中的亚瑟，他从家庭与社会中已经感受不到任何爱与善待，就等于失去了他心中的太阳，失去了白天，他的精神世界随之进入暗无天日的黑夜之中，彻底崩塌。

孩子“善与恶”观念的建立，受到父母、幼年成长的环境以及外部世界等诸多因素的影响，这样日久天长的熏陶，尤其在孩子人生观和世界观形成的关键期起着重要的作用。之后在孩子遇到生活中的选择题时，这种主观的取舍便会将他们导向不同的方向。

作为母亲，想要养育出一个心智健康、内心强大的孩子，实在不是一件容易的事。

在孩子们一天天长大的过程中，我也在深入地思考这些问题：如何培养一个有正义感的孩子？如何面对社会中的恶？当我们在生活中遇到不公待遇的时候，如何去排解由此引发的恶劣情绪？《小丑》中的亚瑟用暴力来报复这个社会，但作为普通人又应当如何化解这样的矛盾？

我经常会拿出这些令我也倍感困惑的问题与孩子们互相探讨与争论，探讨的过程才是真正有价值的过程。我们自由地发表自己的观点，互相辩论，互相审视彼此的言论，又互相理解和包容彼此的观点。同时我的问题也变成了他们的问题，促使他们站在我的问题基础上去思考、去假设，并提出他们的观点。另外，这些问题也是孩子们将来走向社会需要面对的问题，进而促使我更加开放地与孩子们交流，认真而且虚心地聆听他们的见解，在交流中引导孩子找寻多种解决问题的方法。

中国古人讲要学会“以德报怨”，在佛教的层面来讲是“让则尊卑和睦，忍则众恶无喧”。这两种解释都是在规劝世人，冤冤相报无有解期，宽恕以及忍让才可以化解人世间的恩怨。而作为现代的年轻人，他们能够做到“让与忍”吗？如果遇到心中郁闷、难以疏解的情况要怎么办呢？

有一次，我们在家中吃晚餐的时候，我由《小丑》这部电影提起话题，和孩子们开始讨论“如何化解不良情绪”的问题。

我们每个人都会遇到不开心的事情，或者是在家里、学校、将来的工作中、社会中都有可能遇到让人生气、烦躁，感到羞辱或者不公平的待遇，我们要怎么看待这样的情况，如何去解决呢？电影中小丑的表现，你怎么看？

儿子说：“小丑的表现比较极端，我觉得如果遇到不公，应该寻求法律手段解决。我如果有不开心的时候，我喜欢去听音乐，我发现音乐可以帮助我很快化解消极的情绪。而且现在我发现，健身对我的情绪也有帮助，会令我更乐观。”这时女儿也开始发言：“我觉得吃好吃的东西可以让我更开心，或者睡觉，又或者去逛街也是一个好办法。”我说：“嗯，这些方法都很好。我们都要找到自己可以排解不良情绪的方法，不要让这些不好的情绪长时间停在我们的身体里，因为负面情绪会影响人的神经系统，打破我们身体的平衡，会使我们的身体生病。哥哥刚才说得很对，遇到不公的事情，我们应该寻求法律的保护。”我看着孩子们：“如果你有不开心的事情，还有一个好办法，就是可以和他人聊天，和爸爸妈妈说说，或者和自己的好朋友讲一讲，也可以起到很好的化解作用。”女儿点头，说：“是的，我喜欢在不开心的时候和朋友聊天，一会儿，不高兴的事就忘记了。”我接着说：“还有一个可以化解心中郁闷和问题的方法就是去寻求心理咨询师的帮助，心理咨询师是专业人士，可以帮助我们化解心中的焦虑、抑郁以及人际关系方面的不良情绪，他们是治疗心灵疾病的医生。所以将来无论遇到什么样的问题，我们要记得可以有很多种解决问题的办法。”“妈妈，那你要是不高兴了，你会怎么做啊？”女儿歪着头看着我问。“我喜欢打坐，冥想对我帮助很大，你如果喜欢，哪天可以和妈妈一起试试。”我笑着告诉女儿。

每一次与孩子们平心静气地探讨与交流，都会让我们每个人有所收获。有的时候我更希望孩子们可以说出他们更多的观点，我每次都会耐心地去听，给予他们足够的关注和尊重，甚至我会引导他们多说一些，他们讲到精彩的地方我会给予肯定和赞赏。因为我发现**当一个人向他人讲解或阐述自我观点的过程也是他自我再次论证这一观点的过程，这会对自我的思维起到反省的作用。**这样的辩论和探讨，在儿子的人生观开始形成的这些年中，我们会经常进行，都是不定期、不限定主题的即兴辩论。有时，我们辩论起来也会针锋相对，互不相让，随性发挥，没有标准答案。几年的时间下来，儿子的口才大有长进，思想上也有了自己很完整、很理性的一套思维体系，他不偏激、不执拗，能够接纳不同的观点，遇到问题也更喜欢拿出来与我们探讨。

作为一个已经 50 岁的母亲，我更深刻地感悟到，养育孩子的过程很像是太极中的“推手功”。当你推手而出之时，动作要均匀、缓慢，掌握好节奏，感受对方的气力与强弱之所在，做到先去了解他们，使自己可以做到张弛有度。这个阶段就像是孩子的幼儿期，我们对孩子的保护要多于知识的灌输，给予他们足够的自我发现的空间，让他们在充分的安全感中大胆地探寻他们的天性，我们要柔中带刚，掌握好尺度。抚养是爱护与教养，“抚”与“养”要有阶段、有方法和有侧重，拿捏到位。当“推手功”

进行到对方推手而来的时候，我们就要因势利导，懂得缓慢收手，让出舞台，在他们逐渐向外探索的过程中，我们的信任和鼓励会使他们获得自信心和成就感。同时我们也要让他们领略路途的险恶与阻力，锻炼他们战胜困难的勇气。在这一推一收之间，我们与孩子之间的爱与默契慢慢传递，孩子也在我们的接纳、保护、引导、锻炼的过程中长大了，这时候孩子已经为他们未来的飞翔蓄势待发，待到羽翼丰满，便可展翅高飞。

“家”是社会中最重要的元素，因为只有家中的父母才可以为每一个孩子提供成长所需要的温暖和爱，这是孩子们健康长大的根本，也是为人父母无上的荣耀与责任。哪怕我们的孩子们长大走向了社会，他们也并不成熟，还会一路磕绊着前行。**作为一位母亲，我们都希望自己的孩子在他们的人生路上能够得到他人的温柔以待，他人能够宽容他们的不足，欣赏他们的善良与努力……我们每个人的身边都有“他人”，他们的身后都有一位母亲，关爱我们身边的人，善待你遇到的每一位“亚瑟”，这就是对“母亲”的报答，是我们每个人可以为这个世界做的点滴贡献。**

## 给孩子做我们老师的机会

“示弱”是在孩子青春期阶段，父母需要考虑的一个绝好的与孩子沟通、给孩子创造成就感以及鼓励他们深入探索的好方法。

我们这些在20世纪50~70年代出生的人，遇上了中国的粮食危机。小的时候，大家的生活都不富裕，有大米、白面吃就已经是好生活了。所以饮食结构一直比较简单，米饭和馒头就是我们的主食，如果饭桌上没有这两样就感觉没吃饱饭。儿时的饮食方式，也就自然而然地延续到了现在，养成了我们固有的一些饮食习惯。现在的食物选择虽然多了许多，但固有的主食与蔬菜的搭配模式没有多大的改变。

虽然后来也了解到这样的饮食结构会造成很多问题，如糖尿病、高血压和心脏病的风险等，但自己的改变甚微。

儿子的一个行为，对我们却产生了很大的影响。

有一天吃饭的时候，他只盛了很少量的饭，也就是平时饭量的三分之一，我问他是不是没胃口，他说他要控制碳水化合物的摄取量。

我很吃惊地看着他，于是我们一边吃饭一边就聊了起来。儿子说他在研究营养学的一些知识，他发现过多地摄入碳水化合物会造成糖尿病和肥胖症，所以他要开始控制，而且要增加膳食纤维和蛋白质的摄入。我问他为什么开始关注这个问题了，他说：是因为他的健身需要，还有就是他想调整饮食结构以改善他脸上的青春痘。

于是我询问儿子是否可以安排时间给我上一堂营养课，因为我想了解更多的营养学知识，与他进行探讨，并尽可能地达成一致，从而更好地配合他，调整我们的饮食，儿子欣然同意。

我想儿子在给我上课之前，一定是又恶补了一下这方面的知识，因为他给我上了一堂高质量的营养学课程。

儿子那天从他为什么开始关注这个问题讲起，我细心地听他讲解，并且用录音机录了下来。

“我是因为开始健身之后才关注营养学这个问题的。我的教练告诉我要补充蛋白质，以达到更好的健身效果，我当时不明白具体应该怎么做才能达到效果，于是就开始上网查找，提出各种问题寻求答案，也看了许多相关的视频。因为不能只听一家之言，所以我就反复论证，找到有具体数据的可靠的观点，总结出了一些适合我的饮食方法，还有我现在使用的蛋白粉，以及维生素的补充，也是在网上咨询了专业的营养师之后做出的选择。

“那天我们谈到了碳水化合物，我发现我们每天碳水化合物摄入量太多了。碳水化合物在 100 克大米之中含有 77 克，比例很高，但在肉类、蔬菜之中的含量就很低，比如 100 克猪肉中只含有 1.5 克，这个比例的差距显而易见。

“为什么我们不能摄入太多的碳水化合物呢？因为碳水化合物非常容易被我们的身体分解为单糖，然后被我们的身体迅速吸收，最后以葡萄糖的形式被吸收进入血液，这时候，也就是吃完饭半个小时的时间，我们的血糖就会升高，胰腺开始分泌胰岛素，将一部分葡萄糖转化为能量，另一部分储存在肝脏和肌肉中。当我们的身体需要的时候，它们还会转化成能量。如果储存的量太多，而我们又长时间不使用，也就是运动量不够，那么多出来的葡萄糖就会合成脂肪，使我们变胖，而逗留在血液中的过多的葡萄糖还会增加肾脏的负担，严重的会发展成糖尿病。

“所以从这一点可以看出，首先我们必须控制碳水化合物的摄入量，避免餐后血糖的快速升高；其次就是欧洲人喜欢的餐后甜品，或是餐后的水果类，等于需要胰腺分泌更多的胰岛素来分解我们食物中的糖分，这样就大大增加了胰腺的负担，所以餐后要尽量减少进食含糖量高的食物。

“妈妈，您知道日本人也吃米饭，但他们放凉了以后做寿司吃，米饭中的热量会有所降低，我们可以学习这一点。

“另一个需要了解的概念就是‘缓释碳水化合物’，这种物质由三个以上的糖分子组成，吸收的速度慢，可以使人有饱腹感，而且可以长时间慢慢地释放糖，不会那么快速地让体内含糖量升高，这种食物主要是粗粮、燕麦、豆类、坚果、水果和蔬菜类。

“再次，蛋白质的重要性自然不用说了，尤其对于我这样经常健身的人来说很重要，还有对于妹妹这类处于正在长身体阶段的人也尤为重要，包括对于您和爸爸这个年龄段的人也是不容忽视的。蛋白质主要是动物蛋白和植物蛋白两种，我们需要的蛋白质在很多食物中都含量丰富，如牛肉、鸡肉，鸡蛋、海鲜、牛奶、豆类和谷物等。蛋白质的缺乏可以造成很多问题，如：发育迟缓、智力低下、皮肤干燥、免疫力低下、过敏等。

“另外，还有一个重要的东西就是膳食纤维，膳食纤维大量地存在于瓜果、蔬菜里面，如苹果、柠檬、柑橘类。它的作用很多，例如，可以增加饱腹感、减少食物的热量、缓解餐后血糖的升高、避免便秘、降低蛋白质过量对身体的伤害，等等，好处很多很多。

“当然，无论是碳水化合物、蛋白质还是膳食纤维，都要掌握好一个配比，不能太多也不能太少。比如蛋白质摄入太多容易增加患心脏病的风险、缓释碳水化合物摄入太多容易造成腹胀，等等。

“最后，在营养学中，还有一个概念叫作‘美拉德反应’。妈妈，我希望您和爸爸都要了解一下这个概念，因为它揭示了一个食物在加工过程中是如何导致蛋白质降低的问题，这个算是我给您留的作业吧。”

我问儿子：“有些道理很多人都懂，但很多人都做不到，你是怎样做到这样的自律的？”

儿子说：“当一件事情变成了习惯，就不难做到了。就像每天早上，我要刷牙一样，我不需要自律就可以轻易做到。而且想把一件事情变成习惯，只需要坚持不懈地每天去做这件事，有的人说 21 天，有的人说 60 天，我觉得每个人不一样。但当我希望自己可以变得更好或者更健康的时候，我就会坚持去做，逐渐地就会形成习惯。就像健身，我无论去不去健身房，我都会每天坚持健身，时间久了，我就形成了习惯，健身就像每天吃饭穿衣一样自然，成了我生活的一部分。”

看着儿子滔滔不绝地讲解营养学，我非常认真地听着，就像个小学生一样很虚心地听讲。看到他的成长，看到他自信满满地给我上课的情景，我感觉和他在一起的每一分、每一秒都是那么美好，心中无比欣慰。

在儿子的建议下，我们全家人的饮食结构开始了革命性的改变，虽然还会焖一锅米饭，但我会加入一部分糙米，而且刚焖好的米饭，第一天只吃很少一部分，放凉后放入冰箱，第二天再做炒饭或是咖喱饭吃；主食从大米、白面直接改为蔬菜和肉食，将米饭和面食改为辅食；在做馒头、花卷或是烙饼的时候，我都加入部分的全麦面；孩子们喜欢的甜品，我们不再去外面买，而是自己做，这样可以控制白糖的使用量；每天下午都给他们每人准备一份水果，增加他们的膳食纤维摄入量。

孩子长大了，可以在很多方面给我们以帮助，而我们也要给孩子提供帮助我们的机会。我们开始学着享受年轻的儿子带给我们的“福利”，一代人与一代人的交互更替，早已经在我们与孩子潜移默化的生活中开花结果了。

**我们谦卑而且渴求地想通过孩子去学习的态度，我称之为“示弱”。我们的“示弱”可以为孩子提供充实自己、在父母面前展现自我的机会，这种正向的激励，使孩子心理获得极大的成就感，他们会因为父母的信任与需求，试图去帮助我们，从而发掘自我，努力给我们呈现出另一份惊喜。**

## 和孩子单独约会

在我们来到意大利的第二年，2016 年的 11 月，有一天儿子和我商量，他想在我生日那天单独请我吃个晚饭，我欣然接受。那年儿子 16 岁。

那天正好是个周五，孩子们下学后，我们先回家，换好提前准备好的吃晚餐穿的服装。按照我们预先的计划，我先生晚上陪女儿在家吃饭，我和儿子在外吃晚饭，等我们回来后再一起吃生日蛋糕。于是我和儿子收拾妥当，开车去了市中心。

在米兰大教堂的隔壁，有一家在七层楼上的意大利餐厅，环境既现代又优雅，可以一边吃饭一边欣赏米兰大教堂的夜景，非常浪漫。欧洲的冬季实行冬令时，虽然只是晚上 7 点，天空却已是繁星相伴，隔壁的大教堂也在灯光的照射下显得更肃穆威严。桌上的烛光映着儿子俊朗的脸庞，让我恍如隔世。16 年与儿子的朝夕相处，那个顽皮可爱的小男孩，现在已是 1.8 米高的小伙子，在距离故乡 8000 多公里外的异域，风度翩翩地与我共进晚餐。生活的奇妙与变换永远令我们始料不及。

餐厅中播放着浪漫的背景音乐，空气中弥漫着西餐厅独有的奶油与烤面包的味道，与周围客人们的聊天声和酒杯碰撞的声音交互辉映。我和儿子看着菜单，各自点好自己喜欢的菜品，感受着周围轻松愉悦的氛围，我轻声地说："儿子，谢谢你今天请妈妈吃饭。"儿子笑着说："不客气，今天是妈妈的生日啊！"儿子停了一下，拿起水杯接着说，"妈妈，祝你生日快乐！我也想告诉妈妈，我长大了，谢谢妈妈长久以来对我的爱和照顾。""你真的长大了，妈妈也要谢谢你，因为你一直是我心中的骄傲，感谢你带给妈妈的快乐，妈妈永远爱你。"我和儿子碰杯祝贺。

我们继续聊着意大利、聊美食、聊儿子对未来的梦想，既温馨又惬意。我已经回忆不起来我们都点了什么菜品，但那天的场景与心中那份甜蜜、温暖的感觉却一直印在脑海中。儿子绅士般地要账单结账，我和儿子以米兰大教堂为背景照了一张照片留作纪念，然后我挽着儿子的胳膊走入了夜色中的米兰。

天色已完全黑了下来，一丝冬日的凉意渐渐袭来，我将儿子的胳膊挽得更紧一些，享受着这一刻与儿子的依偎，我仿佛突然感到了儿子给我的依靠感，就如同他儿时我们所给予他的那般。我们慢步通过米兰大教堂前的广场，向停车场方向走去，路灯照在渐少的行人身上，形成了一个个长长的倒影。迎面一对男女牵着一只长得犹如狐狸一般浑身雪白的狗，从我们身边经过。"好漂亮啊！"我忍不住赞叹，站在那里看着它从我们身边走过。就在这一刹那，我忽然想起了一个久远的故事，那个九尾狐的故事，我抬头问儿子："你听说过那个九尾狐的故事吗？"儿子疑惑地摇摇头，我就一边散步，一边给儿子讲起了故事。

传说世间的生灵皆可修炼成仙，而狐狸自然是必不可少的一个。狐狸每修炼二十年就会长出一条尾巴，等到它有了九条尾巴的时候就算修炼成功了，连天上的神仙都会对它谦让三分。可是这第九条尾巴却是极难修成的，因为当它修到第八条尾巴以后，它就必须为它的主人实现一个愿望，主人的愿望实现，它才会长出一条尾巴，而之前的尾巴也会自动脱落一条，最终还是八条，这样就进入了一个逃不出的死循环中，永远修不成九尾。

有一只很虔诚的狐狸，已经修炼了好几百年，也曾经帮助若干人实现过愿望，但仍然是八条尾巴。它向佛祖抱怨，这样修炼下去何时才能得道啊！佛祖看着它，笑而不答，狐狸没办法只得继续修炼。

有一天在暴风雨中，它遇到了一个少年被狼群攻击，它用神力驱赶狼群救下了少年。后来它竟然发现这个少年是它第一任主人的后代，于是按照规矩它要为这个少年实现一个愿望。

少年听说狐狸可以帮他实现任何一个他想得到的愿望，欣喜若狂。他早就听说过九尾狐的故事，但从未想过他可以如此幸运，成为一只九尾狐的主人，而且还可以实现任何一个他想得到的愿望。当狐狸问他的时候，他竟一时语塞，不知如何作答。于是九尾狐只能暂时变成一只猫和他回家，等待他的回答。少年与它相处数日后，听说了九尾狐的死循环的故事，便对这只狐狸生出了怜悯之心。

终于有一天，当狐狸问起他的愿望时，他说：你真的可以实现我的任何愿望吗？狐狸点点头，于是少年一字一顿认真地说：我的愿望就是，你能拥有九条尾巴！狐狸听到这句话，愣在了那里，眼里满是疑惑和感恩，它舔了舔少年的手，就在那一瞬间，它长出了那久违的第九条尾巴，变成了真正的九尾狐，而善良的少年一生也过得非常幸福。

儿子听完我的故事，沉默了片刻，认真地说："妈妈，如果我是那个少年，我想我也会这么做，我也会成全那只狐狸。"

儿子的话成为我那年最好的生日礼物！

"是啊，如果你遇到那个能够成就你的人，是你的幸运。而如果你是一个能够为别人着想、成就他人的人，那就是你的荣耀。"

狐狸与那位少年以及我们与孩子之间，又是何其相像啊。

与儿子那年的单独约会，并不是我们第一次约会，但却是儿子第一次主动请我吃饭。在儿子成长过程中，我们俩经常单独约会，独自去吃饭、吃甜品看电影、打游戏……爸爸也经常单独约他去打球、露营、钓鱼……小女儿也会与爸爸单独约会，穿上漂亮的裙子，与爸爸去一个优雅的餐厅共进晚餐……我和先生会刻意营造出一些这样的小瞬间，想通过这样小小的仪式感，让孩子们去体会生活之美。

## 激发孩子的内在动力

2020年，儿子高考的成绩出来后，他考入了伦敦大学玛丽皇后学院。有一天我和儿子商量，我想对他进行一次采访，是关于他的高考的。他欣然接受，与我约好第二天下午进行。于是，在第二天的下午，我在他的房间里对他进行了一次采访。

我：儿子，我准备录音了。

儿子：好的。

我：高考的成绩已经出来了，是在你的预期之中吗？

儿子：还好吧，这次因为疫情，最终由IB机构评定的成绩普遍偏低，我最初有些失望。

我：是啊，现在是一个特殊时期。

儿子：嗯，是的。

我：刚转入这所英国学校时，你最初的 IGCSE 成绩并不理想，现在回头再看，那两年的成绩虽然不好，但并没有影响你后来的学习，你是怎么做到的？

儿子：您也知道我刚从国内转到这所学校之后，课程衔接不上。当时我的英文水平与高中课程对英语的要求之间差距很大，有些科目上课听不懂，例如物理课我就学得非常吃力。曾经有一段时间，由于听不懂，我就不怎么好好听课了，这些是我那两年成绩不好的主要原因。

后来，我开始在学校上英语补习班，并且大量阅读英文书籍，英文水平提高了很多；另外，我在网上找到了一些很好的老师给我补课，这对我也有很大的帮助。我开始给自己安排系统的补课，把之前落下的课都补上了；再有，就是老师布置的作业我会尽量提前完成，比如论文，老师要求一个月以后交，我会在前两周内完成，之后经过一个长时间的思考，接着去修改，然后提前交给老师，老师也会有更宽裕的时间给我指点。

我：这样有的放矢真好，这个方法是你自己摸索出来的吗？

儿子：是的，而且在我改变了学习方法后，老师好像也感受到了我的学习态度的转变，每次都对我的作业批改得非常仔细，我很受益。

我：是什么激励你在最后这两年让成绩有了一个质的飞跃？当然，那时候你的英文水平已经大幅提高，学习变得轻松了一些。而且我看到你把玩游戏的台式电脑搬走了，不让自己玩电脑游戏。还有，你几乎每天都去健身，我能感觉到你的自律，驱使你这样做的内在动力是什么？

儿子：我想考上一所优秀的大学，我确定了自己的目标，做好了决定，那我就要尽我最大的努力，把它做到最好。

我：嗯，你的经济学老师好像很欣赏你，他对你寄予了厚望。

儿子：是的，Mr.Pinchi 对我帮助很大，在学校，无论我有什么问题请教他，或有什么想法同他商量，他都会很认真地听我讲话，给我指点。我能有今天的成绩，他功不可没，我很感激他！

我：在你之前的成长经历中，有什么令你很感慨的事情吗？

儿子：有很多。首先，我觉得我很幸运，爸爸妈妈很理解我，也很支持我，家里的亲人、朋友，还有我遇到的老师们，都对我帮助特别大。另外，我对自己的未来有很多期待，所以我要努力去实现。

我：加油，儿子！你真的很幸运，你身边有很多你认识的和你不太熟悉的人都在为你祝福，好好珍惜。在学习上，爸爸、妈妈对你的帮助不大，很少干涉你，也从来没给你报过补习班，对于这一点，你怎么看？

儿子：妈妈，您是第一个让我觉得自己很棒的人，我知道您很信任我。您从来不会在我的学习上指手画脚，这样反而让我感觉我要通过自己的努力，让你们为我骄傲。而且在学习上我了解自己的强项和弱项，需要的时候我可以找到更合适的老师给我进行有针对性的补课，不会浪费时间和金钱。

我：是的，你的自律与独立性是你取得今天成绩的关键，妈妈很佩服你，妈妈为你感到骄傲。

儿子：妈妈，我要谢谢你。

我：妈妈也谢谢你，今天的采访到此结束，谢谢儿子！

儿子：不客气。

在丹尼尔·平克的《驱动力》一书中，他提到了激发我们热情的三大要素：自主、专精、目的。他指出：如果工作能够让人可以做出“自主”

选择，发挥自己的技能，做有意义的事情，那么人们往往会非常努力并会取得良好的业绩。**我们天生就是“自主”的个体，我们希望达到专精，把想做的事情做到越来越好，这是我们每个人天性的一部分。**而内在的目标正是我们最大的驱动力，这种驱动力会激励我们实现梦想甚至超越自我。

我们经常需要调动他人的积极性，为此会制定许多奖励与惩罚的制度，但往往最终与我们预期的不一样。那么如何调动他人的积极性，使他们做事就像玩电脑游戏一样上瘾，而且总想做到最好，层层通关呢？《驱动力》一书的作者说：**创造一种“心流体验”，就是他所面临的挑战与他的能力恰好吻合时产生的最佳体验，是一种可以全情投入、忘我的状态。**

为什么人们那么沉迷于电脑游戏，首先是人们通过游戏的设置，可以获得成就感；其次是有趣，而有趣来自“有点儿难度”可以挑战；最后每一个关卡的设计就是一个个短期目标，每实现一个目标就可以获得成就感。成就感是一种内心的感受，之所以那么令人着迷，是因为它带给人以内心的满足和快乐，令人感到幸福。

孩子的学习也是一样的道理，我们要如何激发孩子内在的动力，使孩子可以“自主”地学习？

首先，给予孩子“自主”的权利。这是很多父母想做到，但却放不了手的地方。

父母发自内心的“信任”是孩子拥有“自主”的先决条件，是对孩子最好的激励。我们要相信：孩子的内心也希望把学习学好，尤其是在青春期阶段，取得好的学习成绩是每一个孩子心中的愿望，得到赞誉和认可是他们天性本能的一部分。拥有“自主权”的孩子，会同时意识到责任的重要，之后便衍生出自律与自我目标的设定。

其次，让孩子的学习难度与自己能力相当、与自己的年龄相当，就是不要“逼迫”孩子过早、过大地做超出他们能力范围的事情。如果孩子在某些方面表现出极强的天分，我们不“逼迫”，他们也会主动学习。为了不输在起跑线上，有些父母过早地要求孩子学习某些专业技能，或者我们独断专行地帮着孩子确立太高的目标，将学习变成了一种苦役和折磨，造成孩子对学习的反感。这样很容易导致孩子将学习阶段化，影响孩子一生对未知领域的深度探索与学习，使孩子未来的生活容易陷入无聊和乏味中。

最后，建议孩子设立符合自己情况的短期目标，与自己竞争，而非与他人比较。独自发现了一个新的解题技巧；克服了赖床的习惯；开始坚持每天跑步；对饮食开始有节制，等等，这些点滴的进步，是孩子自我意识觉醒的征兆。父母此时的任务是“看见”孩子的努力，肯定孩子的行为，恰当地提示并激励他们坚持下去。**父母将目光聚焦在孩子的自我超越之上，而非与他人的比较之上，这是对孩子极大的鼓励与引导。**而孩子由此取得的小小成就，能正向地满足他们内心的成就感，进而激发他们的自信与自律，激励他们不断地向内挖掘自己的潜能。

**“自主”是激发一个孩子开启自己内在的动力，主动找到自己人生目标的关键。自我内在动力的启动，使孩子可以不畏挑战，学着去战胜自己内心的恐惧和焦虑。这样的经历，不仅对他们的学业大有帮助，更是他们青春期内心成长的一个重要阶梯。这一时期的内在成长，强化了孩子的自我价值感，使他们更加积极地面对未知的未来，勇敢而又乐观地迎接新的生命挑战。**

## 意大利妈妈 Chiara

意大利这个长得像一只大靴子一样的半岛，物产实在丰富，从南到北，美食数不胜数，闻名天下。葡萄酒、松露、火腿，各式地中海独有的海鲜、奶酪制品，各色各样的意大利面、最佳烘焙的意大利式咖啡和裹着榛子碎的美味巧克力，等等。提到巧克力，我想起了我在安徽黄山认识的一个朋友，他叫小汪，他有一个可爱漂亮的小女儿，若干年前我与他们相遇，我带去了我最喜欢的榛子巧克力和这个小姑娘分享，她告诉我，这也是她最喜欢的巧克力口味。之后若干年，只要我一吃到这类巧克力，就会不由自主地想起那个美丽的小姑娘。

食物可以给人留下记忆，留下温情，会让你在某个瞬间，因为那个味道而突然地记起一个人、一个场景、一份情，让你在过去偷偷溜走的时光中流连。就像妈妈曾经天天为你做的饭菜，成年后的你，某天突然尝到那个味道，便会想起妈妈，想起你的家。人一旦有了这样的留恋与思念，他便有了一种归属感，有了根。有了根就会有生长与茂盛，也就有了他自我情感的延伸。就像一棵树，只要扎下根去，随着四季慢慢生长，无数风吹雨打的岁月，留下的是一圈圈的年轮，而树根不断给予它的营养，令它初心不改，年年枝茂葱郁，开花结果。对于孩子的教育，父母需要做的无非就是帮助孩子扎下根去，而家给予孩子的点滴生活记忆的积累，最终汇聚成孩子生命的源泉。

我的女儿在刚到意大利的时候只有 9 岁，她很快就和她班上的一个意大利女孩 Maria 成了朋友。Maria 的家里一共姐弟三人，上边有一个姐姐，下边有一个弟弟，她在中间。她的妈妈叫 Chiara，是一个研究生毕业的工程师，爸爸是一家德国汽车公司驻意大利的总经理。这样的家庭在意大利也算是中产偏上了，家中的家务、对孩子的教育全部由 Chiara 一人承担。她全职在家，每天接送孩子、做饭、洗衣服，每周有两个小时的健身课，同时是学校家长联合会的成员和义工，而且每周四上午义务去社区给无家可归的人做饭。我后来发现，学校里大部分的妈妈都是全职妈妈，而且她们大部分都受过高等教育。她们也像我们中国妈妈一样非常注重孩子的教育，但她们却将陪伴孩子、教育孩子的责任大权在握，不假他人之手。虽然家务繁忙，但自己的业余生活也安排得丰富精彩，爱孩子也爱自己，用真实而且充实的生活在影响着孩子。

在孩子们日益亲密的交往中，我和 Chiara 也成了好朋友，偶尔一起去喝个咖啡聊聊天。她是一个独立、有个性、充满爱心、生活得有声有色的女人，和自己的孩子们关系密切。她的三个孩子都是她自己亲手带大的，三个孩子都有自己的爱好，她每周也要带着他们去参加一些孩子们喜欢的课外课，如：排球、足球、游泳，每周的记事簿上都是满满当当的。她的父亲是一位检察官，与她的母亲独自住在维罗纳（Verona），那是一个距离米兰两个半小时车程的美丽城市，是莎翁笔下《罗密欧与朱丽叶》的故居。她的公公是一位外科医生，与婆婆两人和他们同住在一个小区中，但是各过各的。爷爷奶奶偶尔会来学校接孩子们回家，或是参加学校主办的孩子们的音乐会以及每年学校年终的年会。孩子们的姥姥、姥爷也偶尔来她的家里住两天，与他们相聚并且看望孩子们。虽然不是老人家帮忙带孩子，可是孩子们与爷爷、奶奶及姥姥、姥爷的关系甚是亲密。有一次我带我的女儿和Maria一起去米兰的中国城逛街、吃中餐，Maria是第一次来中国城，她用身上带的不多的零花钱给她的爷爷、奶奶、姥姥、姥爷及妈妈、姐姐、弟弟每个人都买了一个小礼物，一把扇子、一顶草帽，或是一条小丝巾，孩子的这份惦念与心意让我甚是感动。

因为Chiara的先生的工作需要，现在他们已经搬到德国慕尼黑去了，这个圣诞节他们全家从慕尼黑开车6个小时回到米兰与老人家一起过节，Chiara把Maria送到我家与我女儿小聚，我们也得以再次见面。

她告诉我，她现在每天要花3个小时学习德语，德语学起来不太容易。有不少意大利人居住在慕尼黑，在那里，意大利的食物和调味品都可以买到，除了海鲜比不上米兰的，其他肉食都很丰富。她的生活和在米兰一样，繁忙而有序，每天买菜、做饭、洗衣服、照顾孩子和家人一样也不少。她告诉我，大女儿在德国的高中学校里遇到了她的第一个男朋友，一个在德国长大的意大利小伙子，女儿非常开心，两个年轻人都对这段恋情非常投入。两个人明年都要考大学了，女儿的目标没有变，将来还是要做一名外科医生，男孩子的目标是成为一名工程师；二女儿Maria也交到了几个新的朋友，其中也有一个中国女孩；只有小儿子还在天天想念他在米兰的朋友，还需要一些时间适应新环境。圣诞假期期间，他们全家人都一起去意大利北部山上的房子度假，孩子们可以去滑雪，而她的父母会到山上与他们会合，三代人聚在一起过圣诞节，其乐融融。

看似稀松平常的生活，都需要每一位母亲付出极大的努力，尤其在刚刚迁入新的国家、新的环境时。例如，家中每一个孩子的情绪变化、适应新环境的能力、是否结交了新朋友、教学进度与之前的衔接等。同时，她又要安排假期、关怀老人以及自己的生活，交往新的朋友、学习新的语言，关心先生的工作顺利与否，等等，而且还要敏感地捕捉孩子们情绪的变化，帮助他们解决成长过程中阶段性的困惑。一个家庭主妇的工作不亚于一个公司的CEO，不仅需要全面的知识素养，还要有质量、有效率，而且要无私、谦和，更重要的是要将这看似平淡的生活过出不同凡响的味道，那就是点滴的仪式感，无论是家人的生日、节日，孩子们的点滴成长记录等，都需要被母亲点缀得有滋有味，放着光彩。

在我身边有很多像 Chiara 这样的妈妈，她们不只是一位母亲，她们都在尽力地演绎着一位“出色”的母亲应有的样子。她们凡事亲力亲为，用心陪伴，风吹雨打不曾间断，用自己的心、时间和爱一笔一画地涂抹着与孩子们度过的每一天。无论是上学还是休假，是营造家庭氛围还是进行亲情关怀，她们所做的一切都立体温馨、有血有肉，缓缓地浇灌在孩子们的心田，印在孩子们的记忆中，陪着他们在平淡无奇的幸福中长大。同时她们也没有停止自我的成长，无论是学习、健身还是公益，生活本有的色彩，反而因为母亲这个角色更使她们显得光鲜亮丽。

母亲是家的灵魂，她就像一种超强的黏合剂和策划师，将家和孩子们吸引在一起，有温度、有味道、有声有色，编织出自家独有的故事，无论何时想起，都会令孩子们心生想念。

家的温馨、母亲的味道与孩子们的成长融合在一起，汇聚成为这世间最甜蜜的回忆。

## 顶尖学府毕业的全职妈妈

在儿子 17 岁那年的圣诞节假期，我们一起去英国伦敦旅游，主要的目的是想让孩子们去感受英国的氛围，同时去伦敦的大学参观，并拜访一位朋友。

女儿的一个同学，因为她父亲的工作调整，他们一家已经从米兰搬回了伦敦。他们夫妻都是巴基斯坦人，家中有两个女儿：大女儿和我的女儿是同班同学，两人关系很好；小女儿是一个漂亮可爱的小姑娘，比她的姐姐小两岁。女孩的妈妈 Sabika 是我的好友，也是我们学校妈妈群“美食俱乐部”的成员。所以我们在去伦敦之前就与他们联系好，预订了一个离他们家比较近的酒店，这样孩子们晚上可以在酒店游泳娱乐，我和 Sabika 也可以在一起聊聊天。

我们在去伦敦之前，孩子们在网上做了一些攻略，找好了自己想去的景点，以及我们要参观的大学，初步做了一个规划。

这天我们和 Sabika 约好，她要带我们去参观她的母校——伦敦政治经济学院（The London School of Economics and Political Science，简称LSE），以及她先生的母校伦敦国王学院（King's College London，简称King's 或 KCL）。这两所学院都在伦敦的市中心，两所大学相互比邻。而且这两所大学都是世界知名的顶尖学府，都是莘莘学子仰慕之地，据说LSE 毕业的学生也是全球 500 强企业争夺的热门人选。

在去往市中心的火车上，她告诉我：她当年在 LSE 上大学的时候，是拿的全额奖学金；她的先生是国王学院的学生，他们虽然都是巴基斯坦人，但之前并不认识。他们是在一次两所大学的联谊会上相识的，他的先生对她一见钟情，展开了追求攻势。他们的老家有一种习俗：必须与有相同信仰的本族人结婚，不能与其他外族人结婚。他们的父母都是传统的巴基斯坦人，他们从小也是受这样的教育长大的。在这种情况下，她的先生也慢慢地成了她不二的选择。她的先生的父母多年前就移民英国了，但也一直恪守着家乡古老的传统。她先生是在英国长大的，还有一个弟弟，也是在英国长大的，但这个弟弟就比较叛逆，他找了一个法国姑娘，公然抵抗父母和传统婚姻，而且现在两人已经结婚。到目前为止，他的父母不让他们回家相见，完全不承认这桩婚姻，于是弟弟与父母彼此也断了往来，只有 Sabika 和她的先生与这个弟弟有联系，他们曾经一起见过这位法国姑娘。

Sabika 操着一口流利的带着浓郁英式口音的英文。她曾受过良好的教育，而且她是一个典型的巴基斯坦美女，大大的眼睛，长长的睫毛，五官端正，恰到好处。我在她的家里看到她的结婚照时，惊为天人。照片中的她穿着一身华丽的红色巴基斯坦民族服装，头上一条浅红色半透明的头纱微微垂下，遮住脸庞，新娘微微含笑，眉眼间的那份幸福与甜蜜非常迷人。我对她的先生说："你太幸运了，娶到这样一位又美丽又聪慧的女孩。"她的先生略显腼腆，人很友善，总是喜欢和我的儿子谈论经济和政治。

自从他们有孩子之后，Sabika 就在家里照顾孩子，任劳任怨。在米兰的时候，她曾经做过一段时间的业余的英文老师，因为时间比较灵活，不会影响她照顾孩子。她也有很好的厨艺，做出来的东西不仅美观还非常好吃。她的先生在一家国际公司任职，几乎每两年他们就要随着公司的安排搬家。我们也是有幸与他们在米兰相遇，他们在伦敦住满两年后，又从伦敦搬到了卢森堡。

在他人看来，可以到不同的国家生活很令人羡慕，但实则是一种挑战。全家人总要面对新的环境、新的人，孩子们也要不停地去结识新的朋友，很难维持长久的友谊。Sabika 陪在孩子身边与他们一起坚强地面对这一切，在不停变化的生活环境中找到乐趣，努力生活。她的学识与智慧，虽然不能在 500 强的企业中一试高低，但她却在应对自己的生活时游刃有余。在不同的生活阶段和在进入不同的角色时，懂得取舍，懂得此时此刻什么更重要，也需要智慧的抉择。这样的一位顶尖大学毕业的全职妈妈，她将自己的最好年华和全部的身心投入照顾孩子、照顾家和自己的先生上，她知道这是一个比出去工作更具挑战性的职业，因为孩子们的未来和一个家庭的兴衰都在她的手中。

那年的伦敦之行，儿子亲身感受到了英国的氛围，去不同的大学参观，领略了英国大学的特色；女儿见到了自己的好友，一起叙旧聊不完的话题；我也与 Sabika 畅谈甚欢，对她的学识、经历和生活有了更深的理解。

擦肩而过的每个人，看似平淡无奇，但每个人都是故事，他们的身上都会有令我们感动的瞬间。无论他们以何种外貌出现，也无论你在意与否，他们都是某个人心心念念的牵挂，他们都在以自我独特的方式演绎着自己的人生。生命何其神奇又是如此的精彩。

# 在平淡中认真生活

疫情期间宅在家中，人的身体和心理都在承受着很大的压力。

最初的一两周还好，但当时间持续到两个月的时候，每个人都感觉快到临界点了。为了缓解孩子们的无聊和焦虑，我会陪女儿偶尔在家中做一些好吃的蛋糕，我们做巧克力布朗尼、做奶油杧果班戟、做意大利的提拉米苏，儿子每天复习功课准备高考，在家里健身，偶尔来一块好吃的蛋糕。慰藉心灵是很难的一件事，我们无法令他们免受灾难，我们的言语安慰也显得很乏力，但我们至少可以告诉他们生活中还有好吃的布朗尼，还有父母的爱。

家里的厨房变成了“魔术室”，我和先生会从网上找一些做饭的视频，学着为孩子们变出不同的美食，无论是荤的、素的，还是面食、米饭，会做的、不会做的，我们都勇于尝试，希望让这些被宅在家中的日子尽量多彩一些。有的时候没有足够的原材料，因为疫情，我们又不能出去采买，所以我们就改用家中已有的食材，变换配方，尽量做出可口的饭菜来。

我会邀请女儿和我一起看看电影，换换心情。无论是喜剧还是科幻，哪怕是悲剧，都可以使我们暂时将疫情抛在脑后，享受电影带给我们的感触。

我每周的健身课曾因疫情暂停了，但一个多月后健身场馆开设了网络课程，一周两次，每次一个小时。我的健身课内容属于快节奏的运动，跟着教练做动作，强度很大，一个小时下来也是挥汗如雨。儿子看见我努力坚持锻炼，笑着在旁边给我喊加油，而他也在每天坚持运动。为了让女儿也加入我们的锻炼计划，我向她询问如果可以每天运动，她最喜欢做什么，她说的是瑜伽。于是我们商量决定一起做瑜伽，每天半个小时。

在家禁足的日子里，我和先生会很细心地观察孩子们的反应。我们会和他们讨论疫情的发展情况，政府的措施和当地人的反应，一起喝茶聊天，一起包饺子、做寿司……生活仿佛被暂停，但交流和关爱一直在持续。

意大利有一部老电影：《美丽人生》（*La vita è bella*）。这是一部悲喜剧，影片中有很多值得回味与赞扬的地方，如男主角圭多的幽默诙谐、女主多拉的美丽坚贞，都是片中的亮点。但最令人难忘的是当生活中的磨难发生时，圭多和儿子被关到集中营，圭多为了避免 5 岁的儿子心内惊恐，于是编造出他们正在参加一场游戏，如果谁可以得到 1000 分，就能够得到一辆真正的坦克的谎言，以此来安慰和鼓励儿子，使儿子逐渐适应了在集中营中躲藏的生活，从而逃过了被送往毒气室的命运，并最终逃过一劫，安全被美军救出。他为了儿子，自己仿佛也忘记了恐惧和每日所面对的死亡的威胁，他没有抱怨、没有逃避、没有怨天尤人，而是勇敢面对，为年幼的儿子撑起了一片蓝天，他最终用自己的生命护儿子周全。是的，他是一位极其平凡的父亲，他深爱着自己的妻子和儿子，在生命遭遇磨难的时候，他却表现得像一个大英雄，虽然外表瘦弱，却有一颗金刚之心，令人敬佩。

人生并不美丽，人生本就是喜忧参半。悲后才能珍惜喜的美妙，喜后更能体会何为痛彻心扉。但当我们发现我们无力改变现实的时候，那可以改变的就是我们看待现实的心态了。就如我们之前曾提到的“黑天鹅”事件，将它看作常态还是意外会使你得出两种不同的认知，不同的认知又会使你采取不同的应对方式。

如果我们以一种智慧的心态去看待人生的不完美，人生就像被施了魔法一般，你总能发现光明的另一面，将悲哀活出安乐的色彩。

你对事物的认知，左右着你的情绪，影响着你的行为。在阳光灿烂的日子里，我们感受阳光的温暖；在风雨交加的夜晚，我们可以静听雨声，细数心中的思念。生活的画卷无论怎样翻转，于你，都会变成美丽的风景。

学着去正视磨难，就如《美丽人生》中的父亲圭多一样，平凡的他在面对无论是平淡的生活还是灾难来临的时刻，他所表现出来的是人性内在的光芒，那是一种可以将地狱照亮的智慧之光。

将人生过得美丽还是充满苦难，选择权在我们的手中，而我们的态度，正在影响孩子们。

从刚刚搬迁到意大利到如今，我们全家的生活已经平稳下来了。儿子已经长大成人，进入大学深造，女儿也进入青春期阶段。我们与孩子们之间的关系既亲密又保持着适度的距离，父母与孩子之间该有的爱不会少，该有的彼此间的尊重和礼貌也一如既往。儿子内在正向积极，有很高的自控力，待人真诚善良，学业也在按照自己的天赋自然发展。

孩子们在意大利求学之初，由于语言的问题给他们带来了很多困扰，学习也受到阻碍。但我们一直所秉持的教育理念，从小培养起了孩子们独立的自主意识。当他们在陌生环境遇到挑战的时候，他们表现出了坚定的自信与自尊，而且不急躁、不依赖、不怨天尤人，他们用积极乐观、独自努力探索的态度看待学习和面对生活中的困难。这种自我担当、独自面对的心态，使孩子们得以顺利地从过去的学习中向新的阶段过渡。而最令我欣慰的是儿子的青春期阶段，他不仅没有极度地叛逆，他的心智还在这一时期表现出极其显著、令人赞叹的成长，这样的一种“鱼跃式”的变化，让我看到，青春期并不仅仅是父母们想象中孩子的逆反期，而应该成为孩子们的一次跳跃式的成长期。于是在儿子 20 岁的年纪已经成为一位温文尔雅、独立而又自信的小伙子，一个令我们骄傲而且身心健康的孩子。

在这 20 年养育孩子以及自我成长的过程中，我也从最初那个不谙世事、在黑暗中肆意摸爬滚打的年轻人，成为一位学着秉持正念、不怕磨难、相信曙光的母亲。这样的改变在很大程度上是因为我在养育孩子的过程中，内心希望成就孩子的愿望，这推动我不断学习和自省，并坚守自己的理念，用我的信任和爱看护着孩子们，我也因此而收获了极大的生命感悟。与孩子们一起真切地体验生活，勇敢地面对挫折，这一路与孩子们一起成长，令我深刻体会到：**家庭教育的不同，最根本是源于父母对“爱”领悟层次的高低。陪伴孩子成长的过程，也是父母学着去领悟“爱”的过程。**

# Chapter 5

# 父母需要具备的基本素养

我们习惯于相信自己的眼睛所看到的一切，却容易忽视隐藏在海面下的冰山。在我们希望孩子此生可以永远健康幸福、功成名就的时候，我们要想到，这样的幸福与成功需要一座座坚实的心理堡垒去支撑。而建构这些堡垒的每一块基石，就是孩子经年累月习得的优秀品德，如诚信、坚忍、宽厚、勇敢、正直、谦卑等，而将这些基石黏合在一起的，就是我们所能给予孩子的爱与关怀。孩子将来能够达到怎样的人生高度，又能够在自己的高度上走多远，他们的身体是否健康；他们的家庭是否幸福；他们的内心是否充盈……这一切美好的愿景，依靠追逐外在功名利禄的实现，一定是短暂的。我们要穿透事物的表象，懂得用心“看”，在孩子幼年人格形成的过程中，帮助孩子积累一块块的基石，建起一座座坚实而又厚重的堡垒，因为那才是孩子可以在风云变幻的人生路上步履坚定的根本。

而这一切的关键，父母起到决定性作用。我们对生命的感悟、对父母责任的认知、对孩子成长阶段性需求的了解等，我们的作为左右着孩子的一生。

## 提升爱的能力

在“真正的爱”滋养下长大的孩子，其他优良的品格，如自律、尊重、正义、感恩、慈悲等才能自然而然地各归其位，在孩子的心中扎下根去，健康地成长。

爱需要勇气，爱也是一种能力。

曾经听到一位德高望重的犹太“拉比”（Rabbi）讲述了一个故事。有一个老人看到一个年轻人在吃一条鱼，老人就问年轻人：“你为什么要吃这条鱼？”年轻人说：“因为我爱这条鱼啊！”老人说：“因为你爱它，所以你就把它从水中捞出来，杀了它，然后吃了它？”年轻人看着老人不知如何作答，老人继续说：“不要告诉我你爱这条鱼，你爱的实际是你自己。”然后这位智慧的拉比解释说：现在许多我们认为的“爱”其实都是“鱼之爱”。

一位中年母亲时常感到心里很无助，因为她认为她的父母根本不爱她，导致她现在终日心神不宁，郁郁寡欢，内心涌现出极度的无力感……她是家中的独女，儿时虽然衣食无忧，某些成长经历却一直在她的心中挥之不去。有一天晚上，她突然惊醒，仿佛卧室外有声音，令她越想越恐惧。但她却发现父母不在家里，她知道父母经常去邻居家打麻将，于是就壮着胆子，穿上衣服跑去邻居家。见到父母后，爸爸二话不说就扇了她一个耳光，让她自己马上滚回家去赶快睡觉……长大后她结婚怀孕了，她兴奋地第一时间打电话告诉了自己的母亲，母亲非但没有为她感到高兴，还生硬地问：“那你的工作怎么办？”父母虽然把她养育成人，但在她需要父母给予力量抵御恐惧的时候，需要母亲的心与她靠近的时候，他们的作为却将她拒之于千里之外……

**现在很多的父母不是不爱孩子，而是不知道什么才是“真正的爱”，也不懂得如何去爱。**

那么到底什么才是“真爱”呢？

世间的生物都有一种本能，就是“自爱”，这是一种必然。“自爱”包括保证自己的生存空间、物质条件、延长生命的长度以及保证自我物种的延续，这也是一切生物生存的本能。“自爱”本没有错，但人这种生物，太高级又太复杂，将原本简单的“自爱”演化出了无数种不同的爱，而有一些已经变得面目全非了，上面所说的“鱼之爱”便是之一。

上面提到的那位犹太“拉比”提出了一种关于“真爱”的理论，他说：人们犯了很严重的错误，认为“你需要为你所爱的人去付出爱”，但真正的答案却是：“你爱你为之付出爱的那个人。”因为当你为他付出了，你就等于将自己的时间、物质、感情等投入在了这个人的身上。人的天性是爱自己的，而现在他身上的一部分已经成了你，于是他的身上有着你爱的那部分自己，所以你便感受到了爱。而这种所谓的“我爱你”，不过是“我爱我自己”。

那么什么才是真正的爱？爱需要付出，爱需要先接纳自己，成为自己，即先要学会爱自己；进而，学着去爱他人——亲子关系是我们学习去爱他人的最佳媒介，因为为了孩子，你终于具备了放下自己的可能，想孩子所想，敢于让他成为自己；最后，将这样的爱延伸——身边的人、事、物、一切生灵，因着它们本有的模样，去接纳、去爱。这便是道家讲的天人合一，也是佛家讲的无住生心。

为什么这样的境界能够成为很多人一生追求的目标？

因为这样的爱是人类生命的精神资粮；令你身心健康，气定神闲；令你内心充盈，如沐阳光。这样的爱是真正的好运和财富，这样的爱本就具有魔力。

美国著名的精神科医生大卫·霍金斯博士，经过20多年的临床实验以及研究，发现世界上的所有意识层次，都会产生不同等级的振动波。他将人的意识映射划分为1～1000的能量级，发现任何导致人的振动频率低于200（20,000Hz）的状态都会削弱身体，而200～1000的频率则使身体更健康。消极、抑郁的情绪会产生较低频率的振动波，而积极乐观的情绪会产生高频的振动波。例如，羞愧的能量级接近于死亡，数值在20，内疚的能量级在30，冷淡在50，还有悲伤、恐惧、欲望、愤怒和骄傲都在200以下。勇气是200，宽容是350。**而爱的能量波是500，这个**

爱并非我们通常意义所谈论的有条件的爱，有条件的爱之下都藏着愤怒、恐惧和依赖的情绪，一旦受到挫折，就会转变成怒火和不满，这样的爱来自虚荣与欲望，并非“真爱”。我们所说的爱是无条件的、永久性的爱，即“真正的爱”，它不动摇，只来自你的内心，是始终如一的存在。这样的爱才是我们生命的最高能量，是人成长的无限动力。它带给你内在的喜悦，自然的慈悲心，以及对待困境持久的乐观态度，这样的“真爱”对我们心灵有极高的治愈效果。

如果孩子考试不及格，你就大发脾气、说狠话，令孩子自卑难过，那你爱的不是孩子，你爱的是你的面子。

你煞费苦心地为孩子选大学、选专业，选工作、选配偶……那也不是爱孩子，你是在用控制欲来抵御自己内心的恐惧。

你永远在工作、在应酬、在拼搏，挣来了城堡、高楼、金山，但孩子的幼儿期、少年期、青春期你却都不在。你说你辛苦工作都是为了孩子，其实你不过是为了证明你自己。

如果人类可以称得上“高级”的话，那么与动物之间的基本区别就在于人善于思考，善于纠正自己的错误，这是我们人类莫大的幸运。

无论是为了你的面子、你的工作、你的虚荣心还是为了抵御你内心深层的恐惧与依赖，等等，最终这一切实际都是为了你自己。所谓“觉察”，就是要时时地反问自己：“我这样做的目的，真的是为了孩子吗？我在担心什么？难道我不相信孩子可以通过自己的努力过上幸福生活吗？幸福生活的标准只是我认为的这样吗？我真的幸福吗？我希望孩子过上与我一样的生活吗？或者那只是我将自己内心对未来的恐惧“投射”在了孩子的身上？”

“真正的爱”是欣赏你的优点，也接纳你的缺点；“真正的爱”是相信你，更尊重你的选择，不以我的认知去改造你；“真正的爱”是你需要我的时候，我在，你需要我放手的时候，我离开；“真正的爱”是公平相待，不过度，有自我；“真正的爱”是与你同悲，与你同喜；“真正的爱”是让你自己体验人生这场戏的全过程，而非告诉你：我已帮你布好了局。“真正的爱”是不思量，自难忘……“真正的爱”无处不在，随你而动，不刻意、不牵强、不留痕迹，如风吹过、如雨润物，令你不惊不喜，自自然然。“真正的爱”是阳光雨露，是打雷闪电，是你生命的原动力。

重新审视和思考“何为爱”吧，从爱自己、爱孩子到爱他人，从“有条件的爱”转变为“无条件的爱”，使自己真正拥有“爱的能力”，提升爱的层级。

## 爱——给你改变自我的动力

**爱可以给你“勇气”，这个“勇气”，不是指你敢不敢去爱一个人，而是指你敢不敢放下自己。**在夫妻生活当中，我们时常会遇到需要彼此包容与改变的地方，在这个时期的改变已经不是“想要”改变的问题，而是“需要”改变的问题。我的一位女性朋友，因为孩子要上哪一所小学的事情，与自己的先生吵得不可开交。她坚持要让孩子去远一些的私立学校，她先生认为离家近的学校就很好。后来她又因自己的先生没能在重点学校附近提前买个学区房而抱怨，以致与先生大吵之后，扔下孩子回了娘家。我们在通话中，我问她：“你和你的先生为孩子考虑上哪所学校，是为了什么？”她说：“为了孩子好啊，希望他将来可以上个好大学，有更好的前途。”我说：“那你和你的先生一定很爱你们的儿子，对吗？”她说：“是啊，那是一定的。”我再问她：“那你现在因为和先生生气回了娘家，你和你的先生吵架，谁也不理谁，让儿子当你们的传话筒，儿子现在心里是什么感受？”她沉默不语，我告诉她：“孩子会认为是因为他，父母才吵架的，他内心会非常自责、难过，你觉得这样还是爱孩子吗？”我又再进一步引导她，“在家里遇到问题的时候，父母的应对方式就是孩子学习的榜样，你现在使用的方式是你希望孩子将来解决问题的方式吗？”她说：“不是。”

生活中，很多时候我们需要经常反省自己“因为爱”而导致的行为上的偏颇。无论遇到怎样的事情，要有能力将自己拽回到原本“爱”的这条路上，而这样的自我修正与警醒，需要强大的自我觉知力。**“觉知”自己的想法和认知会随着情绪而偏离轨道，“觉知”我们其实做每件事的初衷都是出于“爱”这个本源，从而避免过激的言行造成无法挽回的后果和伤害。而此刻的“觉知”，需要强大的“爱的能力”的驱使与指引，也需要极大的“勇气”，但每一次的自我反省和“觉知”，正是你找回本源的过程，也是你战胜自私、放下自我，甚至是敢于放弃的过程。**

**自大的人，从来不认为自己需要改变，总是想着改变他人。**

我们每个人都知道，“改变自我”是一件非常困难的事情。我们习惯于在出现问题的时候将责任推卸给他人、指责他人。我们时常认为：我没有错，都是他的错；我就是这样的人，改不了，需要改变也是他（她）去改变……这样“秉性难移”的极端想法，导致我们生活中冲突不断，这其实是自我“爱的能力”低下所导致的。

那些有条件的爱，迷惑了我们的双眼，我们以为自己满心满眼都是“爱”，一切都是出于“爱”，从来没有怀疑过自己“爱的能力”有欠缺，导致最初“以爱之名”所做的一切已经变成了伤害，甚至愈演愈烈。我们的内心经不起任何的变故，一个争执就让我们暴跳如雷，彼此羞辱、谩骂；父母在孩子面前互相诋毁，“妈妈最疼你，不要像爸爸那样没出息”；孩子考试不及格我们就痛斥他们，在心中贬损他们，将结果凌驾于爱之上……而这些经常与我们起争执的人，让我们生气诅咒的人，都是我们口口声声、心心念念的“爱”人和家人，而父母彼此的诋毁，实际伤害的却是自己心中最爱的孩子。我们要意识到，我们的“我没错”“不改变”带给我们的绝不是“爱”，这就是在开篇时犹太智者所隐喻的“鱼之爱”。因为“真正的爱”绝不是伤害，更不是目空一切的自大与自私和不知“改变”的固执。

佛教讲“烦恼即菩提”，菩提就是智慧。我们在遇到生活中的烦恼，出现愤怒、悲伤等负面情绪时，暂时停下来，问问自己：是什么问题诱发了我的怒气？我应该聚焦于解决问题而非发泄情绪。之所以讲“烦恼即菩提”，是在提醒你，生活中的烦恼是一个可以让你反转的契机，抓住这个契机，你可以学着换位思考：学着在困境中勇敢地面对与反思，学着敢于放下自我。这样你就有了将烦恼转为智慧的机会，那么生活中的困境与阻碍就变成了你晋级的阶梯。而这一份冷静与思考会使你“看见”做这一切的根本原因是为了什么，提醒你不要适得其反。**世间最具智慧的人，就是懂得自我反省并勇于超越自己的人。**

当你说出“我改”的时候，记住那不是为了他人，其实是为了你自己。

## 爱——是因对方的需要而来，而非你的主观臆断

那么我们先从如何给予孩子和他人需要的爱谈起吧。大名鼎鼎的发展心理学家埃里克·埃里克森在他的人格发展阶段理论中，将人一生的发展分成了八个阶段，并将每一个阶段人会面临的挑战、需要克服的弱点以及将会获得怎样的人格品质进行了详细地分析和解释，现将其罗列如下：

婴儿前期：0 ~ 1 岁获得信任感，克服怀疑感，培养出“希望”的品德

婴儿后期：1 ~ 3 岁获得自主感，克服羞耻感，培养出“意志力”的品德

幼儿期：4 ~ 5 岁获得主动感，克服内疚感，培养出“目标力”的品德

童年期：5 ~ 12 岁获得勤奋感，克服自卑感，培养出“我有能力”的认知

青少年期：13 ~ 19 岁形成角色的同一性，防止角色混乱，培养“诚实”的品质

成年早期：20 ~ 39 岁获得亲密感，避免孤独感，培养“爱”的品质

成年期：40 ~ 64 岁，获得创造力，避免停滞感，培养“关心”的品质

成熟期：65 岁以上，获得完善感，避免失望感，获得“智慧”的品质

在这里，我们仅以童年期的孩子来举例说明。5 ~ 12 岁的孩子，需

要获得勤奋感，克服自卑感，进而培养出“我有能力”的品质。此时正是孩子上小学的阶段，而如果这个时期，孩子在学习上遇到问题，受到老师的训斥、家长的责备甚至打骂，就会严重伤害孩子的自尊心，孩子会将矛盾内化，认为自己很笨、很无能，自己就不是学习的料等，进而产生自卑的情绪。长此以往，这种认知会逐渐成为孩子的一种固定的思维，使孩子对学习产生抵触情绪，继而产生“我没有能力，我就是笨”的感觉。

如果父母了解这个时期是孩子感知“自我能力”的特殊时期，那么父母要在孩子受到学习上的压力与阻挠的时候，用双手接住他们、安慰他们，绝不要“落井下石”。

我们要在此时引导孩子，无论是学习、体育锻炼还是艺术等方面，重点在于要在孩子的天赋方面突出他们的优势，给孩子创造“我很棒”的一些体验。如你的孩子短跑很快，你可以在平时让他进行一些训练，让他参加学校的运动会，取得小成绩，这就是体验；又如，你的孩子记忆力强，你可以引导孩子了解记忆的技巧，安排与孩子游戏，哪怕是记住去超市的采购单，让他超越你，获得小小的成就感；如果你的孩子很会唱歌，给他安排一次与同学的卡拉 OK 生日会，让他可以在朋友面前表现自己的长处，获得大家的称赞与认可，等等。

了解孩子成长的需求，就是要在这个时期配合孩子的需要，完成他们在此时期品质的培养。在孩子遇到挫折与外界的打压时，及时给孩子进行心理疏导，并引导孩子看见自己的长处，坚信自己的能力。用你对他们的信任去激励他们，用他们的小小成绩去鼓励他们，令他们感到自己的与众不同，自己其实很棒，增强孩子的自信心，进而克服在学习上遇到的困难。

父母也需要在此时，帮助孩子调整目标，让孩子懂得他们需要超越的是他们自己，而不是他人。如果孩子上次考试80分，这次考81分就是胜利。小的目标，既可以激发孩子的动力，又可以很好地保护孩子稚嫩的自尊心。这个时期孩子需要获得勤奋感，不仅仅是指学习方面，勤奋感可以在任何孩子感兴趣的方面去获得。但在这个年龄阶段，学习是孩子的首要任务，所以父母要利用孩子的优势，去鼓励并引导孩子在学业上的进步，但切记不要以最后的成绩论英雄，称赞孩子努力的过程和上进心，是对孩子最好的理解与“看见”。

努力去了解孩子成长阶段的特点，积极地配合孩子的需求，让孩子在每个特殊的成长阶段得到正向的成长，并获得内在的品质，这是父母“爱”孩子的第一步。

还有一种很普遍的爱，就是“我只想吃碗面，你却让我必须吃完‘满汉全席’”。这是另一种对“爱”理解的错位，也是我们父母经常会遇到的困惑。一位妈妈说：“我给他报了各种课外班，费用高就不说了，我还要用我几乎所有的下班时间去陪他上课，我付出了这么多，儿子却总是抱怨我，老公也不领情……”另一位妈妈说：“我每天把所有的时间花在给他买菜做饭上，我的大部分时间就在厨房中换着花样、仔仔细细地做菜给他吃，但他还是不满意，抱怨我太慢，抱怨我不懂他……”还有一位父亲说：“我们之前努力挣钱，把孩子交给他姑姑照顾，现在钱也挣够了，孩子想要什么我都可以给他，但他却视我如仇人，对我爱搭不理的，还总想离开我们……”

那么我们听听孩子们怎么说，一个孩子说：“妈妈给我报那么多课外班，我都没有自己和朋友打游戏的时间，也没有踢球的时间，烦死了。”另一个孩子说：“我妈就会做饭，我学校的事还有我学习上的事，她什么都不懂，而且也不会打扮自己。”另一个孩子说：“我是姑姑带大的，平时见不到爸妈，周日才能见到他们，见到了就知道给我买礼物，带我吃麦当劳，我在学校被人欺负的事情，他们永远也不会知道……”

**爱有时不是你“做了”什么，而是要想一想你“忽略”了什么。如果对方得到的不是他所需要的爱，那么你的付出就已经大打折扣，甚至起的是反作用。**

**以孩子的需要为出发点、以爱人的需要为出发点、以父母的需要为出发点、以他人的需要为出发点，给予对方此时需要的爱。**在孩子内心恐惧的时候，你能给孩子一个拥抱，告诉孩子你一直都在；在爱人需要独处的时候给他一个安静的空间；在父母需要关怀的时候，陪他们聊聊天；在朋友遭遇不公平待遇的时候，站出来为他呐喊……这样付出的爱，才能称之为“爱”，因为那是对方需要的帮助与支持，那么此时你的付出，对方接受到的就是“爱”，这样的“爱”才能令对方得到真正的滋养。付出是因对方的需要，而不是“我以为……”。

## 爱——是给你爱我的机会

**孩子因为“有机会”表现出他们对父母独特的爱，才能更加感受到什么是爱。**

孩子在感受到被爱时，就会学着去爱，并将之回馈给父母。

在孩子成长的整个过程中，他们以他们所得到爱的方式不停地回馈我们。他将你喂给他的饭，也喂给你吃；你一回到家，他就冲向你抱着不松手，亲吻你的脸颊；她用一天的时间画一幅画，送给你表达她有多爱你；他与众不同，以彰显个性的方式来表达爱你；他努力学习，要成为一个令你骄傲的孩子；等等。所有这一切，如果是发自孩子内心的主动行为，那他们在付出的那个时刻，就会倍感幸福。他们在用他们独特的方式爱你，在付出的同时，他们自身也从中获得了爱的体验与满足。这样的付出与接纳的平等互动，是一个正向的爱的循环，也是孩子爱的启蒙。

在孩子进入学习阶段后，很多父母容易犯的错误，是对孩子的成长与学习过度干预与管控，使孩子自我发挥的空间被动减小，这会影响孩子对爱的领悟与输出。

发自内心的“主动付出”是孩子学会“无条件的爱”的前提。被动的行为：如逼迫学习、监督锻炼、敷衍地问候等，这些“被要求的付出”使孩子的内心无法体验到自主的乐趣。而且，被动的行为就犹如在黑暗中被一根绳索牵引，孩子一旦依赖于被牵引的模式，就会逐渐放弃自我探寻的动机和兴趣，使他们内在情感的发展变得迟钝。

孩子感觉他们要做的事情都是父母的意愿，都是父母的指令，他们只是一个执行者，这将导致孩子的主动意识退化。

父母时常在行为上让孩子感到学习成绩是最重要的，他们会对孩子说：只要你把学习搞好，我们就开心，其他的都不重要。大部分幼小的孩子，都渴望得到父母的认可和爱，所以比较强势的父母要格外小心，因为你们的强势与自负，容易导致孩子以“听从父母旨意”的方式来博得你们的欢心。你让他们放下一切只管学习，他们就只管学习；你让他们跑步他们就去跑步；你让他们学习什么专业他们就选择什么专业。他们以为只要“听话”就是孝顺，只要“顺从”，父母就会永远爱他们。慢慢地，孩子将父母的希望“复制”成为自己的愿望，内心呈现依赖感，而对自我向外的探索需求逐渐丧失。他们或许也会成为世人眼中的佼佼者，但却活成了“他人”希望的样子，忘了自己是谁。

而从小缺乏自主意识培养的人，对他人内心的真实需求也缺乏洞察力。这样的人成年后，更多关注的是自我的满足感和外在的成绩，因为只有这样，他们才能感受到自身的价值，他们会认为只有优秀的自己才值得被爱，也只有优秀的他人才值得爱。

这种有条件的爱，一旦成为孩子衡量自己以及去爱他人的标准，他们就会将视线更多地关注在对方的外表、身份、地位、成就上，忽视对人本性的认可与关怀，在自己与他人外在条件的变化上患得患失。这种对爱的误解会再度继续传承，影响孩子与他人之间建立的感情，影响孩子未来的婚姻生活。

**剪掉那根绳索，给孩子自我找寻和自我探索的机会，让孩子体会来自父母无条件的爱，并给孩子自主付出爱的机会。那份稚嫩的付出，无论是一朵小花还是一张涂鸦，又或者是一张不及格的成绩单，只要它们是孩子自主、自省、自我成长的付出，父母就一定要宽容的接纳，用欣赏的眼光去感恩、去肯定。父母将无条件的爱传递给孩子，并使其在他们的心中安全着陆，生根发芽，久而久之，那会是孩子开启提升灵魂高度的金钥匙，那才是孩子心中永远的常春藤。**

## 爱——需要使用正确的方式去表达

美国作家盖瑞·查普曼曾于1998年出版过一本书《爱的五种语言》，

在书中，作者阐述了人对爱的表达有五种基本的语言，它们是：

第一，肯定的言辞，也就是鼓励和表扬的话语；

第二，精心时刻，例如用心布置的烛光晚餐；

第三，送礼物，用心选择他（她）最喜欢的礼物；

第四，服务的行为，关心和照顾生活起居等；

第五，肢体接触，拥抱和爱抚等。

我们每个人都有一种或几种我们自己所欣赏的爱的表达方式，当对方用这样的方式向我们表达爱的时候，我们感受到的是满满的暖流流入心间，使我们感受到被爱，感受到幸福与愉悦。但是，我们经常会因为不懂得对方的爱的语言而产生误会。例如，如果你的爱的语言是收到礼物，而你的爱人只知道夸赞你做的饭好吃，而从来不会给你买个小礼物或者小惊喜，你就会感觉他（她）并不用心，甚至认为你的爱人太抠门，不肯花钱给你买礼物。其实，对方只是不懂得你爱的表达方式，彼此误解了对方，从而产生了错觉，甚至会让你感觉对方根本不爱你，造成误会。

了解对方爱的语言最简单的方式就是看他（她）如何爱你。一般的人都会用自己的方式去爱他人，当我们细心观察后，我们不难发现对方是如何去表达爱的，于是我们就可以用对方向我们表达爱的方式去爱对方。当然我们也可以与爱人深入沟通，揭开迷雾，真正了解彼此爱的语言是什么，从而不再产生误会，让爱的暖流直入心灵。

爱的语言不只对夫妻适用，对孩子与他人来说，一样适用。我们做父母的也要了解孩子们爱的语言，让我们的付出恰如其分，从而让孩子们可以感受到我们的爱，使他们充分生活在被爱之中，并且将这种爱的能力教给孩子，鼓励孩子在与他们的朋友们交往时，学会换位思考，让孩子懂得爱是一种能力，需要用心，需要习得。

**“爱是一种能力，爱是一种可以学习的艺术，也是对人类生存问题的回答，爱的本质是一种给予。”**这句话出自著名的人本主义哲学家和精神分析心理学家艾瑞克·弗洛姆的《爱的艺术》。

爱是我们每个人生活在这个世界上的内在动力和源泉。我们孤独地活在这个世界上，需要与他人、与社会、与这个世界建立起一种联系，而以爱为基础建立起来的联系，可以消除我们与生俱来的孤独感与恐惧感，滋养我们的心灵，从而使我们可以既懂得爱自己又可以学会爱他人、爱这个世界，而这个世界和他人也会给予我们真诚的回馈，使我们与这个世界的万物因为爱，而得以共生和谐。

**我们作为父母，先从学会如何爱我们的伴侣做起，爱我们的伴侣就是爱孩子。**一个和谐有爱的家，是培养有爱的孩子最适宜的土壤。父母之间彼此包容接纳；父母对周围人、事、物充满关心和爱；为了爱，双方肯勇敢地改变自己；父母之间“事诸父，如事父。事诸兄，如事兄”，对待彼此的父母兄弟，如同对待自己的父母兄弟……我们去学习与改变，我们对爱人和孩子爱的语言的认同与本性的接纳，对孩子的尊重与理解，对爱人的家人与朋友的关心，是我们此生可以教给孩子的最重要的一门“课外课”。当你因为爱孩子而去努力成为最好的自己的时候，你会展现出最好的身教与自律，持之以恒而为之，最终成就的将是你自己。

**“爱”是因为付出而得到，但你是否可以换位思考，按照他人的需要**

去爱、去付出，并给予他人为你付出的机会，那都将是你自身的修为与“爱的能力”的体现。如果此生你能成为“无条件的爱”的施予者和得到者，那都将会成为你此生之大幸。

## 做不设限的父母

在我成长的那个年代，我们大多数人，除了被教育要遵守许多条条框框的规矩之外，还有一些固定的认知。例如，人应该这样活，路应该那样走；父母、老师不容置疑；书上写的都是真理；听话的就是好孩子……但突然有一天我们长大了，看到了不一样的世界、不一样的生活、不同的道路，于是我们的真理与现实产生了冲突。我们想要去探究，想要去领略这个不同的世界，但早已固化的人格个性，就像已经融入我们的骨髓里，如影随形，左右着我们的观念，难以改变。我们看到了时代的变迁，高科技带来的冲击，孩子们对新式生活方式的渴望，但却依然无力地固执守旧，内在的自我与外在的表现总是处于矛盾和撕裂的状态。我们会感觉身边的人不理解我们，与孩子无法沟通，这样的不一致造成的冲突，使我们内心经常陷入孤独与痛苦之中。

弗洛伊德在他的精神分析心理动力学观点的部分阐述了精神的三大部

分——“本我、自我、超我”的概念。“本我”是与生俱来的原始欲望，以快乐为原则的本能冲动，即我想要的部分；这里的“自我”与平时我们言语中提到的自我是两个概念，这个“自我”是指人格的心理组成部分，它代表现实的原则，平衡自身与环境的关系，即我能要的部分；“超我”是人格中的管理者，坚守良知与道德的规范，即我应该要的部分。三者共同构成人的完整人格，彼此互相制约，互相协调，人的一切心理活动都可以从这三者间的关系中得到解答。

“自我”是个人的原始欲望与社会规范之间的相互协调与折中，“自我”的协调能力和认知水平决定了我们与外界社会冲突的大小。“超我”与“本我”是永久对立的关系，它们各自坐在平衡木的两端，如果“超我”太强，“本我”则会被弱化，现实之中的表现就是父母过于强势，对孩子要求太高、太严格、过多干涉等，“自我”则会体现出被压抑，太在乎他人的眼光，心中有恨、愤怒甚至罪恶感；如果“本我”太强，“超我”则被弱化，现实中的父母长辈过度保护和宠溺孩子，缺少对孩子的行为进行社会规则的教导，缺少对孩子的利他观念和同理心的培养，“自我”就会体现出自私自利，以自己为中心，只关注自己欲望的满足，等等。而现实社会中诸多心理问题的出现，主要是“本我”与“超我”的矛盾导致了个人内部的冲突。当这两种失衡的状态出现时，“自我”会启动防御机制进行调节，所以提升“自我”的力量，有效调节“本我”与“超我”之间的矛盾和冲突，是我们身心健康的关键。

弗洛伊德对精神分析理论以及心理学领域的贡献之大不言而喻，而且他的研究成果大部分来自他的临床经验，都是他从真实的精神病人的案例中总结出来的。精神疾病以及目前困扰很多人的心理疾病对我们造成的伤害不只局限于我们的精神世界，不健康的心理也是导致身体疾病的罪魁祸首。而人类本身，通过与外部世界的接触，本就具有协调自我功能以达到适应生存的本能。如果在抚养的过程中，给予孩子自我功能的成长空间，让孩子发挥自我协调的潜能，不去过度干涉和过度保护，适性教养，孩子就可以发展出健康的人格系统。

“自性”是每个人天生自带的一种天然的本性，它不是一个固定不变的物体，你看不到，摸不着，但它自带有一种内在的驱动力，而且动力巨大。它知道自己喜欢什么，不喜欢什么；它知道冷暖，懂得爱恨；它因人而异，因时而变，独特而精良，无法复制，无法仿效；它独一无二；它不完美但非常圆满。

**作为父母，依循孩子的自性，养育一个人格稳定、心理健康的孩子是应对一切外界变迁的根本。因为自性是本真，是合一，是纯粹，是最强大的内力。如果一个孩子拥有了这种稳定的“自我”协调力，他就已经具备了抵御风雨的强大生命力，而这是父母养育孩子的基本核心。**

完全按照时代背景和需求养育孩子的方法都有弊端，都不圆满。就如现在竞争激烈的社会背景，孩子们从小就开始被“不能输在起跑线上”的潮流裹挟，于是大脑开发班、天才培训班、幼儿补习班等充斥在市场上。父母们忙于在各种“班”中疲于奔命的时候，反而容易忽视孩子自性的生长，导致孩子自我本能的协调能力退化。过度的外力干涉，干扰了孩子“自我”适应能力的发展，使孩子忘记了自己，而是随着父母的指引“上天入地”。这样长大的孩子或许会在现实社会中成为所谓的“精英”，但他们的内心始终处于失衡的状态。

健康，或许是所有父母对孩子最衷心的期盼和祝福，而心理的健康是人身体健康的基础。但现在的社会中，心理不健康的人却越来越年轻化。据悉，全国具有心理疾病的成年人已超过2亿，心理疾病已经开始年轻化，这是一个令人感到痛心的灾难。心理的痛苦和疾病，不是一天两天形成的，它是一个量变到质变的过程，涵盖了孩子从出生到成长的全过程。孩子一生的幸福，绝不是“只要考上了大学”那么简单，真正的幸福感、一生最大的成就感取决于孩子内心的体验。

现代社会的快节奏，使我们这些父母每天忙于工作，马不停蹄，有时还要加班加点，我们很容易将这样的“快”和“忙”投射到我们的孩子身上。有的父母容不得孩子闲着、玩游戏，或者看着天空发呆，等等，他们要求孩子也必须像他们一样，要忙起来，要做他们认为“有价值”的事情，要学习、要练琴、要学画……还有的父母，出于种种原因，将孩子托付给他人抚养，错失了孩子成长的每个阶段对父母的特殊需求。对孩子的过度干涉，对孩子的放逐，或者以“为了孩子”的名义忽视对孩子心灵需求的关照，此类种种，都会对孩子的心理发展带来伤害。

一位父亲说：“我那时候工作太忙了，实在没时间陪她……”一对父母说：“我们俩为了他，分居两地，没日没夜地拼命挣钱，终于给他买好了房子……”另一位妈妈说：“为了让他将来出人头地，我天天陪读，陪他挑灯夜战……”父母在忘我地辛勤付出时，也一定要细心地关注孩子成长的心理需求，两者兼顾找到平衡。

我们想当然地以为，为了爱孩子，我们可以牺牲自己。这种“我以为”，不仅会使我们身心疲惫，也会造成我们与孩子之间巨大的矛盾和错位，最终得不偿失。我们需要适时地停下来想一想：孩子需要的是什么，而不是我们要给予他们什么。

其实养育一个优秀的孩子，我们需要做的只是最平凡的事。

首先，“不设限”。“不设限”的意思就是不要给予孩子一个限定，一个框架，或是一个固定的愿景，例如什么知识是有用的和无用的，什么是你需要的，你将来要成为一个怎样的人……父母需要了解到：**我们每个人都有自己的局限性，而每个孩子都与我们千差万别。**这个认知非常重要，因为它告诉我们，我们对自己的了解都很有限，我们对孩子自身的潜能就更加所知甚少了。

世界著名的催眠大师米尔顿·艾瑞克森，他被称为催眠之父，世界上最伟大的心灵沟通者，他还奇迹般地治愈了许多被他人认为无法治愈的疑难病症。这样一位伟大的医师，在他很小的时候就患有骨髓灰质炎，他的妈妈找了三个不同的医生给他治病，医生都悲观地告诉他的妈妈，他活不了多久了。而且他是个音盲，无法辨识音调的起伏跌宕；他是个色盲，只能识别紫色；他还有诵读障碍……但他最终在世 79 年，有三个孩子，并成为世界上最能够聆听他人心声、为他人解除痛苦的大师级人物。他的至理名言是：我们每个人都具有独一无二的潜能，只是我们并不知道。

“不设限”可以保护孩子依循自己的本能去学习和探索，我们的“不设限”给了孩子可以深入了解和研究某一知识的机会，最重要的是去发现自己真正的爱好和能力所在。这也是孩子最原始“本真的状态”，而且这个状态自带内动力，孩子会因为自己的兴趣与爱好得到长足的发展。

父母对孩子过多的设限和干涉，是因为父母对孩子未来的担忧以及对孩子美好未来的期许。但每个生命都拥有足够的资源来保障生命成长的需要，这是我们自带的潜能。这种深入学习的能力以及对某一知识领域深入的探索和热爱，会极大地提高孩子的智力、认知水平以及对自我心理发展的平衡作用，而孩子此时需要的是父母的理解与支持，需要父母不用功利的视角去衡量孩子天赋的世俗价值，保护孩子对自我的探索不会受到阻碍或是注意力不会长时间分散。

其次，家庭及外界的环境对孩子影响深远。在弗洛伊德的“自我、本我、超我”的理论体系中，“超我”是人格体系中的最高层次，它体现了一个人道德准则的高低、行为规范的尺度、理想目标的高低等，“超我”对“本我”中的冲动、攻击性、性本能等起到用社会道德准则去衡量并进行鄙视的作用，使“自我”可以在现实中表现出合乎现实道德标准的行为。孩子“超我”的形成受到父母及外界环境的直接影响，而“超我”所形成的道德水平越高，越可以使孩子在需要做出抉择的关键时刻趋向于道德和良心层面，并达到自我激励，使孩子踏上心中的理想之路，避免误入歧途，从而有效地正向引导孩子实现目标。

父母的言传身教、孩子身边的朋友、与孩子进行社会道德水准的探讨与纠正，都是帮助孩子培养较高道德标准的助力。

最后，不功利。“功利”是毁掉孩子“自性天赋”的大敌，成人世界里的社会角色，经常被极端地划分出不同的等级，父母认识的偏颇会误导孩子，将“成功”与高尚画上等号，将“平淡”与失败相提并论，将孩子“领入歧途”。**按照自己的“自性天赋”成长起来的孩子，他们的天赋就是他们领先他人的资本，在自己感兴趣的领域中发展，顺应自己的心，孩子内在的灵感源泉充实，不会枯竭，也不扭曲，他们更容易在他们的天赋领域中做出成绩。一件事情，学会怎么做并不难，而懂得为什么这么做的人才是生活的主宰者。勤奋可以使你“成功”，而“天赋”可以让你领略什么是巅峰。**

每个人的生命与时间都是有限的，用保护孩子“自性天赋”的方式养育孩子，孩子有自己明确的人生方向，追寻自己的心，可以帮助孩子摒弃许多负面的情绪干扰，在他们遇到生活的磨难时，缩短自怨自艾的时间，懂得要去找寻阳光，不在黑暗中停留太久，不失生活的本意。

## 守护孩子的“好奇心”

爱因斯坦说：“我没有特异天赋，只是非常好奇罢了。”

**“好奇心”是每一个孩子天性中的特质，他们希望通过自己的触摸、品尝，希望通过嗅觉、听觉和触觉等去了解出现在他们身边的事物，这是他们探寻、发现和了解自我需求的最初动力，也是将自我的“自性天赋”发展成为“特异天赋”的基础。**

孩子也因为这份好奇，会提出各种我们认为稀奇古怪的问题，去做些令我们无法理解的事情，甚至给墨守成规的成年人以启示。

宝丽莱（Polaroid）一次成像相机的灵感就来自一个3岁孩子的问题。发明家埃德温·赫伯特·兰德的女儿急切地想看到老爸刚刚拍下的照片，但老爸的回答是：“要等到照片冲洗出来之后才能看到。”女儿好奇地大声问他：“为什么看照片要等待呢？”女儿的话，给了老爸一种冲动，是啊，拍好的照片能否马上冲印出来呢？一个貌似无厘头的小问题，造就了一个新的发明。

达尔文在提出进化论之后，又对其进行了更深一步的阐述，他认为灵长类动物有三个驱动力——性、食物和居住地，但是人类却拥有第四个驱动力，就是好奇心。

好奇心不仅为我们的生活贡献出了众多的发明创造，完全改变了我们的生活，也是我们探寻真理，了解未知最大的驱动力。对于我们人类来说，对熟悉和未知的世界保有一颗强烈的好奇心不仅提高了我们每个个体生命内在的品质，还可以使我们的身心得以升华，生活也变得更加有趣。

好奇心对于我们需要不断成长的一生意义非凡，无论是孩童，还是老年人：

· 激励我们不断地去学习
· 保护我们的大脑良好地运转
· 更注重过程而不只是结果
· 克服焦虑的情绪
· 承认未知从而谦卑
· 提高对生活的满意度
· 做到活到老学到老
· 更加热爱生活，远离“无聊”

每一个孩子天生都有好奇心，但并不是每一个孩子都可以一直保持强烈的好奇心。是什么在影响着我们的好奇心？在我们成长期间，周围的环境和父母起到了关键的作用，尤其是我们的幼年时期。

伊恩·莱斯利的《好奇心》一书中曾提及这样一个实验：康奈尔大学的心理学副教授迈克尔·古德斯泰因让婴儿和父母在一起玩耍，父母教孩子认识图片，婴儿看到见过的图片会伸出手指，父母也会相应做出鼓励的回应，教授发现，在父母的鼓励回应下，孩子能够认识更多的图片。父母的鼓励激发了孩子更强的好奇心。

父母如何守护和启发孩子好奇心，以下几点希望可以对你有所启发：

·避免阻碍孩子好奇心的行为：不要敷衍和忽视，不要恐吓孩子，如“别动，你会弄坏的”；

·引导孩子注意细节：例如父母提问，水有什么味道啊？天空为什么不是粉色的？

·给孩子随意发挥的机会：例如带领孩子将可以吃的东西混合调试、品尝；

·给孩子创造可以尽情玩乐的环境：不用担心桌椅、电器或其他物体伤到孩子；

·寻求更多答案：不用标准答案去限定孩子，多角度去看待一件事，学会换位思考，没有答案本身也是一种答案；

·去接触自然界：日月星辰、鸟语花香、风暴雷电、日出日落都是最好的老师；

·因需要而学习：启发是学习的动力，生活中遇到的问题都是素材；

·鼓励孩子的奇思妙想：哪怕是我们认为无厘头的事情，和孩子一起去探索。

**伦敦大学金匠学院的一项研究证明，好奇心对学习成绩的影响与责任**

**心基本相同，这两者相加对人的影响超过了智力。研究人员冯·斯迪姆认为，好奇心可能是影响个人成就的最重要因素，因为它将智力、坚毅和对探寻新事物的渴望结合在了一起。**

父母思想的固化是孩子好奇心最大的杀手。很多父母偏颇地认为：凡是超出传统教育和社会价值观之外的事情都是在“浪费时间”，他们希望孩子要将他们大部分的时间只用在学习上，那才是正确的事情。当孩子遇到父母的观念与自我喜好不同的时候，他们最初都会有不满和反抗，但根据父母个性特点的不同，孩子们有的会顺从，有的会因反抗未果而最终按照父母的意愿去做。这些放弃和顺从，使他们成为父母眼中的好孩子和成就者，而对于孩子自身来说，这样的被动放弃，会造成自我独立意识的模糊，以及自性向内探索能力的减弱。表面上我们得到了听话的孩子，而孩子将失去他们对自我天赋的天然灵性和深层探索的好奇心。违背孩子天赋的被动放弃会依然存在于孩子的意识层面，成为他们叛逆、反抗和不开心的一股力量，在长大之后以其他的方式呈现。

好奇心引发深度思考力，继而开动“前额叶”喜欢动脑的模式。深度思考力是一个化简为繁的过程，就是将一种现象、一种猜测展开探索，深入思考的能力，用以对抗大脑尽可能降低消耗能量，将高密度的信息压缩，以达到“过度简化”的特性。训练大脑习惯复杂的思考，可以尝试探索不同领域知识及阅读较复杂的文章和书籍，使我们的大脑快速地运动起来，逐渐形成不同知识层级的联结，引发更广泛的好奇心。一个反面的例子就是：烂熟于心、朗朗上口的文字或已经熟知的标准答案容易使我们忽视去思考其深意，甚至导致教条思维。这也应该是教育界需要警觉的事情，无数遍地刷题、通篇背诵范文，这样的教育可以提升考试的成绩，但对孩子们良好的学习习惯以及大脑良性思维模式的养成都会造成极大的危害。

好奇心可以排解孤寂，使生活始终对我们充满吸引力。无论你是身处闹市还是居住在寂静的森林，孤独感都会如影随形地出现在我们的心里，但如果你始终拥有一颗出自本性的好奇心，你周遭的一切无论是有形的还是无形的，永远都会对你产生吸引力，在你需要的时候跳出来，引起你的注意，令你焕发生机，生动而有趣地帮助你排解孤寂。那或许是一本书、一棵树、一朵云、一场雨、一位路过的陌生人……跟随自己的好奇心，去探究、去学习，挣脱表象的束缚，尝试去“看见”本质，这会令你活在心灵内在的世界中，生活充盈而又富足。

**一个人什么时候会停止成长？当他对这个世界失去好奇心的时候。**

## 信任——不言而喻的鼓励

心理学认为：信任是一种人格特征和人际现象，个性不同，对他人的信任程度也不同。作为父母，我们自我的人格特征中对他人的信任度，会影响我们对孩子的信任程度。有一个关于信任的小故事：一个小男孩和一个小女孩一起玩耍，男孩想用手中的石头和女孩手里的糖果进行交换，女孩高兴地同意了，于是男孩藏起了手里最好看的石头，将剩余的石头交给了女孩，而女孩却毫无保留地将手中的糖果都给了男孩。晚上女孩睡得很香，男孩却睡不着了，他在想，是不是女孩也藏起了最好吃的糖果没有给他。男孩的心理行为在心理学上有一个专属的名词，叫作“投射现象”。“投射现象”的意思就是以己度人，固执地以为自己具有某种特性，其他人也一定会有和自己一样的或相似的特性，从而经常将自己的感情、意志、特性投射到他人的身上，并认为他人也应该有同样的感知和认知，这是一种强加于人的认知障碍。

我们作为父母，总是希望自己的孩子有自信心，而自信心的培养，最重要的先决条件是孩子首先要相信自己。在孩子的成长过程中，他们需要从父母那里汲取自己被接纳和被信任的养分，也就是父母首先要无条件地接纳孩子，将我们对孩子的信任传递给孩子，孩子才会相信自己。

如何让孩子感受到我们发自内心的信任呢？

首先，口心合一。有的父母了解到一些幼儿教育的理念，知道“接纳”的重要性，于是开始学着在言语上称赞孩子、鼓励孩子，但实际上却口不对心。他们的心里还是抱持着对孩子的怀疑态度，心里想着：这小子就知道玩，根本不用功，学习不会太好……但口里却说着：“你是最棒的，妈妈相信你。”遇到孩子写作业、考试等就变得非常焦虑、紧张，担心孩子考试失利，于是就凡事都要检查，盯着孩子写作业、学习，在行动上完全不信任孩子。

据说远古时期，当人类语言还没有被发展起来的时候，我们曾是依靠心灵感应去沟通的。是的，人依然具有心灵感应的能力，你心里的不认可，孩子可以感受到。就像我们成人之间的交往，你可以感受到对方是不是真心喜欢你。这种感应在孩子与我们之间更加明显，当我们习惯于口不对心地应对工作和生活中的人、事、物的时候，我们对孩子的信任也会习惯于只停留在“口头赞誉”，而非出于真心，这种习惯性的反应，有时甚至连我们自己都不易觉察。

其次，允许犯错。我们要敢于让孩子犯错，给孩子自己尝试历练的机会，无论是自己吃饭、穿衣，还是写作业、考试、选择科目等，让孩子自己选择，自己犯错再去学着改正，从而在摔倒与爬起之间获得成就感，找到自信，并开始了解自己，学会体验懂得失败的意义，增强抗挫力。

父母如果一直不肯放手，坚持每一次给孩子选择所谓的“标准答案”，表面上孩子平平稳稳、一路顺畅，但这样的孩子会缺乏对自我能力的了解以及对事物的辨识能力和决断力，导致孩子独立意识较差，更容易碰壁，不敢承担责任，将来容易趋于从众，严重的甚至会导致“选择恐惧症”。虽然人生中的选择难分对错，但选择时不置可否的心态，决定了孩子在之后会如何看待当初的这个选择，而一直担心选择错了会承担责任的心态，会致使孩子将注意力停留在担心选择的对错上，降低他们勇往直前的动力和承担选择错误的勇气。这种患得患失的心态，会令孩子的自我抗挫能力和恢复能力降低。孩子未来将面临的是择偶、成家、立业等更加重大的人生抉择，以及与真实生活的无数次的对决，这种能力的缺失，会给孩子带来非常深远的影响。

最后，坚定的支持。孩子自己完成的事情，无论好坏，我们都要给予鼓励，从心里相信孩子的作为自有他们的道理。孩子如果遇到了困难和挫折，不要去责怪孩子选择错误，或者没有听你的，而是要鼓励孩子相信自己，不畏艰险，勇于再次尝试。你的支持会增加孩子的自信心，孩子从父母这里得到的信任，无坚不摧，会永远留存在孩子的心里。

作为父母，在孩子面前，我们习惯于“教导”他们，其实我们并不一定比孩子们更优秀或者更聪明。**我们唯一应该超越他们的，是在年长他们的这几十年中，本应该具备的那更加高瞻远瞩的眼光，以及面对浩瀚的生命海洋和无穷的宇宙，敢于承认“我一无所知”的勇气。**

我们要引导孩子打开心胸，开阔眼界，注重深度地去“体验生活”。这样的视角可以帮助孩子理性看待短暂的成败，增强孩子的信心和抗压力。将来无论遭遇怎样的困苦，或者做了怎样错误的选择，不要逃避，勇敢面对。成长过程中失败的经历和父母的信任与鼓励，会成为孩子面对生活磨难的勇气，激励他们不放弃。

“口心合一”是一种修行，那被称为“真诚”。由衷地发自内心的信任，孩子可以感受到，这种心灵感应让我们与孩子的心真正交融在一起，孩子从我们的心里汲取到了最好的营养，这是一种不言而喻的鼓励。将来无论孩子走到哪里，哪怕那时我们已经离开了这个世界，这份鼓励依然会源源不断地流淌在他们的心里，在他们遇到磨难的时候，他们会想起，我们曾经的鼓励与信任会始终陪伴他们、激励他们，让他们相信自己，善待他人。这是真正的传承，是内在坚定信念的传承。

## 要有“放手”的勇气

凌晨一点了，去参加生日派对的儿子还没有回来，我忍住忐忑的心不发短信，等待他的消息。

深冬气温骤降，儿子不愿意穿羽绒服，只是穿着新买的帽衫去上学，我忍住了啰唆，让他体验炫耀所付出的代价。

当儿子 14 岁左右，开始要自己做选择、自己做决定，例如自己安排学习和考试、自己安排出行、自己决定我要几点回家，等等。在我逐渐学着“放手”的最初阶段，我心中总是有一种要跳下漆黑的悬崖，面对未知的那种恐惧感。每一次我都要深呼吸，然后告诫自己六个字：跳吧，放手，信任。

对我来说，这实在不是一件容易的事情，但这一次次决绝地“跳入漆黑悬崖”的体验，使我与儿子都受益匪浅。极大限度地不去干扰他，给予他空间去经历挫折、爬起以及独自应对和解决问题的过程，使他在青春期就可以体验到，完全通过自律去赢得成绩、体验失败、体验成就感的过程。这样的体验对于一个即将独自面对世界的孩子来说，弥足珍贵。而对于我这个步入中年的母亲来说，学着去“放手”的过程，是我战胜自我的控制欲和恐惧，体验战胜自我的过程，并且也真实地增加了我的勇气。

**“放手”表面上是我们要给孩子松绑，但实际上，却是我们父母自我精神松绑的过程。**

中国的父母习惯于过多地关心孩子，例如，作业写好了吗？明天的书带上了吗？太冷了再多穿一件衣服吧？几点啦，赶快睡觉！怎么还玩游戏？该锻炼身体了，该弹琴了，赶快去跑步！……

我们心里认为：他们不自律，他们没有感觉冷暖的能力，他们不了解自己，他们像个傻子一样，如果我们不去督促，他们什么都不会做。如果你时常这样认定你的孩子，那他真的会变成你认为的样子，甚至会变本加厉。而如果你真的感觉到孩子不自律、无法感知冷暖、不上进、自我懈怠，那你就更要及早“放手”。因为只有“放手”才能让孩子学会自律、学会知冷暖、学会自主学习，真正开启内在的动力。

其实在孩子刚刚开始学走路的时候，就给予了父母一个重要的启示，那就是：爸爸妈妈要学会放手啊！当小孩子开始学走路，从爸爸的手中走出，独自歪歪扭扭地走向妈妈的时候，这是小孩子第一次开始独自行走，体验自我独立感和成就感的时刻，这种感觉对于孩子来说极其美妙，令他们心中欢喜。这个从“不能”到“我能”的过程，对孩子的成长意义重大。

这样的瞬间在孩子的成长过程中会多次出现。例如，孩子自己学会上厕所、自己穿衣服、自己吃饭、学会骑自行车、自己学习自律，等等。每一个过程在最初的阶段，都会有父母的帮助和扶持，后期的阶段，父母就要果断放手。就像孩子已经学会了走路，他们不再需要你的扶持了，他们需要独自去体验奔跑和跳跃，甚至“飞翔”的感觉。这时如果你还不敢放手，或者不舍得放手，就等于扼杀了他们自我成就以及超越自我的可能。

很多父母常常没有意识到或者不愿意识到孩子已经到了需要我们放手的阶段，他们依然过于强调自己的掌控力，从而忽视孩子已经到了需要去尝试，需要去承担责任的阶段，说：“你看，我不监督，他就没完没了地玩游戏，都 17 岁了，自己完全没有自律。” 父母一边抱怨孩子不自律的行为一边却将孩子攥得更紧，仿佛他们一松手，孩子就会摔倒，继而引发连锁反应，就是“失控”。父母没有意识到正是因为他们的掌控，孩子才无法习得自律。其实 “一切都在我掌控中”的感觉，很大限度地满足了父母内心的安全感，因为对这样的父母来说，控制权可以令他们安心。

当孩子的身体趋于成熟，进入青春期阶段，孩子的自我独立意识随即进入一个凸显期。这时候如果父母继续对孩子过度干涉，就会导致孩子的厌烦、叛逆和严重的逆反情绪，甚至有些孩子会刻意违反父母的期望，也不顾及自己的真实愿望而走向与父母的期望完全相反的方向。这种为了报复父母而采取的行为，就更加重了父母的失望，导致父母陷入对即将失去对孩子的控制的恐惧和焦虑之中。

**有意识地主动放弃过强的“控制欲”，是父母在孩子青春期接纳和尊重他们“独立意识”的最佳方式，亦是对父母潜意识中“自我安全感”的补缺，是父母自我疗愈的最佳手段。“青春期”绝不是孩子单方面的过渡期，也是父母成长的最好时期。**

无论你是去森林里，或是山中，你都会发现，自然生长的树木，无论遇到任何特殊或恶劣的环境，不同的树木都会长出形态不同的树根：有的会从土壤中冒出头来（地面根）；有的可以穿过石头向下延伸；有的甚至从树基部向上生长，形成三角形支撑树干（板根）。仅仅是一棵树，就可以不借助外力，利用树根发挥自救的本能。树根千奇百态，目的是起到稳固树干、设法吸取养分、使自我得以生存的功能。树干会在风雨的磨炼中，经年累月，逐渐变得越发强劲，具备抵御风雨的能力。不仅树木如此，人的自我生存本能亦非常强大。

**纳尔逊·曼德拉曾说："勇敢的人并不是感觉不到畏惧的人，而是征服了这种恐惧的人。"如果我们内心恐惧，担心孩子会遭遇生活的磨难，那么最好的办法不是过度地保护他们免受风雨，而是让他们学着在风雨中长大。**

未来的世界需要的是"创新者"，而非约定俗成、墨守成规的人，而就人的一生而言，经历风雨、面对恐惧与战胜自我才是我们此生的目的。我们一方面望子成龙，另一方面又拉紧绳索，完全掌控。我们错误地以为我们固有的经验才是成就孩子未来的金钥匙，那可以帮助孩子躲避风雨；我们为他们开拓的康庄大道，才是他们幸福人生的保障，可以让他们安枕无忧，一生平安。在飞速发展的时代面前，我们的绳索和掌控，不仅限制了孩子的自我独立意识的发展，阻碍他们去体验真实的人生，折断了孩子飞翔的翅膀，同时局限了我们自己，忽视了成就孩子的真实含义，丧失了自我再次成长的机会。

人天生具备生存的本能，在体验人生的过程中，孩子才能真正有机会明白，生活中的酸甜苦辣、悲欢离合、成功与失败都是成就他此生的助力。学会勇敢而无畏地面对，才能体会出生命的精彩，活出自己的筋骨，享受到在风中舞蹈、在雨中歌唱的美妙。

懂得要“放手”，并学会适时地去“放手”，是在成就孩子，也是在成就父母自己。

## 父母需要成长型思维

“成长型思维”的概念来源于斯坦福大学心理学家卡罗尔·德韦克，她经过十余年对成功案例的研究，发现了思维模式的力量，最终汇集成了她的经典作品《终身成长》一书。书中通过对“成长型思维”和“固定型思维”这两种截然不同的思维的描述和对比，使我们清楚地了解到思维习惯的差异会对我们的生活造成怎样的影响。

固定型思维认为：一个人的聪明才智、性格和创造力都是天生的，成功来源于事情的结果。人们会努力获取成功而避免失败，如果一旦失败，他们就会自怨自艾、萎靡不振。但成长型思维则认为：天赋只是起点，人的才智通过后天的锻炼可以提高。他们更乐于接受挑战，努力扩展自己的能力。他们认为成功来源于自我提高和努力的过程。

这两种思维类型的人在生活中表现迥异。固定型思维的人，不喜欢尝试他们不擅长的东西，惧怕失败，避免挑战，遇到阻碍容易放弃，更加在乎自己的名誉和外在的一切，希望得到他人赞誉，别人的成功预示着对他们的威胁。而成长型的人更注重学习的过程，即便失败，他们也会认为自己从失败中可以学到很多东西，并且坚持不懈地继续努力，更希望别人看到他们努力的过程，别人的成功是对他们的启发。

成长型思维的孩子，更能从学习的过程中获得乐趣，他们更积极地寻求帮助，不易放弃，复原力更强。而具有成长型思维的家长，更善于称赞孩子的努力，而非考试的最终结果；他们懂得放手，让孩子学会如何面对失败和挑战；他们善于引导和激励孩子在挫折中成长，会祝贺孩子的成功，懂得在失败中体验成长的意义。从心理学上讲，成长型思维的家长更具有共情型人格的特点，能够理解孩子的情绪体验，并且更有耐心，尊重孩子的想法，不会过度干涉孩子的思想和思维，理智而且更具有同理心。

在《终身成长》这本书中，作者举了一个实例，用以说明固定型思维模式的人，一旦被失败击中可能会留下永久性的、散不去的创伤。伯纳德·卢瓦索是世界上最出色的法餐大厨之一，他的餐厅在法国被《米其林指南》（*Guide Michelin*）评为米其林三星（最高级别）。但是，在2003年，《米其林指南》新的评分公布之前，他选择了自杀。原因是他的餐厅在另一份美食指南《高勒米罗美食指南》（*Gault Millau*）中被扣了两分，从19分（满分20分）降到了17分。之后谣言四起，说他的餐厅会在新的《米其林指南》中被摘掉三星评级，虽然他的餐厅并没有被降级，但是这个失败的念头击垮了他。卢瓦索是一位"新式烹饪"的开创者，他主张用食材本身的味道来代替法餐中传统的黄油和奶油酱汁。同时，他是一名企业家，除了他在勃艮第的米其林三星餐厅，他还在巴黎拥有三家餐厅和一条冷冻食品生产线，他还出版了很多烹饪书籍。他有着极高的天赋和创造力，无论有没有米其林的三星评级，他都可以拥有令人满意的未来，但在固定型思维模式的影响下，这样的降级评分使他对自己有了一个新的定义：失败者，一个风光不再的人。

拥有这种固定型思维模式的人用结果来定义自己，结果如果是失败，那么他们就是失败者，这样的推理令人震惊。

从这个实例中我们可以感受到，转变思维模式对应对未来惊涛骇浪般的生活至关重要。帮助孩子从小建立起成长型思维模式有助于他们在错综复杂的生活中灵活应对。

那么如何培养成长型思维呢？

首先，我们要了解我们的大脑和肌肉一样具有可塑性，并且这种可塑性可以持续终生。大脑中神经元之间，负责传递信号的“突触”会根据环境的刺激和学习经验的提高而不断重塑和连接。更加神奇的是，当我们犯错时，大脑甚至会更加活跃，也就是说，犯错可以促进大脑的发展，是我们能够成为更好的自己的过程。我们要改变对犯错的态度，从害怕犯错到勇于试错。

其次，作者在书中给出了获得成长型思维的四个步骤：接受—观察—命名—教育。

接受：这两种思维习惯共存于我们的头脑中，接受它们共同存在的现实。

观察：细心观察是什么激发了我们的固定思维模式，是在什么时候发生的。是不是在面临巨大挑战的时候，它劝你退缩？还是在遭遇失败和挫折时，它在劝你放弃？

命名：给自己的固定型思维起一个名字。描述它的样子、出现的场合、个性如何以及对你的影响。例如，我给我的固定型思维起名“阿固”，当我遇到挫折磨难时，“阿固”就会出现，使我变得恐惧、焦虑、迷失。

教育：在“阿固”出现时，我们要保持警觉，尝试去说服“阿固”，并解释不能那么做的原因，邀请“阿固”与你一起面对挑战。

我利用这样的方法与自己头脑中的“阿固”对话，于我是一种突破性的尝试。我仿佛看到了另一个自己，一个容易情绪焦虑、暴躁、刚愎自用的自己，我们心平气和地对话，彼此打开心扉，彼此接纳，商量好为了成为更好的自己，共同勉励，一起前行。这是一个极其简单的操作过程，但却让我可以从正视自己、深度反省、改变与提升自己的过程中，一步步改变自己看待事情的态度与应对方式。

最后，我们要尝试改变我们讲话的方式，这对改变自己的思维模式很有帮助：

例如：我擅长文科，不擅长理科。

换成：我想在理科上再多下点功夫，会有提高的。

例如：我没考好，搞砸了。

换成：我在一道题上花费了太多的时间，这是教训，下次会改善。

例如：我已经做得足够好了。

换成：还有潜力，再努力一些会更好。

成长型思维的培养，从我们改变说出的每一句话开始，语言模式的变化实际改变的是我们的思维习惯。突破固定型思维，帮助自己或者孩子去实现一个目标的时候，我们可以从这几个问题着手。首先，自己或者与孩子商讨并制订一个计划，设立的目标可以是提高学习成绩、减肥、杜绝垃圾食品、健身计划、实现盼望已久的心愿等：

1. 你想实现的目标是什么？（写下来）

2. 要实现这个目标，你认为你需要做什么？（写下来）

3. 如果计划成功，目标实现，会是怎样的情景？（尽量详细地描绘出成功的景象）

4. 你上一次获得成功的体验是什么时候？怎么做到的？当时的感受如何？（写下来）

5. 制订一个切实可行的计划，细致到每周、每天的具体时间和时长。

6. 每天按照计划执行之前，想象你成功的情景，激励自己坚持。

如果孩子制订好了一个计划，并且志气满满地去实施的时候，我们要小心地鼓励他们，而不是监督他们。就如同刚刚拿到驾照开汽车的孩子，我们只需要坐在副驾驶上陪伴他们，而不是指手画脚地指挥他们，那样反而使孩子乱了方寸。要想让孩子感受自我驾驭的成就感，就要让他们全情投入，感受到“心流”的体验。而那样的“心流”体验和自我驾驭的成就感正是“成长型思维”的核心所在，就是感受当下，着眼于现在，体验过程的精彩，结果自会以应该的模样呈现。

一种思维习惯的形成是一个滴水穿石的过程，只要你已经意识到了自我思维习惯上的缺陷，你就已经具有了改变它的可能，这正是心理学上的“觉察即疗愈”的道理。一旦练就，你会发现，成长型思维所带给你的是可以享用终生的百折不挠的坚毅品质和豁达的人生理念。

父母语言习惯和思维习惯的改变，带给孩子的变化会自然显现。

# 欣赏平凡

一位妈妈这样教育她的孩子：你如果不努力学习，将来人家都是参天大树，你只能做那路边不起眼的小草。

这位妈妈或许是想告诉她的孩子，小草与大树相比，大树显得高大威武，小草却显得过于平凡。

我们在自己的成长经历中，因为受到了家庭、时代背景、社会价值系统以及环境的影响，逐渐形成了一种自我认知的价值观体系。多数人会将这种价值观体系与社会主流的价值观体系去比较和校对，并改变自己的观点和判断，以和他人保持一致，并心安理得地将之认定为正确的价值观，因为这样的价值观符合公众舆论或多数人的行为宗旨，在心理学的研究上，这被称为“从众效应”。“从众效应”的形成主要有两个因素：一是个体为了免于被非议和被孤立，并且希望受到群体其他成员的认可的心理，于是做出“从众”行为；二是发生在信息不明、把握性不大的条件下，没有权威的标准去依据时，人们倾向于将大多数人的认知作为判断，以避免自己犯错。“从众”是我们大多数人容易走入的误区，但是因为它让我们感觉“安全”，导致我们更容易随波逐流而不自知。

自我认知的偏颇，在不被我们发觉的时候，我们会很自然地用这样的认知去要求我们的孩子，要求他们必须成为参天的大树，必须成龙成凤，光宗耀祖，实现我们的期盼，达到学校和老师的要求，符合社会大多数人认可的价值观，我们希望我们的孩子也要“从众”。于是“平凡”与“无能”画上了等号，不被人欣赏，甚至被人们唾弃。

“平凡”其实是生活本来的样子。无论是大树还是小草，如果你一定要选择一个形容词去描绘它们，那么它们是神奇的，它们既平凡又伟大。它们都在顺应天地的规律，在这条生命的长河中慢慢流淌，不紧不慢，不惊不喜，恬淡而又自然。小草不会羡慕参天大树的高大伟岸，大树也不会鄙视角落里小草的寂寂无名。**它们都在用各自的方式展现着生命所赋予它们的独特性，没有分别，没有高低贵贱，每一次的展现都画出一个完美的圆。**

学会欣赏平凡，是我们为人父母的一项重要功课，亦是孩子们的福祉。

欣赏平凡就是看树是树，看草是草。我们养育孩子的目的是要培养一个个具有独立精神的个体，而不是将他们改造成我们希望的样子，也不是为了延续我们自己的梦想，更不是为了满足我们虚荣的炫耀。**当我们独断专行地赋予那些小生命任何我们自己主观臆想的使命时，我们就犯了一个巨大的错误。我们在以一种居高临下的姿态想要掌控孩子的一切，无视孩子自有的天性，硬性地规划他们的未来，无论是将一株小草变成大树，还是将一棵大树变成牡丹，那都会与孩子内在的自性动力形成冲突。**

很久以前，我曾经看到一篇报道。一个记者去医院采访了一位正在陪床的母亲，这位母亲的孩子因为白血病住院，她没日没夜地悉心照顾，熬瘦了自己的身体，双眼凹陷。记者问她："今天正是孩子们高考的时间，您的孩子因为生病今年不能去参加高考，您现在的心情如何？"这位母亲告诉记者："我只希望我的孩子可以恢复健康，其他的我什么都不在乎了。如果我的孩子可以重获健康，我只想让他轻松快乐地活着，我绝不会再逼着他每天熬夜苦读了。"她一边说一边在那里追悔莫及地哭泣……

身为父母，我们要留意由于我们的身份、职位、权力、经历等所带给我们的自负感。因为这样的自负感会使我们将我们已经固有的思维观念强加在孩子的身上，例如我们会想：我是名牌大学毕业的，我的孩子也一定要上名牌大学；我是一位成功人士，我的孩子将来一定要比我更胜一筹……我们自身外在的一切，财富、头衔、权力等，使我们给自己设定了一个身份的面具。我们会以为那个面具就是我们自己，而且已经习惯于心安理得地活在面具之下，享受着面具所带给我们的一切外在的赞誉或是荣耀。于是我们在爱孩子的前提下，按照自己短暂的所谓的人生成功经验规划我们的孩子，将我们认为的美好生活模式"坚定地"传递给我们的孩子，而且告诉他们那才是最好的选择、最成功的人生。而这样做的代价，就是我们在手把手地教给孩子，用世俗标准来规划自己的人生，拼命成为世俗眼里"不平凡"的人。这就如同在告诉一只鸟要设法去成为一只鹰，哪怕是戴上一个鹰的面具，悖逆自己的本性，也应该在所不惜。

欣赏平凡就是以一种平淡的心态接纳真实的自己、接纳孩子。用我们的心去面对每一个孩子的独特性，尊重孩子内在的天赋，看树是树，看草是草，看鸟是鸟，看鹰是鹰。父母的一项最重要的使命就是：给予孩子发现自我的机会，鼓励孩子远离世俗的价值观，勇敢地做自己；阻断外界世俗的干扰，保护孩子勇敢地朝着自己的志向前行，生命的圆满也定会在他们追寻自我的路上顺利达到。

平凡可以使孩子脚踏实地地面对生活，做自己力所能及的事，细细品味生活的酸甜苦辣，不扭曲，不急功近利。**平凡不是平庸，平凡是一种发现自己、接纳自己，谦卑地看待他人，勇敢地去体验和面对生活的健康心态。**

股神巴菲特在2020年个人净资产总值已达到862亿美元，他与前妻苏珊育有三个孩子，他的大女儿苏茜是一家针织品店的老板和家庭主妇；大儿子霍华德是一位普通的农场主兼摄影师，经营着从父亲那里租来的农场；小儿子彼得非常喜爱音乐，曾经向父亲借钱遭到拒绝，他气愤得不得不向银行贷款，但是后来他却说："在我偿还银行贷款的过程中，我学到的远比从父亲那里接受无息贷款要多得多，现在想来，父亲的观点对极了。"巴菲特不以自己强大的财力富养孩子，而是让每个孩子在平凡中成长，找寻自己的梦想与使命。彼得之后在他的自传《做你自己》中写道："事实上，我和父亲做的是一件事，我们都在做自己热爱的事情。"彼得之后也在自己的音乐之路上获得了奥斯卡最佳配乐奖和两届格莱美音乐奖。

**在平凡中长大的孩子不仅能够发现自己热爱的事，并可以做自己所热爱的事。他们具有选择做自己的机会和权利，而孩子能够拥有这样的选择权，也充分体现了父母对"生命意义"的领悟与尊重。**

欣赏平凡，令孩子更贴近生活，那些并非唾手可得的经验，使孩子更懂得珍惜和感恩；欣赏平凡，使父母与孩子之间真正拥有了尊重，因为尊重始于平等，彼此平等相待就是：我不是高高在上和无所不能的，我与你没有分别，只是我们拥有不同的天赋；欣赏平凡，在现今的社会中需要勇气，需要父母拥有一颗强大的“不从众”的内心，坚守对每个生命自性的尊重。懂得爱的深意，才能为孩子保有一片蔚蓝的天，孩子才可以在自己平凡的生活中发现不平凡的意义。

## 我们彼此相爱，但互不相欠

孩子是父母此生修行的“增上缘”。养育孩子，是在我们的能力范围之内给予孩子该有的养育、教育和爱，孩子长大后开始独立面对自己的人生，承担他们应该承担的责任，而我们步入中年和老年，生活依然各自精彩，界限分明。我们脸上的皱纹不是因为养育了孩子，那是我们自我生命成长的印记；我们垂垂老矣，不要说是为了孩子操劳一生，而是我们一直在朝着“自我实现”的路上迈进。孩子长大后，追寻自己的梦想、成家、立业、养育自己的孩子、体验他们的人生、探寻属于他们自己的生命意义，周而复始。我们与孩子彼此永远相爱，但互不相欠。爱是我们延续生命，循环往复的那条链。

依照我们的传统观念，父母含辛茹苦把我们养大，对每个儿女的基本要求就是要做到孝顺、做到反哺，而这个世间偏偏有许多的“不肖子孙”，他们的故事被人诟病，以警示后人，而孝子贤孙也比比皆是，成为“人中楷模”。人，天生不就应该是爱着父母的吗？父母与孩子之间的关系是这个世间最自然、最亲密的关系，为什么会有“不肖子孙”，又何须颂扬所谓的“孝子贤孙”？

父母与孩子之间，有时候真的需要做到“互不相欠”。

“互不相欠”，就是界限分明，就是尊重彼此的独立性。这是父母与孩子之间，彼此维护自我心理屏障的基本认知，是每一个生命体本源的特性，也是我们最终能够安心与孩子告别的最初准备。

那么我们如何做到互不相欠？

首先，就是“划清界限”，不要把自己“丢了”。父母先要学会尊重自己，孩子才会尊重你，从而懂得尊重自己和他人。

其实在生活的方方面面，父母在关爱孩子的同时要懂得关爱自己，一个活得已经没有了自我的父母，已经“越界”了。

我认识的一位妈妈有两个儿子，她一切以孩子为重，吃饭永远都是孩子先吃，做出一道菜孩子就吃一道菜，甚至哥儿俩还会为了一个鸡腿你争我夺，更不会想到给妈妈留下一些，等到她做完饭上桌吃饭的时候，饭菜已经是所剩无几，饭桌上更是一片狼藉。她并无半点怨言，反而觉得孩子在长身体，需要多吃点，她自己并不重要。而她的这种“无私”奉献并没有换来孩子们的尊重，换来的是孩子的蔑视和反感，孩子们经常抱怨她说：你什么都不懂。

这位母亲全心的付出得不到孩子的尊重，原因不是她付出得还不够，而是她忽视了界限。

凡事以小见大，家庭是孩子学习与实践规则的最佳场所。家庭成员之间有秩序、懂尊重，孩子才会懂得如何尊重家人，在外就会懂得如何尊重他人。爱有尺度，保持好距离，甜太少孩子心灵的滋养不够，甜太多又会变成苦。不懂得保持界限的父母，不仅会过多地干涉孩子，而且很难做到伴侣之间彼此尊重。

夫妻之间缺少界限会导致对方认为：他（她）所做的一切都是应该的，我们两个人不分彼此。但长此以往，一旦两个人为了这个家，经济贡献的多少、家务做的多少、孩子教育的高低出现偏颇，天平就会失衡，计较就会出现，随之抱怨在各自的心中滋长，危害夫妻关系。这样的亲子关系和夫妻关系，一旦孩子或是伴侣未能满足对方的意愿，就会爆发家庭冲突。因为这样的爱，没有界限，缺乏独立性，缺少感恩之情。拥有这样的爱的人会将他人视为自己衍生的一部分，缺乏理性，没有尊重。

界限的划分不仅在具象的物品和时间上面。在心理学上，有一个界限模糊造成的影响，叫作“心理边界模糊”，非常值得父母警觉。明确的“心理边界”就如同儿童心理的城墙，对孩子的心理意识发展和人格特征的建立起到正向的积极作用。在孩子幼儿期，从18个月开始，孩子从“你中有我”的“共生状态”逐渐开始进入“我是一个独立体”的状态，开始建立自己的边界感，意识到了自己是独立存在的个体。而在此时父母需要随着孩子的成长而改变与孩子之间的行为模式，利用这个时期努力帮助孩子树立一个稳固的心理边界。

父母对孩子依然是悉心呵护，但要避免随意干扰。例如，在孩子全神贯注地做一件事情时突然打断：“你怎么这么画画啊？不对，应该这样画……”“放下你手里的东西，现在必须去弹一个小时琴！（强制性阻断，强迫孩子做自己不喜欢的事情）”“你怎么总是玩这一个玩具啊？走，我们去玩别的……”在孩子的成长过程中，这样刻意“被”打断，家长强加意志给孩子和强行的干涉，会造成孩子“心理边界模糊”，使孩子对合理的、安全的、被允许、可控与不可控的行为界限模糊。当他人越界时，孩子无法做出正确的判断和回应，也无法合理掌握自我行为的尺度，并导致孩子自我认同感降低，人格上会出现控制、依赖、讨好、猜疑、分离焦虑等问题。而“心理边界”的破坏，使孩子的身体也会出现不同程度的生理反应：如过敏、皮肤病、呼吸系统疾病、注意力不集中，严重的甚至造成精神性疾病。

其次，我们要明白我们与孩子之间的关系应该是“并列”的模式，“并列”的关系体现在彼此尊重、平等上。虽然作为父母，我们在履行抚养孩子的责任和义务，但我们不是孩子的老板或上司，我们只是孩子的父母加伙伴。

要让孩子们懂得，他们不能随意地打扰你的生活空间，你们虽然生活在一个屋檐下，但各自有自己的生活。例如，如果你正在看电视，孩子不可以随便更换频道；你正在打电话的时候，他们要学会等待；他们要进你的卧室，必须先敲门；他们如果要使用你的东西，要先征得你的同意方可，并且要表示感谢；等等。

反之亦然，你也要首先学会尊重孩子。例如，你在进入孩子的房间的时候要敲门，征得他们的同意再进入；孩子在做作业的时候，你要说：打扰一下，能帮我一个忙吗……你如果需要孩子帮忙，但他们正在玩游戏，等他们暂停之后再和他们说话，不要命令；他们如果帮助你扫地、擦桌子、拿东西，你要说谢谢。你与孩子界限分明、礼貌相待，孩子才会与你“划清界限”，礼貌相待。这是一种对等的输出与输入的关系，你尊重、平等地对待孩子，孩子才能学会尊重、平等地对待你和他人。

有个父亲说：“我和我的孩子之间很亲密，不需要这些形式，这样太虚伪了，没必要。”人与人之间，保持适度的距离，不仅是身体健康的需要，也是自我保护、维持彼此良好关系的需要。父母在家中与孩子保持适度的距离，是在教孩子懂得与他人之间留有合理空间和界限，构建起人与人之间舒服而有序的相处模式，也是孩子在未来社会上、生活中必须具备的基本素养以及对自我的保护。

我们与孩子之间建立起怎样的关系，保持一个怎样的距离，决定权在我们的手里。幼年期是培养孩子的最佳时期。在适当的时候，彼此之间享有各自的娱乐、休闲与独处的空间，不可随意干扰。用行动告诉孩子：我需要被尊重，我也非常尊重你。保持一个界限、一个距离，既保护了彼此身心的健康边界，又是彼此健康关系更持续和长久的秘诀。传授给孩子基本的与他人相处的模式，也是孩子的生存之道。

我们在日常生活中对孩子的点滴影响，日久天长，就变成了他们深植于血液之中的习惯。孩子在长久的熏陶下，将来走向社会，懂得何为“社交距离”，懂得何为“可控与不可控”，懂得何为“底线”与“越线”，这样既可以保护自己的尊严，也是对他人的尊重。家里家外的一致性使他们不会成为一个“双面人”，也就是说他们会以对待他人的方式和我们交往，这样就不会出现：在外斯文有礼，在家咆哮如雷。

所以，要做到互不相欠，我们首先要学会与孩子“划清界限”，让孩子懂得父母的不是他们的，他们是一个个要为自己负责的独立个体；其次，以“并列关系”的模式与孩子平等相处，让孩子在家庭成长期学会如何与他人彼此尊重。

作为父母，生活的意义不应局限于只是为了孩子，我们要有自己的使命感。我们通过用心抚养、陪伴他们长大的过程，自己真切地领悟到了为人父母的艰辛，学会了感恩，懂得了爱的深意，这一份来自生活的收获和领悟，正是孩子给予我们此生最珍贵的礼物。待到孩子长大后离开了家，父母们依然拥有独立的自我、属于自己的生活。我们带着孩子赋予我们的生命感悟，继续我们的探索之路。对待自己人生的态度，对生命意义的理解，以及如何面对分离、如何看待死亡等，都是我们后半生要思考的问题，都是我们将要呈现给自己此生的答卷。

**孩子是独立于我们之外的个体，他们肩负的是自己的使命，他们需要独自去体验与我们完全不同的精彩人生，而不是重复我们的人生。远行的孩子与父母之间的爱与思念不需要被要求，不需要用传统礼教去束缚，因为那是我们的爱而赋予孩子的心中的本能。被孩子尊重和思念，是我们的作为赢来的，不应是被要求来的。**

我们与孩子彼此并不相欠，我们是在互相成全。

## 父母的自我审视与超越

能够超越自我的人，心中怀着对过去的感恩与释怀。

年轻的我们，在这一生中会遇到第一个需要超越自我的时期，就是当我们有了自己的孩子之后。孩子的出现是犹如孩子一般的我们向成熟真正过渡的过程，责任与担当摆在我们与孩子之间，如果我们可以抓住这个时机，启动自我内在的动力，激发自己的勇气，为了我们的孩子，也为了那份爱学会担当，努力反思与觉醒自我，去纠正原生家庭或者自身给自我造成的心理与个性的偏差，克服我们的脆弱、焦虑、控制欲、自负感等，这样的自我超越，会使我们更稳定、更共情、更豁达、更智慧。这无疑是作为父母最好的自我治愈，也是我们在成长过程中对我们的父母最大的回报。

我们曾经在我们的父母、自我成长经历、时代背景和所处的社会环境的影响中长大，每个人形成了不同于他人的特殊个性，也就是我们自我独特的认知，我们秉持自我的经验，戴着自己的有色眼镜看待身边的人、事和物。于是同样的一件事情，在不同人的眼中，就有了不同色彩，美丑、好坏、高低、贵贱，等等。我们将自我的悲情、抑郁、怯懦和妄自菲薄等脚本与发生在我们身边的事物糅合在一起，逐渐形成了自我看待事情和解决问题的方法，即我们的“三观”。而年轻的我们在尝试把自己的精力放在开拓事业、实现理想上的时刻，也是我们自身的认知与社会真正交锋的时刻，这一场较量之后，我们的认知趋于固化，依据自己的经验对外界的人、事、物有了相对稳定的认知。但当我们结婚生子，建立起一个独立的家庭，拥有了自己的孩子后，我们有了一次重新审视自我认知的机会。如何与爱人相处，如何养育自己的孩子，如何保护他们顺利长大，如何让他们拥有坚强的生命力，等等，这种超越了世间一切的爱，赋予我们最强大的“为他心理”，同时使我们拥有了一次绝佳的机会——勇于去审视和超越自我的机会。

作为年轻的父母，我们自己的父母是我们自我衡量与警醒的最好参照物。我们可以从我们的父母身上找到自己的影子，以我为例：我儿时母亲对我的严格管教，以及母亲对她自己的严格要求等，造就了我凡事力求完美、对细节有较高的要求、规则性强、有些“强迫”的性格。虽然人格特点并无好坏之分，但这种特点的负面影响反映在生活中，就会对他人造成干扰，于我就会表现出挑剔、傲慢、悲情和控制欲强等特点，尤其是结婚以后，两个人生活在一起，个性上的偏差才会真正进入“磨合”阶段，导致我与先生时常会有争吵，家庭气氛紧张。于是我从最初家庭的矛盾中被动反思，而此时孩子成了我想去改变的最大动力，促使我主动地学习，并且从改变自己做起。

**能够自我反省，想要去改变自身的缺欠，是一个非常重要的开端，有**

**了这个开端，才有了改变的可能。这是一个非常艰难的过程，因为在这期间，你通过学习，手中多了一把尺子。这时，你一定要坚定地用这把尺子来衡量自己，而非他人，否则会造成新的矛盾。**

利用每一次的矛盾争端来反省，问问自己：如果这句话我改变一种说法，是不是就不会吵架了？如何调节我们饮食习惯的差异？他最喜欢的爱的表达方式是什么？他最忌讳的话题是什么？我们共同的爱好是什么？……生活中的鸡毛蒜皮、矛盾争执正是我们自我反省的最好素材，也是我们可以摆脱烦恼的最好的学习过程。在这个过程中，不要总是纠结于他为什么不像我最初认识他时的样子了，他为什么不那么爱我了，我们需要将聚焦于“为什么会出现这个问题”的眼睛转向聚焦于“如何解决这个问题”上。

人是不断变化的，不可能只停留在一处，而我们自身要具备随着时事变化而不断提高自我的能力，方能改善夫妻的关系，使之具有越变越好的可能，而不只是站在原地去抱怨。我的刻意学习和用心改变，仿佛找到了那个“撬动地球的支点”，同时带来了我先生的转变，我们之间的关系有了极大的改观。夫妻双方，只要有一方开始去主动学习和积极改变，都会起到改善双方关系的作用。父母关系的和谐，是孩子最希望看到的，也是孩子的安全感和幸福感的来源。

有人说：“我凭什么要为了他（她）、为了别人而改变自己呢？”你以为你在为他人去改变自己，但其实你自己才是最终的受益者。

经历过这一切之后，我才醒悟，原来原生家庭赋予我们每个人的一切，无论好与坏，都留给我们每个人一张“自画像”。当你长大，你的个性需要适应环境和时代背景以及新的家庭的时候，就是你自我修剪与超越的时候了。凡事都有正、反两面，天下也没有完美的父母，他们带着对我们的爱、局限性，有的甚至是打骂和极度的苛责将我们养大，使我们各自呈现出不同的特质，那只是一个雏形，那个时期的我们都不成熟，而关键是后期我们如何自我修改那张“自画像”，而爱人、孩子和家庭就是我们手中的画笔和勇气，帮助我们提升自己，使我们凹凸不平的灵魂趋向平和与美丽。这就是“修行”。

“修行”简单地说就是修正自我的言行。无论是主动的愿望还是被动的意识，都要从认识到自我的偏颇开始，刻意地去学习和改变，从而适应你的环境和生活，甚至实现更高远的目标——“自我实现”。“自我实现”是美国著名心理学家亚伯拉罕·马斯洛提出的，被称作“人的需求层次理论”中的最高级阶段。我们从生理需求、安全需求、爱与归属的需求，到自尊与求知的需求，最终实现发挥潜能、实现自我的终极目标。这是我们一生的功课，无论是原生家庭还是自我个性中的弱点，都会成为我们与自我抗争、战胜自己、超越自己的起点。

因为爱，你会为了你的伴侣而改变；因为爱，你会希望成为孩子最好的第一任老师。爱是你要去改变的最初动力和勇气。

你会为了孩子想去展现最完美的自己，你希望成为孩子眼中的英雄，于是自我的改变就有了动机。在我们想要给予自己孩子最好的教育、甜蜜的生活和无忧的未来之前，我们需要诚实地审视自我，摘掉蒙住自己眼睛的那副有色眼镜，看见真实的自己，看见自己的优点与缺点。在孩子的面前展现优点不难，但在孩子的面前勇于承认并且改变错误，需要勇气。

**其实我们的自我反省、承认错误和改变错误的过程，才是真正令我们的孩子对我们刮目相看的根本。真实地让孩子见证我们的成长，不伪装，**

**不要不懂装懂，不要在孩子的面前假装和谐。要想成为孩子心中真正的英雄，不应展示我们外在的面具，而应该摘掉面具，让他们看到你为之战胜自我、面对挫折不懈努力的灵魂，那才是能够激励孩子，在未来勇于超越他们自己的榜样。**

有人说“江山易改，秉性难移”，对于停止学习、固持己见的人来说，这句话是受用的，但对于成长型思维的人，以及“活到老学到老”的人来说，他们一直在修正自己的“秉性”。他们保持积极的开放式的思维，了解自我的渺小，懂得求同存异，懂得需要学习。最重要的是，他们懂得学以致用，拷问自己的心灵，纠正自己的言行，用更宽广和善意的包容之心回报身边的人、事和物。

奥地利心理学家阿尔弗雷德·阿德勒是一位心理治疗师，也是世界著名的人本主义心理学先驱，以及现代自我心理学之父，他是与弗洛伊德、荣格齐名的重要心理学家。他的童年饱受佝偻病与行动不便等病痛之苦，使他不能像其他小朋友一样跑跳自如，导致他感觉自己不如别人，从而产生强烈的自卑感。后来又经历了两次车祸和严重的肺炎，以及他的兄弟死在他的身旁等生活的打击，使他决心当一名医生。他曾说：“我的童年生活笼罩着对死的恐惧和对自己的虚弱而感到的愤怒。”他为了克服自己的自卑感，努力向学，发奋读书，他于1895年获得维也纳大学医学院博士学位，后于1910年应弗洛伊德的邀请担任维也纳精神分析学会主席，之后又创立了自己的心理学协会，并受聘为维也纳教育学院讲师。

**阿德勒曾说：“自我虽然有过去，但成长后必须寻找方法来挣脱过去的束缚。过往只能用来解释生成的原因，而不能用作解决问题的方法。”**而且他将“自卑感”解释为可以帮助我们成就一件事的动力。阿德勒的理论和他用其自身的一生所做的演示告诉我们，无论原生家庭或者天生的自身条件如何不堪，自己才是决定我们自己未来的舵手，如果你具备了挣脱束缚的勇气，那么过往的痛苦经历就可以成为你的动力，激励你，并且成就你！

感恩父母所赋予我们的一切，学会领悟，懂得超越，这是对我们的父母最好的报答，也是我们能够给予我们的孩子们最好的礼物。

## 给彼此一份“留白”

“留白”是中国文化中最具意境的生命美学，也是亲密关系的最佳状态。

“留白”应该是生命丰盈之后自然保持的一种姿态，是鸟儿羽翼丰满飞走之后的空巢，是孩子离开家后你心中的那份思念，是个体间刻意但是必须保留的距离感，是谦卑，是臣服，是无限的想象空间，是风雨不惊、宠辱皆忘。

保持一个最好的距离，是我们与自己的父母、我们的孩子、亲朋好友间保持最亲密关系的关键。真正亲密的关系不是每天见面、每天聊天，或者必须生活在一起，而是无论距离多远，心的距离都不会远，而且彼此不会因为分离而倍感愧疚、焦虑，反而是在“留白”处，情更浓。

准备某一天与孩子的分离，无论是孩子离开家求学，或者结婚、搬家，甚至是有一天我们辞世，我们为人父母都需要提前做好这一门功课。

孩子长大后，有些父母一想到要与孩子分离，会倍觉伤感，于是他们会幻想着，将来他们要和结了婚的孩子住在一起，彼此有个照应，不然他们会不放心、会难过、会思念、会不舍……现代的家庭结构越来越小家庭化，每个人都趋向于独立、个性的方式去生活，彼此的包容性在降低；而且时代的变迁使孩子们的走向也更趋于多向性，四世同堂的情景已很少见到了；最重要的是，保持距离独自生活，给予个体真正独立的空间，有助于个体独立意识的成长，令个体独自生活需要具备的敏感度和面对问题的责任感更加健全，使个体独立、自我完善的心理素质得到发展，这是个体趋向成熟和变得强大的重要一环。

我们都会有过这样的经历：曾经朋友带着你穿过不同的街巷，到达一个陌生的地方，而第二次当你独自穿行，想要再找到那个地方的时候，你会记不清，会走错路。但只要你尝试独自前行，哪怕偶有走错路的经历，你依然可以记住那条路。这种不依赖他人、独自摸索的经历，或许短暂的迷失会让你感到有点抓狂，但对个体的长期成长而言，却不可或缺。

主动与孩子保持“距离”不仅是孩子成长过程的需要，也是父母自身心理独立的需要，更是与孩子保持亲密关系以及将来与之更好地告别的需要。学会与孩子在保持亲密关系下的分离，是我们为人父母要提早学习的功课。

如何从小培养与孩子保持适当的距离感，不失亲密，但又伸缩有度？

接纳“分离”：内心接纳分离的必然性，正视养育孩子的目的。孩子不是我们的私有财产，孩子不是来给我们养老送终的工具。孩子是一个个独立的个体，我们与孩子处在人生不同的阶段中，通过体验各自不同的人生，从而达到自我完善的进程。我们作为父母应该尽到我们的责任，将孩子按照自然的法则养育成人，之后主动放手、分离，从形体的分离逐渐到心理的分离，让他们去独自经历风雨、强健筋骨。

明确“边界感”：从幼儿期就开始，让孩子适时、平缓和科学地“断奶”，辅助孩子走向独立心理发展的第一步；之后在成长期不随意打断或者干涉孩子，让孩子也学会不打扰你和他人的边界；允许孩子拥有私人空间，如：关上门听音乐、适龄时候独自出行、做自我的选择和决定，等等。

给予孩子信任感：信任感是孩子在建立独立意识的过程中最强劲的后盾。无法信任孩子的家长，大部分是由于自己内心将对未知的恐惧和焦虑的情绪投射到孩子的身上，认为孩子也会遇到或者感受到和他们一样的恐惧和焦虑，从而产生过度保护和干涉孩子的行为。对孩子信任感的缺失，会造成孩子自我独立意识的迷失，导致孩子过于依赖他人，不愿意承担责任，在情感上，会导致孩子无法理性地面对分离，甚至造成分离焦虑症。

培养独立性：提升个体生存品质。父母需要刻意地降低自己对孩子的控制欲，适时放手，让孩子提前试错，独自去体验和承担相应的责任，树立起孩子正向的独立意识，做好与孩子分离的先期准备。独立性的高低体现在孩子是否具备更稳定的心理素养、独立解决复杂问题的能力，生活态度是否积极等方面。内在独立意识的培养赋予了孩子强大的内心，使其独特的人格特性得以健康发展，为他们将来能够飞得高远、不惧风雨打下基础。

从心理学上来讲，如果我们与孩子的界限和分离的功课做得不好，会导致孩子幼年和成年后的许多问题。

我的一位女性朋友今年已是近 60 岁的人了，但每每提起她已去世多年的母亲，她依然心怀愧疚，自责怨恨。她是家中的独女，父亲去世早，于是母亲在她婚前就要求她必须找一个“入赘”的女婿，将来母亲与他们一起生活。与母亲相依为命的生活、过度干涉和依赖的母亲，导致她在成长与工作期间从未与母亲分离。结婚后，母亲依然事无巨细地“关心”女儿和女婿的生活，导致家庭内部矛盾不断，母女关系变得恶劣，夫妻俩也每日怒目相对。她的婚姻生活陷入危机，甚至她的儿子也因为长期生活在这样争吵与矛盾的环境中而抑郁。但母亲的眼泪和“赡养父母”的理念，致使他们一直无法与她的母亲分开生活，直到老人去世。

因为之前没能在心理上和形式上与母亲真正分离，她自身的独立意识缺乏，在老人去世后，她一直处在被动的“被分离”状态。对已故亲人的思念虽然无可厚非，但她却将这种分离所带来的痛苦转嫁怪罪在自己和自己的先生身上，认为之前生活中与母亲的摩擦和矛盾是他们对不起母亲，她无法原谅自己和丈夫。事过多年，她的心中依然留着走不出来的悲伤，她始终无法与母亲真正地告别。

**在有生之年与亲人做好“分离”的功课，不仅是逝者可以给生者留下的最好的遗产，更重要的是，在有生之年，彼此会更加懂得珍惜，不留遗憾地去关爱彼此。**

真正爱孩子，不是将孩子攥在手中不放开，而是要在他们成长的每一步都为未来放飞他们做准备，为最终的分离做铺垫，这才是对孩子真正的爱与慈悲。

**我们这一生的际遇，无论我们是做什么职业、是什么身份、是贫是富，其实都是为了利用这一生的体验，将其作为“载体”，并通过这个“载体”去认识自己、了悟人生。我们此生所极力去追求的、努力去得到的外在的亲情、财富、权力等，这一切的一切，并非我们此生真正的“目的”，而**

**是我们用以体验生活的“道具”。我们借此需要洞察自己人性中的优点、缺点，并努力完善自己，完成此生的使命，提升自我灵魂的高度。**

我们这一生，无论创造了多少财富、建立了多少人际关系、养育了多少子女，在我们离开这个世界的时候，这一切都会与我们分离。

我们与我们的父母、孩子、朋友的关系也是如此，如果我们真的爱他们，就要相信并尊重彼此的独立性。我们要给予孩子完成他们自己的人生体验的机会，不包办、不过度干涉或是过分给予，不要为孩子此生的自我实现设置障碍。该“放手”的时候，勇敢“放手”，主动给予孩子独立成长的空间，与孩子保持有距离又不失亲密的关系，用我们心中对孩子坚定的支持与信念陪伴他们。这样的认知与信念，使我们在离开这个世界的时候保有我们的尊严，这也是对孩子最好的祝福。

“花半开，酒微醺”，那样的留白，是悲也是喜，是残缺亦是圆满。

# 作者简介

**张嘉栗**

1969年生人，曾在北京创建自己的公司，后从2006年开始逐渐退出商业领域，转而开始全职家庭主妇的生活，并于2014年移居意大利。作者育有一儿一女，儿子现就读于伦敦大学玛丽皇后学院，女儿在米兰读高中。作者政治经济学本科毕业，对哲学、心理学以及佛学实有偏好与研究。

作者通过自我的学习与真实的生活感悟，坚持以保护孩子的“自性天赋”为出发点，抚养自己的一儿一女，将发现、接纳以及“无条件的爱”一点一滴地融入生活中，使孩子可以在阳光下自然成长，使叛逆的“青春期”非但没有成为孩子的阻碍，反而成为他们自我提高心智与晋级成熟的台阶，进而使父母与孩子之间的关系呈现出应该有的样子，顺畅、自然、有爱。

作者认为养育孩子的过程亦是父母生命觉醒的过程。正如作者在书中所说：“孩子与我们在互相成就。”作者将20年来与孩子交流的感悟，以及一些切实可行的与孩子沟通的方法都一一记录在书中，与您分享。

每一个孩子都天赋异禀，每一位父母都会遇到不同的挑战，但只要我们懂得接纳孩子本来的样子以及尊重和信任他们，那么就可以将生活中的“被动”变为“主动”。心态的转变，可以使那些惊心动魄的挑战变成乘坐翻滚过山车般的兴奋、惊喜与满足。爱也终究成为一股巨大的能量滋养我们与孩子的心灵，令孩子拥有强健的生命力，展翅高飞。